U0861805

品读大连·第二季

韵味大连方言

YUNWEI DALIAN FANGYAN

董晓葵 李皓 著

大连出版社
DALIAN PUBLISHING HOUSE

© 董晓葵　李皓　2013

图书在版编目 (CIP) 数据

韵味 · 大连方言 / 董晓葵，李皓著．—大连：大连出版社，2013.1（2014.1 重印）
（品读大连 · 第二季）
ISBN 978-7-5505-0406-6

Ⅰ．①韵… Ⅱ．①董… ②李… Ⅲ．①北方方言－方言研究－大连市 Ⅳ．① H172.1

中国版本图书馆 CIP 数据核字（2012）第 289107 号

出 版 人：刘明辉
策划编辑：刘明辉　李　岩　郭朝晖　张　波　卢　锋
责任编辑：郭朝晖
封面设计：林　洋
版式设计：阎　骋　王　岩
插画绘制：王天用
责任校对：月　军
责任印制：徐丽红

出版发行者：大连出版社
地址：大连市西岗区长白街 10 号
邮编：116011
电话：0411-83620442/83627430
传真：0411-83610391
网址：http://www.dlmpm.com
邮箱：lf@dlmpm.com
印 刷 者：大连华伟印刷有限公司
经 销 者：各地新华书店

幅面尺寸：170mm × 230mm
印　　张：15.75
字　　数：283 千字
出版时间：2013 年 1 月第 1 版
印刷时间：2014 年 1 月第 2 次印刷
书　　号：ISBN 978-7-5505-0406-6
定　　价：48.00 元

我爱大连

大连出版社将要编辑出版“品读大连”系列丛书，我非常赞成。作为一个土生土长的大连人和曾经参与过这个城市建设与发展的领导人之一，我对大连总是有一种偏爱，总是觉得这个城市所蕴涵的文化值得我们去认真挖掘。这套丛书动员十几位作者，分十几个专题对大连的文化现象进行挖掘和梳理，我认为这项工作十分有价值。

大连是一座充满活力、现代感非常强、文化不断创新的城市，也是一座有着特殊历史和个性的城市。因此，如何在新的时期找出大连的文化定位，挖掘大连的文化内涵，突出大连的城市性格，使城市的根和魂能不断通过文化来体现，并最终提炼出大连的城市精神，既是城市的管理者、建设者所要关注的，也是所有文化工作者义不容辞的责任。另一方面，随着经济的飞速发展，中国的城市化进程不断加快，在这个过程中，我们也面临着“千城一面”的特色危机，很多城市面貌趋同，城市个性模糊。实际上，城市发展不仅仅是 GDP 的单纯增长，文化内涵的建设与发展也是一个重要方面，文化竞争力将决定城市未来的竞争力。

因此，我觉得此次大连市委宣传部和大连出版社共同策划出版“品读大连”系列丛书，可谓正当其时。从多层面多角度挖掘、整理、总结、诠释大连的风物人情、文化脉络、人文价值，并以图书的形式把这些宝贵的非物质财富积累、沉淀下来，无论是对于大连这座年轻却饱经沧桑的城市来说，还是对于 600 万大连市民乃至我们的子孙后代来说，都是一件功在当代、利在千秋的好事情。当然，在宣传城市、促进交流、满足各界人士阅读需求、提升市民文化素养、锻造城市品牌力等方面，也都具有重要意义。作为一个大连人，我对这套丛书充满期待。

与中国其他城市相比，大连建市时间较短，很多人以此认为她没有文化，甚至使用了“文化沙漠”这样的词汇来定义她，很多大连人往往也是一提到“文化底蕴”就没了自信。实际上，大连有自己独特的历史文化积淀，她缺的不是文化，而是发现的眼睛、挖掘的意识、提炼的行动。这正是我们应该做并且正在做的。

最后，我想借用一句大连的流行语来表达我的心情：

我爱大连，从未离开。

这句话揭示了每一个热爱故乡的大连人内心深藏的情感。作为其中的一员，我愿怀着赤诚之心为她作出自己绵薄的贡献。

中共辽宁省委副书记

目录

CONTENTS

093 饼子

147 上海

197 磕了

239 后记

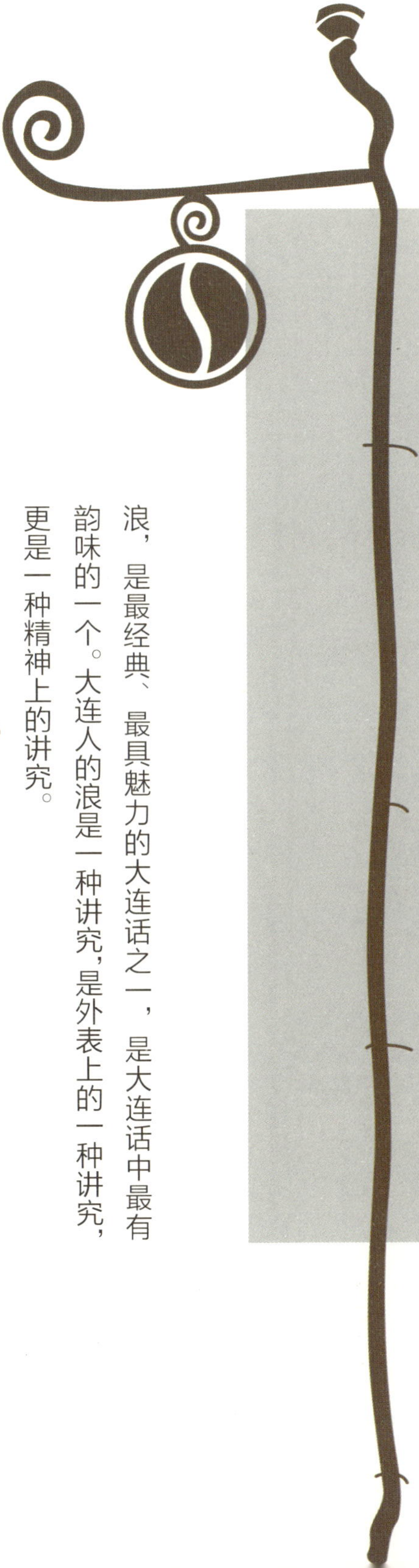

浪

浪，是最经典、最具魅力的大连话之一，是大连话中最有韵味的一个。大连人的浪是一种讲究，是外表上的一种讲究，更是一种精神上的讲究。

浪

1

浪，是爱美、爱打扮的意思。“苞米面肚子，料子裤子”，曾是大连人爱美、爱打扮的真实写照。

浪，是最经典、最具魅力的大连话之一。浪，大连人说这个字，通常要缀上一个“摆”，叫作“浪摆”，就是显摆张扬的意思。与“浪摆”近义的大连话是“得瑟”，年轻人如果打扮得很浪走出家门，身后总会传来家长一句阴森警告：“你出去浪摆什么！”或者是“你出去得瑟什么！”

浪，是大连话中最有韵味的一个。由韵味联想到中国茶，每种茶都有独家的韵味，茶之韵只可意会，不可言传。同样，方言虽系火热民间而难登大雅的俚言俗语，却也各有韵味。

“浪”到底具有怎样的韵味？浪，有褒义的色彩。那首东北民歌唱道“大姑娘美来那个大姑娘浪，大姑娘走进了青纱帐”，此处的“浪”是形容女子自由不羁，美丽浪漫，风情万种。大姑娘钻进了青纱帐干吗？这就有了贬义的“浪”——浪荡不羁，谑浪笑骂。浪弟子，是指行为放荡、不知检束的年轻人；浪事，是指令人厌恶的风流事；浪荡鬼，是对放荡不检之徒的鄙称。

浪，是一个亦正亦邪的词。在过去年代，家里有年轻人谈婚论嫁，小伙子们都喜欢爱浪的、会浪的姑娘，但家长们对爱浪的姑娘抱有某种警惕和偏见。有一句西班牙谚语说得好："莫在舞场挑新娘，要挑请到工作房。"爱浪之人难以认真操持家务，到处娱乐应酬交际的人难以体贴配偶。难怪在那个年代的相亲中，不少大连姑娘因为爱浪而被男方家长粗暴"毙掉"。

对于大连人的爱浪，宁可"苞米面肚子"，也要一条"料子裤子"，大连作家素素曾有过一番深刻剖析：城市的统治者不是本土的中国人，而是来做强盗的俄国人和日本人。那些目光寒冷的绅士，傲气十足的女人，无论如何得有人给他们拉洋车啊。而那些拉洋车的苦力，自然就记住了俄国女人领口很低的"布拉吉"（一种无袖连衣裙），俄国男人束腰很高的毛呢大氅，更知道日本男人喜欢穿白色的"挽霞子"（衬衫）。苦力们埋头拉着洋车的时候，谁也不敢有什么奢望，当他们有朝一日做了城市里的工人阶级，这些关于穿的记忆便与他们所受的屈辱混杂在一起，潮水般地涌将上来。所以，翻身做主之后，他们最急于做的一件事，就是要改变自己的穿。树活一层皮，人活一张脸。生而为人，无论如何要穿一身体面的衣裳，也好在大街上挺胸抬头地走路。

20世纪60年代初期，文学大师沈从文曾经两次来大连，两次都住在秀月街连捷巷的一家疗养院中。他在致妻子和儿子的四封信中描述了难忘的"大连印象"，他觉得大连的建筑非常美，老百姓住得"太好了"。大连人"好浪"也给沈从文留下了深刻印象，"街上各处都有穿旗袍和裙子的年青女人，大致多是商店和医院等等下班人。女人旗袍之多，为任何都市所少见，极少见穿短干部服的，有的即是部队中人。"还有一段是这样写的："合作社卖吃食的人照例还穿上白衣。至于大百货公司中守柜台的女子，则很多应说是打扮得'娇滴滴'了，即上海也少有……"瞧瞧，沈从文用的是"娇滴滴"一词，看来大连人并没有"浪"得虚名啊！

由大连人爱浪，我联想到了西方的贵族、泰坦尼克号的船长、张爱玲笔下的电梯工。大连人爱浪看似与上述风马牛不相及，却又有着某种只能意会的神似与共鸣，那就是一种精神上的贵气与讲究。英国"二战"时期有一张照片广为流传，当时的英国国王爱德华到伦敦的贫民窟视察，他站在一个破烂的房子门前，对里面一位贫苦的老太太说："请问我可以进来吗？"真正的贵族是发自内心尊重别人的。

在电影《泰坦尼克号》中，船即将沉没的时候，船长走进了船长室，选择和船共存亡。西方航海业有个不成文的规定，当一艘船遭遇危险即将沉没时，船长肯定是最后一个离开的，有的船长干脆选择和船一起沉没。这就是从贵族精神延续下来的一种承担精神。

张爱玲笔下旧上海公寓里的电梯工，每天都要将自己打扮得衣冠楚楚，领带打得整齐周正才肯出来给顾客开电梯。大连人也一样，在那个贫困年代，衣橱里的“料子裤子”只有一件或两件，平时是舍不得穿的，只有出席隆重场合才会拿出来。在过去，很多年事已高的大连老人，每次听到家里要来客人，就要求家人拿出一套新衣服给她换上。

大连人的浪是一种讲究，是外表上的一种讲究，更是一种精神上的讲究。

2

日本殖民统治时期，日本人的着装对大连人也是一种影响。据中国史书《魏志倭人传》记载：3世纪前后，日本男人用从肩膀下垂的长布包裹自己，而妇女则用一整块布遮住自己，中间留个洞口露出脖子。这种穿着在世界其他地方也曾存在，习惯上称为“贯头衣”。就是这样简陋的、只分男物与女物、没有量体剪裁的“贯头衣”，被日本女人不论在家还是出门，都穿得一本正经、严丝合缝。当年的大连人大多来自山东、河北，齐鲁燕赵人的性格就是刚强、死要面子，这是“料子裤子”所蕴藏的心理密码。

今天，东京是亚洲的时尚中心，大连年青一代在时尚潮流中哈日风气较重。日本年轻人信手拈来的、缤纷绚丽的混搭术令我们羡慕不已。日本女人讲究化妆，只要是女人，哪怕80岁了，也要化妆。在阪神百货店的洗手间里，你也许会看到一位60多岁的保洁员，穿水蓝色T恤、乳白色裤子和鞋，浑身上下一尘不染。她盘着头发，脸上打着精致的粉底，涂大红色口红和腮红，那份贵气和精致简直令人肃然起敬。

料子裤子，既厚实显富贵，又充满某种权威性和文明感。那时的大连女人若没有一条料子裤子，就像今天女人们到了一定年纪却没有一件裘皮衣一样，是万般失落伤感的，是觉得万分亏欠自己的。于是女人们互相鼓励“对自己下手要狠一些”。今天，你可以看到不少大连女人穿裘皮挤公交，这与“苞米面肚子，料子裤子”有异曲同工之妙。

大连人对服装的热爱与追求，促使了一个节日的诞生。服装节是大连第一个城市节日，这个节日的诞生一定与这座城市的某种特殊禀赋有关。20世纪80年代初、中期，大连服装工业如雨后春笋般冒出，并快速生长，私家裁缝店门庭冷落，大连人喜欢买服装企业生产的成衣。李桂莲女士（今大连大杨企业集团董事局主席兼总裁）就是在那时候开始带领一群农村妇女创办服装厂进行创业的。据素素回忆，当年有一个专门为碧海牌大衣做广告的男模特，不管走到哪里都能看到他笔挺而有力地站在那里。碧海牌大衣广告发布的密度之大，简直可与20世纪30年代上海月历牌上的香烟广告相媲美。广告果真产生了巨大的轰动效应，整个城市的男男女女老老少少，几乎都拥有一件碧海牌大衣。20世纪 80 年代至 90 年代，是大连服装工业的辉煌岁月。除了碧海牌大衣，还有亚瑟王衬衫、玉兔牌童装，简直让进京拿奖的大连人腿都跑酸了。

大连在全国服装展销会上成为获奖数最多、销售额连续 6 年夺冠的城市。自 1988 年起，城市管理者将原来不定期的服装博览会，改为每年举办一次的国际服装节。经过 24 载倾城倾情的培植，大连服装节已经成为大连经济贸易、城市气质和文化特色最有嚼头的话题之一。

中原文化对大连人“苞米面肚子，料子裤子”冠以浅薄虚荣的非议，大连服装节的诞生及其后来的腾飞式发展，为大连人爱浪而遗下的口舌进行了有效匡正。我们大连人爱美爱浪，我们爱出了名堂，爱出了结果，爱出了世界满堂彩。“生活服装舞台化，舞台服装生活化”是大连服装文化的内涵。其贯通中西所独创的立体剪裁法，融日本的做工精细、欧美的挺括潇洒、中国的典雅神韵为一体，使大连服装艺术风骚独领，跻身世界服装新潮之列。

由浪，由大连人爱浪，可以管窥大连独特的人文景观。大连集北国雄伟与南国秀丽于一身，这座城市时常令人意乱情迷，她没有定式，雌雄莫辨。在自然风光上，既有青山秀水，又有瀚海礁林；在城市外貌上，既有工业、港口城市的大气磅礴，又有海洋城市特有的小资俊逸情调。大连城给世人带来了惊鸿一瞥的悸动，她的城市外貌很像美国的旧金山，但从其地理区位、港口地位和地貌特征来看，又疑似香港。尤其是大连人，既有高挑强健的北方风骨，又有秀丽雅致的南国韵味，这是其他北方人所不具备的气质，是东北文化、齐鲁文化和海洋文化在大连人身上并蒂盛开的风景。

3

改革开放之后，大连人关于“浪”也有很多独家记忆。比如做头，当年大连满城“高庄头”，“高庄头”的硬刘海儿据说高达六七厘米，这使得原本就挺拔的大连女人更显得气场强大。在副食品商店工作的女性，为了梳“高庄头”没少遭罪。她们工作要求戴白帽子，为了给“高庄头”腾出空间不破坏造型，她们一天到晚没遍数地将帽子使劲往上拽。“高庄头”是怎样做出来的呢？将头放进“烤头机”里烤上半个小时，烤得头皮滚烫发痒，这份“煎熬”也只有一心想浪的大连女人所能承受。“高庄头”主要靠发胶定型，不能沾水，女人们为此坚持一个星期不洗头，即使早晨洗脸也是万分小心，生怕将挺立的“高庄头”弄“趴趴”了。在那个月薪只有 38 元左右的年代，花十几元钱做个头，也是很烧包很奢侈的。

那个年代满大街都是“高庄头”，其实“高庄头”最适合圆脸型，一个长脸姑娘也想浪个“高庄头”，理发师傅很厚道地告诉她并不适合，但姑娘铁了心要做。结果做好“高庄头”，姑娘睁眼一瞧镜子就哇哇大哭，大姑娘美啊大姑娘浪，大姑娘的脸啊长白山……

大连人有“不做头不过年”的讲究。每逢过年，红星、群众理发社等国营大理发店就格外忙碌。早上提前半个小时开门，晚上加班到八九点，即使这样理发社里还是人山人海。尤其是大年三十的早晨，理发社还没开门，门口就排起了长长的队伍，理发社的工作人员不得不出去发票排号。本来除夕那天是半天班，但中午根本关不了门，很多人从甘井子、寺儿沟等地来到长春路做头。据说某年大年三十，外面排队的顾客眼看理发社到点下班了，情急之下，大家一起往里拱，将玻璃门都挤碎了，踩着玻璃碴子往里涌……

后来，又有“秀芝头”、“大波浪”、“幸子头”、“小鹿纯子头”、“爆炸头”等各领风骚，风靡全城而又无声消失……

今天的大连人依然爱浪。大连时代广场云集近30个国际奢侈品牌，让大连人浪得更奢华，更上国际档次。浪漫孪生时尚，时尚既是流行的符号模式，也是文化内涵的表现形式；文化蕴于时尚之中，时尚体现文化的意蕴。浪，是一个人的时尚能力；浪，是一座城市的文艺情调。如果没有浪的底子，怎会有今天“浪漫之都，时尚大连”的美誉呢？

浪，是一个人的时尚能力，是一座城市的文艺情调。

坤

大连话中的“坤”，是搭理、理会的意思。那么，不坤，就是不搭理、不理会。在这里只是借用了“坤”这个字的发音，因为很多大连方言都无法用准确的汉字来表达。

赵本山小品里曾有这样的台词：“这事儿这么的，你找他，完了提我，提我肯定好使。”大连人在生活中也常说赵本山的台词，比如，张三为孩子就业找朋友王二麻帮忙，王二麻说他跟某局长关系很铁，让张三直接去找该局长。结果，张三提了王二麻的大名，人家局长没坤他。大连小伙儿爱上了一个姑娘，小伙子是个工薪族，而姑娘却是个富二代，朋友们都笑话小伙子是癞蛤蟆想吃天鹅肉：“你就死了这个心吧，高富帅你占了哪一条？人家姑娘肯定不会坤你的！”哪曾想小伙子以炽热而动人的爱情掳获姑娘芳心。

说起大连人的品质，首先想到的便是“仗义”一词。大连方言里还有一个词叫“讲究”，大连人互相引见朋友，经常是言简意赅地说一句“这个人很讲究”。“讲究”在这里就是仗义的意思。大连人夸奖一个人，尤其是夸奖男人，最给力的褒奖词便是“讲究”。一个人如果不讲究，便没有人坤他，这是做人最大的失败。

大连人对“侠”的社会比“法”的社会更有概念。大连人的动人之处在于行走江湖沐一身侠气的光辉，遭人诋毁诟病的，也恰是这一身盔甲质的侠气。在崇尚理性、秩序、和谐的社会，侠气可能是冲动、鲁莽的代名词，隐藏着置王法于不顾的社会危机与个人悲剧。大连人也不是没有契约精神或合同意识，而是更重视面子交往。你给我一个面子，我给你一个面子。如果你损折了我的面子，从今往后我就不坤你。一个“坤”字，隐含了大连人的个性特征。张三不坤王二麻，并非王二麻毁约令张三损失千金，而很可能是王二麻在某件事情上没给张三一个面子。某些时候，大连人又是很任性的，比如在一个圈子里，张三从来不坤王二麻，其实他们之间并无过节，只不过是张三看不上王二麻的人生观或腔调做派。如果在精神层面无法共振，无法相悦，大连人也会摆出不坤的姿态。

"非典"期间电视里曾播过这样一个专题片：一个小伙子从疫区回到上海的家，他的妈妈将家门插上，不给他开门，让他先去医院隔离七天，以免传染家人；而一个东北哥们儿，从北京到抚顺，一路上查得很严，他给老家一哥们儿打了一个电话，对方卸了块抚顺车牌，通过多道关卡帮他换上假车牌，带他回家。这样的哥们儿在大连人眼里就是一个讲究人、仗义人，这样的哥们儿肯定会被朋友们所簇拥着，门庭若市，绝对不会有不被人坤的孤单寂寞冷。这也说明，大连人的"讲究"与"仗义"缺乏必要的理性，而煽情意味居多。有趣的是，大连人也时常会被自己的"讲究"与"仗义"感动，在酒桌上，经常可见一个大连男人向众酒友讲述他是怎样为哥们儿两肋插刀肝脑涂地，那份铿锵像讲评书，那份曲折又像"知音体"。自我感动虽有自恋之嫌，却也是另一种可以鼓励的自我品鉴。

歌手臧天朔曾以嘶哑而高亢的曲调告白朋友：朋友啊朋友／你可曾想起了我／如果你正享受幸福／请你忘记我／朋友啊朋友／你可曾记起了我／如果你正承受不幸／请你告诉我……大连人希望与朋友休戚与共，一生一起走，快乐着彼此的快乐，悲伤着彼此的悲伤。在旅游旺季，几乎每个大连家庭都有一道相似的作业——接待外地来连旅游的朋友。以热情慷慨而著称的大连人，在这个时候挈妇将子，呼朋唤友，付出不菲的金钱和时间款待自远方而来的朋友吃好喝好。大连人就是这样热情好客，就是这样重视感情。当大连人去外地旅行度假，也会在第一时间知会当地朋友。如果朋友谎称出差或有病不肯照面，那就是朋友没给面子没坤你，这绝对让大连人很受伤。不过多数情况下，大连人以一颗真心换来的是一份实意。

大连人喜好热闹，喜好热闹的排场，排场的兴衰事关面子的大小，有的排场是由官位衍生的，被大连人视如浮云并无羡慕。"上善若水，水利万物而不争"，"地势坤，君子以厚德载物"。大连人真正欣赏的人生排场是由那些德艺双馨的人主演的，他们的门庭四季如春，充满了曲水流觞的世俗欢乐与文化风雅，那是人情的四季如春，那是人格魅力的四季如春。而那些虚情假意，私心深重，没有真才实学，浮夸矫饰，在人际交往中散发着坑蒙拐骗、欺行诈市气息的人，最终会跌至不被人坤的境地。

沉重的生存压力与复杂的社会关系，使得人们在人际交往中谨言慎行，将喜怒哀乐深埋于心，还要与敌人、仇人、贱人保持交往，谈笑风生，人际工程力求缜密严谨，滴水不漏。如此一来，不仅失去了做人的生动与趣味，甚至扭曲了心灵。而大连人可不愿活得这么累，大连人的性格最打动人之处便是爱憎分明。你对我好，你内外兼修令我心生敬畏，你我缘分妙不可言两情相悦，我便将我的世界向你敞开，有吃大家吃，有衣大家穿，东西见面劈一半，在精神上须臾不离鼎力相助。可是，如果你伤害我，或者你的品质掺假有毒，那么连泛泛的应酬都不必了。为了表明对某人的彻底否定或厌恶，大连人通常会说："我连坤也不坤他。""我根本不坤他。""他过来跟我搭话，我没稀得坤他。"大连人说这几句话时，洋溢着一股子强烈的精神快感，那个"坤"字如一记无影闷拳，攻者笑傲江湖，受者饮痛不止。

布拉吉，挽霞子

在大连话中，有两个最具历史代表性的外来语：布拉吉和挽霞子。布拉吉是俄语译音，指女士连衣裙；挽霞子是日语外来语，指男士白衬衫。据说，这两个外来语唯独在大连地区流行，如今依然被大连的中老年人习惯使用。

关于布拉吉和挽霞子的回忆真是生动有趣！20世纪50年代，大连街上经常能看到苏联人，他们的军人排着整齐的队伍，边走边唱，小孩子就跟在后面跑。在苏联专家居住的地方，傍晚时分时常会有苏联小伙子坐在窗台上弹吉他唱歌，女孩子在一旁翩翩起舞。

出于中苏友谊天长地久的美好愿望，大连人也穿起了布拉吉跳起了“伴舞”（当时大连人对交谊舞的称谓）。从部队到地方，从机关到企业，每个周六晚上7时至10时，倾城翩跹；每个单位都有专门用来跳舞的大俱乐部，更有劳动公园、中山广场等露天舞场，《红莓花儿开》《莫斯科郊外的晚上》等至今在老大连人记忆中历久弥新、清晰如昨的歌曲萦绕夜空。

大连钢厂是拥有苏联专家最多的单位之一，那时钢厂工会主席工作重点就是每周六组织工人跳舞。舞伴成了一大难题，有人立马想到了“大纺”（大连纺织厂的简称）女工。就这样，每周六下班之后，大纺的女工们坐上工厂的大卡车，浩浩荡荡来到“大钢”（大连钢厂的简称）。大钢四百多平方米的食堂撤光了桌椅板凳锅碗瓢盆，大钢乐队早已奏响了《莫斯科郊外的晚上》……

那时每个单位的工会还有一个任务，选派有文艺天赋的员工到市文工团学跳舞，学成之后，回来教本单位职工。笨手笨脚的工人们学起来难度颇大，有些工人“逃舞”，后果是要在生活会上做检讨。不参加舞会和旷工的性质没太大区别。在工厂学完后，工人们回家还会搂着小板凳勤奋练习。从腼腆羞涩到落落大方，从连连踩脚到翩跹起舞，从“礼拜六想逃”到“有钱难买礼拜六”，大连人的生活方式终于与苏联老大哥接上了轨。

也是自那时起，大连人埋下了爱跳舞、爱在露天跳舞的情结。如今放眼打量，大连露天舞场随处可见，可以说有广场的地方就有跳舞的团队。大连人跳舞，从来不怕围观；越是围观，越是超常发挥。

那时跳得好长得好的女工会被市国际交流处邀去伴舞，从没人说闲话。“我今晚去伴舞，跟你换个班”，人们大大方方地去跳舞。不能夸张地说是“伴舞”美化了心灵，但至少，在那个为“工业增速，超英赶美”而忘我劳作的年代，“伴舞”让劳累之余的人们获得了空前的放松和愉悦，一种悦人悦己的和谐之风，在舞厅与工厂之间，在家庭与社会之间，在干部与群众之中，形成了良好的循环。可以说，苏联“伴舞”改变了大连人的精神面貌，令他们焕发出了与新中国磅礴建设相得益彰的气质。

那么，男女青年去跳舞得不得有一身跳舞的行头？这跳舞的行头究竟是什么样子呢？若是夏季，当然女穿布拉吉，男穿挽霞子。想象一下，甩掉了一身油渍麻花的工装，洗脸梳头，男青年换上了的确良白衬衫，将下摆束进簇新挺括的黑色裤子里，一份儒雅的精气神跃然而出；女青年穿上布拉吉，立马变得婀娜多姿温柔妩媚。那时，对年轻人的评价，除了品性和工作能力，“他舞跳得好”也是一句不错的评语。

年轻人在苏联“伴舞”中自由恋爱，谁说那个年代没有浪漫，布拉吉和挽霞子见证过。

受

受，在大连方言中是指痛快、爽、舒服的意思。比如很受、血受，都是指很痛快、很爽、很舒服的意思。

美国社会心理学家、人格理论家和比较心理学家亚伯拉罕·马斯洛认为，人类的需要是分层次的，由低到高，分别是生理需求、安全需求、社交需求、尊重需求和自我实现需求。生理需求是人类维持自身生存的最基本要求，包括衣、食、住、行等需求。大连人所说的“受”主要是指在这一层面所产生的一种极致享受。此处的受，不是指奢华顶极的物质享受，而是指寻常百姓屋檐之下的人间烟火。

前些年，外地人会在一些大连老菜馆的门脸上发现一行红色大字：猪肉炖粉条，血受！这就是咱大连风格的广告词，将咱大连人的豪爽粗犷表现得明明白白。由一个“受”字，我们会回忆起很多大连特色。猪肉炖粉条算一个，东北乱炖也算一个，还有各式的生猛海鲜。说起咱的猪肉炖粉条，我想起了中华名小吃“宜宾燃面”。此面原名叫叙府燃面，旧称油条面，因其油重无水，点火即燃，故名燃面。一个“燃”字用得特别漂亮，特别有灵气。而我们直来直去一个“炖”字，有时还加个“乱”字，成为“乱炖”。“东北乱炖”的手法很粗犷，比如土豆要切成菱形块，所有的叶菜都要用手撕，不准刀切。手撕与刀切，在口感上不会有太大差别，不过手撕更显东北饮食的原始风貌。百度百科里，关于燃面的风味特色有这样一段文字：

清晨的宜宾是宁静而祥和的。当初升的太阳在天边露脸的时候，整个城市还在沉睡之中。然而，大街小巷面馆里的伙计们可不能偷懒睡觉，他们早早起来，打扫店铺卫生，用大铁锅烧开水，准备葱、芽菜、花生米等佐料，好迎接第一批顾客的到来……在宜宾，你随便走进哪家面馆，都能尝到地道的燃面，保证好吃得让你舌头打结。

这里的“舌头打结”换成大连式表达，就是“受”的意思。

咱们的猪肉炖粉条、东北乱炖在百度里并无这种详细记载。这些年，大连人“血受”的口福都发生在别处的美食上，这多少是有些遗憾的，当然，也是情有可原的。如今生活水平提高了，人们有机会、有消费能力品尝各种美食，过去人们总是羞于张扬对食物的过度热情，“好吃”总是与“懒做”联系在一起。而今，当美食成为一种文化，成为热爱生活的一种佐证，人们开始追逐美食谈论美食，有空还时常在博客里写写美食文章，探究美食背后的风俗与文化。有些小有文采、热爱美食的家庭主妇，就是因为在博客里晒美食、写美食，居然成长为地道的美食专栏作家。如今，在《舌尖上的中国》[1]的影响之下，各城又纷纷推出自己的“舌尖文丛”。

精致小资的南方美食吃起来，吃的是一种心情，是一种情调，老大连人的口福还是在其貌不扬的“乱炖”之中。过去有一句话说“猪肉炖粉条，可劲儿造（大连方言，吃的意思）吧！”在那个年代能可劲儿造猪肉炖粉条的，可不是一般人家的日子。如今，我们是以怀旧之情来吃猪肉炖粉条，它依然是寻常人家冬季里的一道营养菜，只不过我们不再可劲儿造了。有些时候，我们感觉吃不出来过去那种血受的滋味，是食材不纯正不绿色了？还是我们的味蕾消受过太多人间美味变得钝感了？说不清楚，很多血受的滋味泊在记忆深处，想在现实中重温一回，很难。

“受”字也可用来表达某种精神上的享受，比如看过去的大连足球比赛很受，比如大连的啤酒节很受等等。这里说一说咱大连的啤酒节。

大连是一座节日繁多的城市，城市创造了节日，节日反哺了城市。在众多城市节日当中，啤酒节真正是咱老百姓的节日。如果说啤酒节是一部燃情大片，那么，这个大片里有两个主角，男主角是啤酒，女主角是大连海鲜。啤酒搭海鲜据说容易引起痛风，却是大连人难以抗拒的、百吃不厌的“血受”口福。大海边，星空下，已经听不见近在身畔的阵阵涛声，人们在啤酒大棚里开怀畅饮、尽情狂欢，只见酒花四溅，倾城飘香……啤酒节在夏季举办，很多大连家庭会在此季接待来连旅游的外地亲友，自然要将体验大连啤酒节纳入接待方案中。于是便有了某位以严谨端庄而著称的大嫂跳上酒桌舞了一曲的佳话流传出来……大连啤酒节实在是太有感染力了，太受了！

“受”是一种幸福感，是一种幸福指数。生活在一座城市里，如果人们能在方方面面感到很“受”，那么这座城市是真正宜居的，是可以繁衍生息托付终身的。中国的“宜居城市”是指那些社会文明度、经济富裕度、环境优美度、资源承载度、生活便宜度、公共安全度较高，城市综合宜居指数在80以上且没有否定条件的城市。城市综合宜居指数在60以上80以下的城市，称为“较宜居城市”。城市综合宜居指数在60以下的城市，称为“宜居预警城市”。考量一下，你所居住的城市，是一座“很受”的城市吗？

【1】2012年上半年中央电视台推出的大型美食纪录片，播出后广受欢迎。

派

“派”在《现代汉语词典》里，有作风或风度的解释，大连方言中的“派”把这一层意思发挥到了极致。派，即派头，一是指人或事物所表现出来的风度、气派、气势；二是指行动、举止或处理问题的特殊方式。

“派”有时可与今天的“气场”一词互换。派与浪，都是大连话，“派”多形容男性的气度、气派，“浪”是指女性爱美、会打扮。“派”，也只有老辈人说一说，年青一代比较喜欢讲“气场”。

小区的夏季晚上，老年人纷纷出来纳凉，他们聚在一起爱探讨政治时事，特别爱讲过去国家领导人的丰功伟绩，爱讲伟大人物的非凡派头，比如周恩来总理。周总理是一位具有明星气质的革命家，尤其是他在外交中的迷人风度和机智谈吐令世人敬仰。网上流传着周总理这样几个小故事：

当外国记者不怀好意地问周总理：“在你们中国，明明是人走的路为什么却要叫‘马路’呢？”周总理不假思索地答道：“我们走的是马克思主义道路，简称马路。”这位记者的用意是将中国人比作牛马，和牲口走一样的路。周总理却把“马路”的“马”解释成马克思主义，令这位记者哑口无言。美国代表团访华时，一名官员当着周总理的面说：“中国人很喜欢低着头走路，而我们美国人却总是抬着头走路。”周总理不慌不忙，面带微笑地说：“这并不奇怪。因为我们中国人喜欢走上坡路，而你们美国人喜欢走下坡路。”周总理的回答令美国人噤若寒蝉，不敢再大放厥词。一位美国记者采访周总理时看到总理桌子上有一支美国产的派克钢笔，便以讥讽口吻问道：“请问总理阁下，你们堂堂的中国人，为什么还要用我们美国产的钢笔呢？”周总理风趣地说：“谈起这支钢笔，说来话长，这是一位朝鲜朋友的抗美战利品，作为礼物赠送给我的。我无功受禄，就拒收。朝鲜朋友说，留下做个纪念吧。我觉得

“生活服装舞台化，舞台服装生活化”是大连服装文化的内涵。

有意义，就留下了这支贵国的钢笔。”美国记者顿时面红耳赤，哑口无言。

周总理多么有派啊！这里的“派”是指周总理柔中带刚、机智犀利的谈吐。周总理的外表也很有派，任何时候他都是风度翩翩的，是那个年代最具有风度的中国领导人之一。他的英武之气与儒雅之气互相辉映成一道迷人的光芒。周总理有一张穿一身浅色西装的照片，浅色西装最考验一个人的气质与派头，只有厚德载物之人，才能将浅色西装穿出一种摄人魂魄的气场来。周总理还有一张与郭沫若等文人的合影，只见他穿一身白色西装，右手执一顶礼帽，看上去简简单单的，却散发出令人叹为观止的派头来，连一向风流倜傥的郭沫若都被比下去。说起周总理的崇高品德和风度气质，大连的老人们会说：“我们的总理真有派啊！”

东北男人很有派，首先是因为身高、气场占据了优势。东北男人高大挺拔，有一种阳刚伟岸的身材气质，相貌即使不够英气逼人，也是堂堂正正光明磊落之相。过去东北男人冬季喜欢穿一件黑色大氅，昂首挺胸大步流星地走在大马路上，风吹动着大氅一角，撩起了叱咤江湖的美感，羽美须髯尽显风流倜傥……大连人会这样称赞他：“这个男人真有派！”有时你却发现，大连人称赞某个男人“很有派”，但他的衣着打扮很平凡，身材相貌也甚为普通，这种“派”是什么呢？又从何而来呢？我想，这种“派”应该是一种人格魅力，源自心灵的气场。一个人的心灵气场强大而丰厚，才会由内而外地散发着吸引力。从心理学上讲，气场就是人们给他人感觉的来源；从人际关系学来看，气场就是用来影响他人的能力或多个人能否和平共处的能力。一个人的气场分为两大类：强大＋亲和力与强大＋排斥力。显然，最理想的气场类型是亲和力和压迫力的结合。在现实生活中，东北人的“派”很容易趋向“强大＋排斥力”，心理学家对这种“派”的点评是“阴暗、不靠谱、不友善”，并提出“少招惹”的警告。对于“强大＋亲和力”的点评是“幸福、靠谱”。东北男人好讲霸气，这种霸气若缺了心灵气场，则并非霸王气象，不过是没有文化内涵与人情味儿的强横粗蛮。

“派”更多是指向心灵气场，或者说心灵的影响力。“派”不是吆五喝六颐指气使，而是一种令众人甘愿追随的正能量。赢得一句“很有派”不是那么容易的，让我们努力提高身体气场、培养心灵气场吧。

与其他地区的方言相比，大连话比较简约经济，很多大连话只有一个字，比较典型的是“派”、“浪”、“受”、“造”、“血”等。有些地区的方言琐碎啰嗦，密度大、频率快，像女人，而大连话有一些言语非常高贵，外地人与大连人交流时，如果大连人突然蹦出一个字，外地人是非常警惕的，这一个字的大连话往往可做无穷文章，不论是褒还是贬，是赞还是损，其冲击力都是相当强大的。

与“派”含义近似的大连话还有“洒”，是潇洒、洒脱的简化用法。如：“这个小伙儿长得挺洒的啊！”“我穿这身儿洒不洒？”

得瑟

先来欣赏一段大连球迷制作的网络视频——《你来我们主场得瑟干什么》，歌词如下：

金州体育场是属于蓝色的
你来我们主场得瑟干什么
我们大连队是不可战胜的
你来我们主场得瑟干什么
再强再狠的都已经被灭了
你来我们主场得瑟干什么
还挣扎什么快举手投降吧
你来我们主场得瑟干什么
（音：喃来俺们主场得嗖干横末！）

大连人把“得瑟”读成“得嗖”(dèsou)。主要有两个意思：一是过度地张扬自己，炫耀自己，获得不值一提的成绩或做成一件芝麻大的事就得意忘形、忘乎所以；二是举止轻浮不稳重，比较拽、拉风，比较张扬、活跃，这也是一种“得瑟”。在不同的语境里有不同的感情色彩，一般带有贬义或调侃之意。

“得瑟”大概源于“得色”。古书里常说的“面有得色”，就是指一个人得意洋洋的神态，也是指爱显摆爱炫耀的性格。刘禹锡的《和董庶中古散调词赠尹果毅》里有一句“迟回顾徒御，得色悬双眉”，这里的“得色”与今义相同。“得瑟”是赵本山小品里的高频词，但实际上，“得瑟”并非只存在于北方语系，在长沙、陕西、广东等方言中也出现了“得瑟”一词，均有“显摆炫耀、得意忘形”的意思。譬如，在湖南长沙话里，“得瑟”是“自以为很了不起”的意思，属贬义词。“有点钱你就臭得瑟啊？”这与大连话“得瑟”是一个意思。

“中国首善”陈光标在博客里发表了致盖茨、巴菲特的公开信，向公众宣布“裸捐”。陈光标要比孤独地死在存折单上的守财奴光荣得多。但中国人做好事讲究不留姓名，陈光标因为慈善行为过于“得瑟”，一直备受质疑。陈光标的“得瑟”

就是太高调太张扬。

盛夏浓荫匝地的洋槐树下，几个大连女人聊天，其中一位讲起了儿子找对象："俺儿就喜欢得得瑟瑟的，最近找了个小姑娘会唱歌跳舞会弹钢琴，还会说四国语言。去年老李大嫂给介绍的一个大学女老师，那么稳重文静的一个大姑娘，俺儿偏看不上，就喜欢得瑟型的。"

如今，敢得瑟之人都不是白给的，都不是虚的。你听陈光标怎么说："你说我沽名钓誉也好，贪图名誉也罢，我都认了，我就要高调做善事，如果你不服你来做，你来和我争'中国首善'这个称号。""当你手指指着别人，三根手指在指向自己的时候，请问问你自己做了哪些事情。"同样，那个会唱歌跳舞会弹钢琴的"得瑟"姑娘也不是白给的，人家会四国语言呢！

《三联生活周刊》记者采访铁岭民间艺术团原副团长乔杰，曾问过这样一个问题：东北为什么能出来那么多明星？答曰：东北人爱得瑟。还真是这么回事儿，这人一爱得瑟，表现欲就强了，表现欲一强可不就想去当演员当明星了嘛。

大连人性格豪爽，豪爽的近亲性格就是"得瑟"。在过去年代，一个爱得瑟的人肯定不受人待见。在单位，领导会提拔那些性格稳重、处事谨慎、为人踏实的人；找对象，男方及男方家人都喜欢性格成熟、举止稳重的姑娘。一个姑娘爱得瑟蕴藏着情感出轨的风险，男人娶这样的姑娘常心有顾虑。爱得瑟甚至是作风不好的委婉说法。一个女人生活作风不好，人们会闪烁其词地评一句："她得瑟得不轻。"

不过，对应当下的网络红人，我们生活中的"得瑟男"、"得瑟女"实在是小巫见大巫，不属于一个重量级。网络上的"得瑟哥"、"得瑟姐"像天上的繁星，咱就说一说芙蓉姐姐吧。当年姐儿以游学清华、北大边缘人的身份在北大未名论坛、水木清华 BBS 发表大量个人照片，不遗余力地得瑟那火爆的 S 曲线。姐儿长年累月孜孜不倦地得瑟着得瑟着，不管你是被恶心着了，还是被雷着了，反正姐儿成了名人，得瑟出了不菲的出场费。如今，姐儿成了励志女神，居然做客央视大型励志脱口秀节目《奋斗》。在一个多小时的节目中，央视以"芙蓉前身、芙蓉传奇、芙蓉未来"三个篇章来讲述姐儿八年奋斗历程。央视的褒奖词是这样写的："如今，历经八年抗战，她从最早的疯狂谩骂和嘲讽，摇身一变，成了正牌明星。她不再抓住曾经那一片谩骂来证明自己的存在感，而是再次把握了时代的风向标，开始瘦身、拍电影、出单曲、开公司、做慈善，变得知性、高贵、典雅，完成了令人瞩目的蜕变，成为了现在的励志女神。"如今不少"得瑟女"想走芙蓉姐姐的路线。只是，当年芙蓉姐姐简单地摆几个 S 造型就能名声大噪，但眼下即使裸奔也难奏效。在网络上得瑟也需要实力和毅力，需要智慧和风格，仅靠色相和脸皮是远远不够的。

姐儿如今成立了芙蓉天下文化传媒公司，当起了总裁。"芙蓉姐姐"不再是一个得瑟女人的网络昵称，而是一个有价值的品牌。芙蓉姐姐郑重地说："我希望靠内涵取胜，要让大家想起芙蓉姐姐的时候，想到的是我的思想，而不是外表和身材。"

张三就职于某外企，月薪不过三十张粉钞，却名牌傍身。勒紧腰带买个PRADA包，信用卡划来HERMES皮带，这种消费行为在父母眼里是"穷得瑟"。但张三说，这是一种职业精神，谁会将一个大单子交给身穿佐丹奴的职业人？今天的穷得瑟是为了明天的飞黄发达。

得瑟就是张扬的意思。如今人们常说：做事要高调，做人要低调。这里的高调就是张扬的意思，那么是否可以说"做事要得瑟，做人要低调"呢？大连人用"得瑟"来组词，会有"穷得瑟"、"得瑟腚"、"得瑟疯"等。在身体各部位中，屁股应当是最沉实最稳重的，一个人唯有能坐得住，才能出成果。比如作家这个职业，必须安如磐石稳坐春夏秋冬、白昼黑夜，才能创作出来成果，如果是个"得瑟腚"，今天应邀去剪个彩，明天应邀去跳个舞,屁股成天"得瑟"着，肯定无法静下心写出好作品。

"得瑟疯"是形容性格开放、张扬之人。此类人也常被诟病"狗肚子里装不了二两油"，心里盛不住事儿，藏不住秘密，最擅长的是以说正史的口吻八卦人间。八卦本来是个贬义词，却因为是娱乐圈的强大生产力，而被平反翻身。据说如今在智商、情商之外，还有个八卦商。"得瑟疯"的八卦商肯定高，他们好将别人的隐私往外得瑟，"得瑟"在这里就是抖落之意。隐私都是裹着掖着藏着，被人像抖包袱似的哗啦一下展开，所有的花花绿绿都暴露出来了。"得瑟疯"屁股得瑟，嘴巴也得瑟，也算是一枚人物。

网上有一个娱乐休闲类型的得瑟网，其口号宣传是"得瑟是一种生活态度"。明星们每天都要得瑟，得瑟是他们的使命，不得瑟就没人气没机遇。那些会得瑟的大明星，在绯闻丑闻的大染缸里如浪里白条，不仅毫发未损，而且赚得名利双收，而不会得瑟的，却被负面新闻纠缠得身心疲惫名利俱损。

休年假了，压力山大们要找个地方得瑟一下，就是说找一个地方旅旅游，放松放松身心。一大连姑娘要模样有模样，要才气有才气，要人品有人品，这样的姑娘非要嫁给一个穷小子。姑娘的父母强烈反对，姑娘要随穷小子去外地闯荡，父母含泪痛斥，"走吧，走了就别回来，看你们能得瑟到哪儿去！"在父母看来，骑辆自行车是得瑟不起来的。与"宁坐在宝马里哭"的物质女相比，该姑娘得瑟的是爱情啊！

得瑟是一种勇气，更需要资本。年轻人往往有勇气有资本得瑟；稍染岁月风霜的人，心有负担和惰性，大多数按部就班、缺乏新意地生活着。年轻，没有什么不可以，我的地盘我做主，敢于突破禁忌，敢于创新，敢于张扬，就能得瑟出一派小风光。我得瑟，我快乐！在年轻人身上，得瑟是一种活力，是一种积极向上的精神风貌，是转，是酷，是拉风，总之是好看的。

还有两句大连话与“得瑟”近义。一是“轻腚子”，二是“浪摆”。“轻腚子”乃“得瑟腚”，是轻浮不稳当，是一片浮云。例句：“你看那个轻腚子，一天到晚穷得瑟。”“浪摆”是轻浮、招摇的意思，常见大连人这样调侃或训斥别人，“你败浪摆败得瑟了！”

在现实中，一个人还是应该低调谦卑一些，不要恃才傲物，不要锋芒毕露，谦逊平和才是令人终生受益的美德。即使有水平，也不可过度张扬卖弄；没水平，就更不该得瑟了。人们真正发自内心尊敬的是那些有智慧、有美德、有修养的人，他们平和低调从不浮夸，话语不多，说出来的却被人记在心上。

跑风

跑风，从字面上看，可以理解为迎风而跑。迎风而跑很潇洒嘛！清晨时分，在滨海路上迎着海味晨风跑步，多么舒爽惬意啊！或者是在五月季，寻一段槐花盛开的长路，迎着和煦的春风慢跑着，风携着槐香一路追随你，多么浪漫多么享受啊！

跑风是地道的大连话，意为不着家，呆不住，到处乱窜、闲逛、瞎玩。

几个初中女生，在没课的周三下午，先去天津街的美食一条街吃了麻辣烫，又风风火火地杀向胜利广场，在时尚饰品长廊流连忘返，去音像店翻找偶像的碟片，在汤姆熊欢乐世界里嗨（high），去文身小店探险，最后再以一顿小吃结束“跑风”，回家。父母大人见其披头散发脸上吃得“魂儿划儿”（大连话，意为乱七八糟、不干净），很生气地训斥道：“你这一下午去哪儿跑风了，真是太不像话了……”这里的“跑风”是不干正经事，净外路精神头儿的意思。

朋友之间开玩笑也常用“跑风”。“从上次在傅家庄吃过烧烤之后，大半年没看到你了，你去哪儿跑风了？”这里的“跑风”是忙什么、在哪儿发财的意思。

“跑风”是大连女性之间嬉笑的高频词，以调侃对方风流、绯闻多。

在农村，“跑风”多用来描述小孩和女人。小孩一天到晚四处乱窜，会被大人说成跑风。女人爱说爱笑，活泼好动，坐不住家，到处应酬交际，也是“跑风”。到处应酬交际的女人是难以体贴配偶的，也很容易劈腿。“跑风”大多数时候是贬义，常形容生活作风不正的女性。农村人对不贞女性发明了很多伧俗之词，相比之下，“跑风”实在是太过委婉太过客气。“跑风”形容女性时，令人想到“跑路”一词，二者有着只可意会的相似。

与城市的洋气相比，大连话一般都比较土气，难登大雅之堂。但“跑风”

一词却有被官方使用的经历。这对于方言而言，实在是个不小的殊荣。那是去年的赏槐会，官方特别增加了滨海路木栈道越野跑，活动名称就叫“跑风”——跑着看风景。

大连还有个国际跑山节，据说滨海路木栈道“跑风”是由“跑山”触发而来的灵感。从老虎滩渔人码头出发，沿滨海路木栈道，途经石槽村、怡海园、棒棰岛等，分别有5公里、10公里、15公里“跑风”路线。跑着看风景，大连话“跑风”被赋予了新鲜含义。

滨海路是大连人展示健康、低碳、环保生活方式的代表性场所。作为大连人，我们不应该辜负滨海路这样一条路，去滨海路“跑风”吧！这将是大连人在“上海”之外的又一大连式的休闲。

补充一下，“跑风”还指中国官场的不正风气。大致包含两层意思：一是下级机关向上级主管部门“跑”政策、“跑”资金、“跑”项目，人们通俗地称之为“跑部钱进”；二是个人向上级领导“跑”职务、“跑”待遇，简称为“跑官”。显然，与大连话“跑风”不是一个意思。

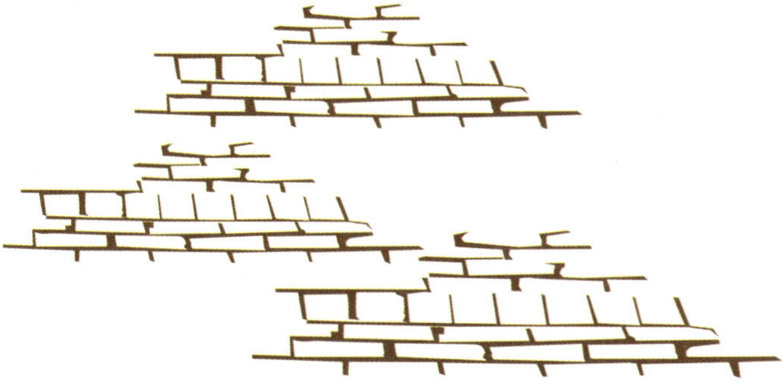

展洋

展洋，是大连话中最有韵味、最有气质的一个词条，让人觉得实在应该收入《现代汉语词典》。

公司年终搞全年绩效考核，你的业绩名列前茅，那叫一个“展洋”；有同事的孩子被保送清华大学，人家那叫一个“展洋”；在高档小区买了新房子，没有一分贷款，不用做现代版的包身工，在朋友面前很“展洋”。

“展洋”就是露脸的意思。“展洋”与“显摆”不同。显摆是在别人面前夸耀自己，这是一种令人讨厌的行为。“你别在这儿臭显摆了，哪儿凉快哪儿呆着去！”一个“显”，一个“摆”，极其形象生动地把一个人自我夸耀的嘴脸刻画出来。

相比之下，“展洋”多了一份矜持。“展洋”里肯定也有“显摆”的成分，有牛哄哄、美滋滋的成分，但“展洋”拿捏得当，有所节制和矜持，而成为一种低调的华丽。

“展”就是展示的意思。那么，“洋”作何解呢？大连人评价一个人的时尚装扮喜欢用“洋气”一词，“你看人家打扮得真洋气。”对气质型美女的评价，大连人也喜欢用“洋气”，“那女的长得真洋气。”这就令人联想到，“展洋”最初大概是来说大连人“苞米面肚子，料子裤子”这个事儿。大连人总跟苞米过不去，“你就是饼子”或“你就是个饼才”，饼子就是用苞米面做的。这里的“饼子”和“饼才”是软弱无能、蠢材废物的意思，用黑龙江话说就是“完犊子”或者“完蛋操”。

“苞米面肚子，料子裤子”是说一个人吃得不好却穿得好，在嘴里节省是为了外表的“展洋”。在那个年代，料子裤子的美感就是洋气与华贵。簇新挺括的料子裤子是那个年代的奢侈行头，能穿得起料子裤子，怎么也得是“白面肚子”

足球和服装一样，都是令大连人最展洋的事物。

或“海参鲍鱼肚子”，“苞米面肚子”大概只配粗布裤子吧。口挪肚攒苞米面果腹，也要做一条料子裤子，说到底就是为了“展洋”。这种“展洋”叫人有些不落忍。不过，也有人褒奖大连人即使“苞米面肚子”也要“料子裤子”是一种昂扬的生活心气在燃烧。

对应当下，“料子裤子”替换成了时代广场里的奢侈品。据说，中国正成为世界奢侈品的“避难天堂”：在经济危机的冲击下，奢侈品市场整体萎缩，而中国逆流而动，超越美国成为世界第二大奢侈品消费国。甚至有专家预计，中国在2020年有望实现全面小康，但在2015年就有望成为世界第一大奢侈品消费国。在国外，奢侈品的消费人群，平均年龄在40岁到70岁之间；而在中国，20岁到40岁是奢侈品消费的主力军。吃两个月方便面攒一只LV包，背万元包包挤公交车，就出自这一小簇人之中。这与当年大连人“苞米面肚子，料子裤子”如出一辙。

《穿PRADA的女魔头》提醒职场男女：如果一个人的外表乏善可陈，那么他的人生也会乏善可陈。一些真正的职场“潜力股”深谙此理，但他们购买奢侈品，不愿意把大牌LOGO“展洋”出来，而选择LOGO比较隐蔽、低调的。不为向人“展洋”，与奢侈品“默然相爱，寂静欢喜”，那种精致与美好的内心享受纷纷转化为职场生产力，让自己成长中的魅力追赶上奢侈品的美，或让自己达到厚德载物的境界。

章程

“章程”是山东方言，是“海南丢”丢过来的话。“海南丢”是大连话中一个特殊的名词，因其生动而备显苍凉。一个“丢”字，力透纸背，说的是大连人的来历出身，说的是当年山东饥民背井离乡、漂洋过海闯关东的凄惨命运。在大连街，“海南丢”们依靠集体力量顽强地保持着自己的方言传统，这其中便有“章程”一词。

在词典里，“章程”是指组织规则和办事规则的法规文书，也泛指各种规章制度。大连话的“章程”则是指有能耐、有本事。沈阳人、哈尔滨人、长春人也说“章程”，估计是从大连“舶”过去的。表达准确生动、耐人寻味的方言，流行力总是很强大。

“章程”的本义是规则。规则分为显规则和潜规则。前者是指为社会主流意识形态所认可的、成文的、强制性的制度规定，这是“章程”的本义。后者是指社会生活中不成文的章法，它就像一只看不见的手，虽然看不见摸不着，却真实存在并发生着作用。这只看不见的手就是潜规则。潜规则虽然会受到道德观念和显规则的抑制，却也大行其道逐渐演变成另一种“章程”。

大连人常说“这个人很有章程”，多是指此人熟悉社会潜规则，为了捞取更多经济利益而不敬畏显规则，在一条灰色的利益链条中上下其手层层盘剥，并且毫无罪恶感。法律审判够不着，道德批判又并不具有威慑力，相反还会被羡慕为“有章程”。

大连话的“章程”并不是指一个人的专业能力，而是指其社会交往能力、人脉资源及对社会潜规则的熟谙程度。“他跟领导交往很有章程”，这里的“章程”不是指靠能力和人品赢得领导的青睐和信任，而是指他取悦领导的那些只可意会不可言说的手段。“这小子办事很有章程”，是说他吃透显规则，玩转潜规则，运筹操作能力强，成功率高。

“我们公司新换了一个经理，从英国名校毕业，在世界五百强企业做过高管，据说此人非常有水平。”“张三从部队转业到地方跟政府部门打交道，人家现在很有章程，找他办这个事准成！”评价一个人的专业能力或智商时，大连人会老老实实地使用“水平”一词；评价一个人社会关系多，黑道白道都有人，敢于突破规则办事,则会使用“章程”一词。

《炎黄春秋》总编辑吴思曾写过《潜规则：中国历史中的真实游戏》，这本书一版再版，至今仍然畅销不衰。在中国社会，如果显规则不硬气，不能令清气上扬，浊气下沉，那么，在适者生存的残酷压力之下，将会有更多的人变得有“章程”，这对社会的消极影响自不待言。

血

血，在大连方言中发音为 xiě。“血”原本是名词，在大连话中却被用作程度副词，表示很、非常、特别的意思。

血受，血干净，血彪，血上火，血不够意思……不论是褒是贬，“血”都裹挟着某种刚强与热烈。“血”是大开大阖，大爱大恨的。如果从大连话中找出一个与大连人秉性特质一脉相通的词，那便是“血”。

北京方言“忒”、哈尔滨方言“贼”，与大连话“血”同义。“大连话血逗，血有意思”，以北京方言表述是“大连话忒逗，忒有意思”；以哈尔滨方言表述是“大连话贼拉逗，贼拉有意思”。三者比较，窃以为，“忒”有些抽象，“贼”又过于具体，唯有“血”是来自骨子里的，是极致的、性格化的。

两个女工下班途中去买菜，“听说今年山东的大头菜血便宜，8 分钱 1 斤，贱得跟草似的。”一场动迁，相处半生的老少爷们儿各奔东西，某日两位老邻居在青泥洼桥偶遇，扯着手儿把嗑儿唠。说起当年某个品行不端的邻居，二人同做咬牙切齿状，“那个老鳖羔，坏得头顶生疮脚底冒脓，血待人恨！”职场上，某人依仗与上司关系铁，将公司当成自家菜园子，长什么摘什么，背地里有人骂他“血不要脸”。坊间传言这年头能借老婆不能借银子，却有好哥们儿在你购房钱紧之际二话不说倾囊相助，一腔感动之情只化为一句简洁有力的“血够意思”。邻居小两口生了一对大胖小子，长得虎头虎脑，血待人亲。夏季夜晚在大海边和朋友们自助烧烤，血受啊。大连是一座血干净的城市，听说白衬衫穿半个月不用换……

说一说“血受”和“血干净”。“受”与“干净”在这里都转化为大连方言词，与“血”组词成为最具地域性和代表性的大连话。

与“血”一样，“受”也是“经济性”的大连话之一。在词典里，“受”有四种意思：接受、遭受、忍受、适合。大连话“受”可以取“适合”之意，受吃（吃着有味），受看（看着舒服），受听（听着入耳）。吃着美味是“血受”，这是腥膻之味的大吃大嚼，是狂欢式的食欲享受。看美景、听音乐这种精神享受，也可以用“血受”来表述，但多数时候，“血受”还是指物欲感官的享受。“血”与“受”笔画简单，意蕴强烈，强强联手，成为最经典的大连话之一。

“干净”意为好、漂亮，多数时候与卫生状况无关。比如，“这个球进得血干净”，意思是这个球进得很漂亮。

大连人喜欢用“血”来表达内心感受。厌恶、憎恨等负面情绪，要以“血”来抒发宣泄；美好的、感人的正能量，更需要“血”来捧场助力。以四两拨千斤的经济与便利，“血”就这样成为大连人的口头语。

如果组织一场各地方言的“武林大会”，大连派出的方言选手肯定是“血受”或“血干净”。

在大连话中，“血”最具网络语言的潜质。网络语言是一种新兴的社会方言，具有创新性、经济性、诙谐性和粗俗化等特点。“血”的创新性与经济性自不待言，在抒情表意时的鞠躬尽瘁也别具诙谐和粗俗之意。

网络语“粉”与“血”意思相近，如：粉可爱（很可爱）、粉喜欢（很喜欢）。但与“血”比较起来，似乎缺少了老练之感。

一位漂泊海外的大连人在网上一段关于大连话的视频后面深情跟帖：儿时的“海蛎子味儿”，我想死你了！

“乡音情结”是每个游子终生附丽的情感。既说普通话，又说家乡话，这种“两话生活”已经成为社会语言生活、文化生活的常态。著名作家贾平凹说：“每种方言都有自己的气数，陕西话的人气很旺，你钻进秦岭山中，跑上黄土高原，走过八百里秦川，都能感受到鲜活的陕西话，很扎实，很解馋……”“解馋”一词用得血好，生动地道出了方言对人的情感的慰藉。远离家乡的人们不淡忘方言，在方言里没有兵荒马乱之感，在方言里赤身打个滚儿便找到了家，找到了归宿。

若论大连话的“扎实”与“解馋”，“血”是其中代表之一。说一句“血干净”，便找到了大连的“海蛎子味儿”，找到了大连人的精气神儿！

梗儿梗儿，不忿儿

大连话“梗儿梗儿”（“梗儿”在这里发音为 gèngr）是桀骜不驯、不服气、牛气；“不忿儿”也有不肯服气的意思。二者是近义词。

两个人吵架剑拔弩张，一触即发，这时，一方伸出手拨弄对手的脑袋，并怒斥：“你梗儿梗儿什么？来，你再梗儿梗儿？”这种挑衅是恶战的前戏，脑袋是要害部位，敢出手挑衅对方头部的人，大多是骁勇善战不怕死的主儿；被挑衅头部而不敢出手的，就等于举白旗了。

梗，字典里有一个解释是“顽固”，《红楼梦》里有“凤姐听了，把头一梗”的句子，仅一个“梗”字，将凤姐的性格脾气淋漓尽致地道了出来。“梗”亦指某些植物的枝或茎，凤姐把头一梗，活像一株迎风挺立的高粱梗，充满了霸气、清高、顽固和狡黠。

在大连街，两个男人起了事端，脸红脖子粗地唇枪舌剑，开始都极力克制保持语言上的干净，但显然心里都憋着一股火，终于一人爆发了，揪住对方衣领子咣咣地搡着：“你不忿儿，是不是？你有什么不忿儿的？”一场武戏由一声“不忿儿”拉开了序幕。

“不忿儿”还有一种说法叫“气不忿儿”。“气不忿儿”也是大连人侠义性格的体现。大连男人经常会为陌生人打架。在公共场合，看到有人欺凌弱者，大连男人血脉贲张怒火燃烧，“气不忿儿”地拨开围观者扎了进去，结果就惹火烧身挂了彩。这彩是光彩，是大连的硬汉写真。

还有另一种“气不忿儿”。由于心胸狭隘，为鸡毛蒜皮的小事“气不忿儿”，寻衅闹事，扰乱社会治安，这种“气不忿儿”者是害群之马。

梗儿梗儿、不忿儿除了是打架术语，还可用来形容一个人的处世态度。一个人在单位“梗儿梗儿”（这里指牛气、硬气）有三种可能：第一，他是专业尖子或技术权威，一不慕升官，二不慕发财，以钻研技术为乐趣，不会或不屑于取悦上司。如果上司德性很差，苛政猛于虎，他便很梗儿梗儿，成天不忿儿。身为技术权威，尽管成天“把头一梗”，却也毫发未损不差一分钱。第二，他是刺儿头，是滚刀肉，一副“浑不吝”的混世风格。“浑不吝”是北京方言，与“梗儿梗儿”是一个意思。无知无畏，痞气冲天，这类人在计划经济年代居多，眼下已是稀有品种。第三种是关系户。女员工傍上了男领导，男员工扯上了权贵裙带，也会在单位表现得很梗儿梗儿。坐享其成、不劳而获都是这些主儿，不知会被人如何背后唾骂。

在过去年代，有些人“梗儿梗儿”是不得已而为之。他们并非天生刺儿头，在某次非常事件中被逼上梁山造了反，从此悟得“软的怕硬的，硬的怕横的，横的怕不要命的”之道理。根据大连作家邓刚的一篇小说改编的电影取名《站直了，别趴下》，这也是“梗儿梗儿”的意思，表现东北人傲气、不服输、总想压人一头的气势。

在大连话中，梗，猛也，虎也，直也。这三要素也是东北人被称为“东北虎”的原因。此“东北虎”却非彼“东北虎”，不再有激赏之意。“虎”是褒义词，与“英勇无畏”同义，如今却是“虎了吧唧”、“虎腥腥”的缩写。“东北虎”成了看场子者的首席人选。东北人打起架来不要命，将对方打趴下后总要踩上一脚质问一句：“你服不服？还敢梗儿梗儿吗？”失败者虽然遭受皮开肉绽之苦，但尊严，或者说是未死的“虎”气使他仍然梗着脖子，这激怒施暴者继续辣手催命，“我叫你梗儿梗儿，我叫你梗儿梗儿……”直到对方彻底垂下了头，才肯罢手。

大连人不喜欢被说成“东北虎”，不少大连人并不认为自己是东北人。大连人很迷恋“大连是中原文化退守地”之说。有史料显示，作为东北的门户之一，大连的文化类型却不属于“关东文化圈”，它竟然属于在地理上与它风马牛不相及的“中原文化圈”。中原“三人行，必有一师”与东北“三人行，必有一匪”形成强烈对比。大连人具有东北人的豪放与直率，却少了虎气与蛮气。大连男人频登江苏卫视当家节目《非诚勿扰》，在嘉宾眼中，大连男人帅气阳光，心理素质极好，台上比台下更为出色。而有些东北选手上台得喝二两白酒壮胆。大连男人是豪放派，却也不失必要的婉约。当下的审美观已经悄然发生变化，尤其是对男性的审美，诞生了“粉红男生”、“三点半男人”之说。不少大连男孩具有文艺感，喜欢看电影听戏，也很会生活，精通各种吃喝玩乐之道。他们是“粉红男生”，是女生的男闺蜜、蓝颜知己。“三点半男人”是成熟厚重深水静流的中年男，像下午三点半之后的阳光，温暖得恰到好处。与“粉红男生”相比，他们更懂得女人，“因为懂得，所以慈悲”。东北男人遭诟病的大男子主义，是他们“不懂得，不慈悲”的铁证。大连男人是东北的“粉红男生”，给人留下了“大连男人并不完全等同于东北男人”的印象。

大连是一座浪漫的国际化城市，城市的定位打磨着城市人的性格，城市的风格熏陶着城市人的气质，城市的开阔包容吸纳了先进的外来文化，大连人也有了与众不同的风范。放眼打量，“梗儿”的大连男人已不多见，曾被外地人津津乐道的打架街景也是千年遇一回。大连男人现在热衷于以墨以文学、以茶以收藏修身养性，内外兼修，温良恭俭的君子之风。

WTY

放眼打量，“梗儿梗儿”的大连男人已不多见，曾被外地人津津乐道的打架街景也是千年遇一回。

打哏儿

打哏儿（“哏儿”在这里发音为gènr），是停顿、含糊、不痛快的意思。小孩子背课文不够熟练，大连人会这样批评孩子，“你怎么背得磕磕巴巴总打哏儿！”在这里，“打哏儿”是停顿、不流畅的意思。

那么，“不打哏儿”就是流畅、干脆、痛快、二话不说的意思。“不打哏儿”常形容一个人的办事态度。比如，张三找某领导办事，某领导态度很热情很明朗，一点不打哏儿。

以各种理由不给你办痛快，这就是“打哏儿”的引申之意。“打哏儿”就像肠梗阻，很麻烦的。

大连人性格耿直爽快，喜欢坦诚相待，不喜欢拐弯抹角，虚里冒套，行就说句痛快话，不行就拉倒走人，这些性格特点概括起来就是“不打哏儿”。

与南方人的委婉、含蓄相比，大连人的“不打哏儿”显得很质朴，很宝贵。“不打哏儿”也侧面体现了大连人爱面子的特点，这种特点可以推而广之到东北人。这颜面比什么都重要，不能有丝毫折损。所以，有时候就宁可死要面子活受罪。其实在社会交往中，“打打哏儿”更符合人际交往之道。委婉与含蓄，克制与内敛，是东北人应该修炼的科目。南方人在委婉与克制中闪转腾挪舒服自在，东北人在“短平快”的“不打哏儿”中快慰人生。真是各村有各村的特色，各村有各村的福气。彼此是欣赏，还是讪笑，都不重要，重要的是我们自己妥帖自在。

近几年，喝茶风气很盛，茶友们从前并不相识，因为喝茶而成为所谓的朋友，但茶友圈里有个潜规则：雅人不可俗用。大家在一起喝茶聊天，聊得很尽兴，很愉快，仅此而已。但是，大连人交朋友还是停留在“俗用”的层面，每个人都想有几个办事不打哏儿的好朋友。

“不打哏儿”除豪爽性格使然，更多

的是人情回馈或供需契合。大连人交朋友，不仅看重精神层面的共鸣，更看重现实里的关照。换句话说，朋友就是俗用的。感情不是聊出来的，也不是喝出来的，而是在不打哏儿的关照与扶携之中炼出来的。

外地人听大连话，琢磨透之后，就有学舌的冲动。大连话的发音很赶劲儿，很给力，上口快，有一股热辣劲儿和力量感；大连话直白亲切，不矫揉造作，不设悬念，具有奔腾的张力和豪气，充满了趣味与喜感，更有一种说不出的荡气回肠。两个大连人在外地相遇，用大连话寒暄几句，心底立即升腾起相见恨晚的亲切，今后有什么事需要关照，那是二话不说，毫不打哏儿的。

大连人在人际交往中的“不打哏儿”，按说，应该像雷锋做好事不留名一样，不表白，不张扬，但大连人却不，帮助朋友时不打哏儿，对外宣扬时也丝毫不打哏儿。听两个大连男人唠嗑，你经常会听到其中一个在声情并茂地讲述自己如何为朋友两肋插刀，在别人感动之前，先将自己感动得够呛。这并非大连人浮夸或浅薄，而是大连人太重视感情了。大连人视朋友为人生最大财富，人不能没有朋友，就像人不能没有空气和水一样。没有钟子期，狐朋狗友咱总得有几头吧。有朋友的人生才色香味俱全，才不会孤单寂寞冷。有能力帮助朋友是人生一大幸福，被朋友帮助也是人生一大幸福。大连人陶醉于帮助朋友不打哏儿的英勇事迹，实际上是陶醉于友情的美感之中。

大连是著名的旅游城市，很多家庭每逢旅游旺季，都要招待远道而来的亲朋好友。即使手里没有多少钱，也不打哏儿地想方设法让亲朋一家吃好喝好玩好，走时再大包小卷地带上特产。在办公室里，你经常会听到同事打电话，“我外地同学来了，一家五口，你给我订两个房间，再给我安排一顿饭。”电话那边的朋友不打哏儿，马上照办。这世界如果都像咱大连人这般热情豪爽，那该多好啊！

大连是中国海岸线最长的城市，面朝大海，诗意栖居，人们由内而外一派磊落坦荡之气；大连也是中国广场最多的城市，那些知名的大广场就不必说了，它们被誉为“城市的会客厅”，在社区，在小区，也可见大大小小风格别致的广场。城市的大气格局熏陶着人们的性情，大连人视野开阔，接纳力强，融合速度快，既务实又目光高远。大连人说话办事一点不打哏儿，与大连人打交道，不累！

咔刺

在大连方言中，“咔嚓”往往被读成“咔刺”（“刺”在这里发轻声），如“只听咔刺（咔嚓）一声，树枝被风吹折了”。但就如“干净”一词所具有的大连地方特色一样，“咔刺”也另有深意。在大连方言中，“咔刺”被更多地用来表示果敢决断，敢于在复杂艰险的形势下拍板定夺。魏巍《东方》第一部里有一句：“在一些小事情上，她是那么绵软，可是在大事情上，她却能做出果断的决定。”将“果断”换成“咔刺”一词，与“绵软”相对，表达效果更加生动。

“咔刺”又有爽朗、痛快的意思，如：“张三够哥们儿，找他办事，能办不能办，真咔刺。”

旧时，商行拍卖货物采用竞争买卖的方式，当双方讨价还价至适当价位时，由商行工作人员拍打木板表示成交。“拍板”由此引申为主事的人做出某种决定。一个领导对重大问题的拍板定夺，既要赢得上级的肯定，又要获取群众的赞许，那是需要一定水平的。影视剧中经常闪现领导“拍板”的镜头：在严肃紧张的会议室里，众目睽睽之下，一领导稍作沉思大手一拍，浑厚有力地说了一句：就这样干！如果给拍板的这一瞬间配上音效，就是咱大连话——咔刺。

大连人性格直，脾气大，说话办事要的就是一个如树枝折断般的“咔刺”的效果。大连人最无法忍受的是“研究研究再说”，“不着急，等等看”，这些都是磨叽行为，是低效行为，含有优柔寡断、患得患失、徘徊观望等心态。大连男人走路带霹雳，做事很“咔刺”，从胸腔里呼出的气都是滚烫的。“咔刺”多用来形容男性，形容女性果断做派的大连话是“飒棱”。做事很“咔刺”的男人具有大将风度，他们大多白手起家，声誉和名望都很高，在关键时刻能够把握大局，高瞻远瞩，处事冷静果断，具有化险为夷、扭亏为赢的实力。做事很“咔刺”的男人既有血性风骨，又有仁厚之心。

一个大连小伙儿爱上了一个南方姑娘，这场马拉松式的恋爱花费了小伙子不少时间和金钱。正盼着这份感情瓜熟蒂落结成婚姻硕果，可姑娘家移情别恋提出了分手。大连小伙儿很“咔刺”，没有纠缠，没有摆账本，没有藕断丝连，表现出了一个大连男孩的高傲与大度。

一个大连姑娘爱上了一个南方小伙儿，南方小伙儿长得短小精悍，说话绵软。姑娘将他带回家后，被七大姑八大姨七嘴八舌一顿恶评：“长得缺斤短两的，哪配得上咱家英子一米七五的大个儿，这样的男人领出去多掉价儿啊。”“说话像个娘们儿，将来能支家立摊吗？”这时候英子的闺蜜开始话外音了：“这位南方哥儿做生意很‘咔刺’，几千万的摊子呢！看男人不能光看外表，而要看质地。”这一大家子人顿时噤声不语。有人开始打圆场：“听说这南北结合生出的孩子，聪明得很，考清华北大都没问题……”“咔刺”绝非那一声凭空而来的滚雷，“咔刺”仰仗的是个人智慧与实战型阅历，没有这两种底气构成的个人实力，是“咔刺”不起来的。即使咔刺了，也只是响了一声动静罢了，并没有唤来一场解旱雨水。那声“咔刺”是制造现场效果的噱头，没有创造出一番新天地来。仅有“咔刺”的气场是远远不够的，重要的是，要有“咔刺”出来的效益。

从理论的角度分析，“咔刺”可以理解为意志的果断性。《数理情感学》认为，意志的果断性是指一种善于当机立断、毫不犹豫地做出行为决策的能力，它反映了意志的行为价值的效能性。效能性越高，人对行为方案的编制速度、决策速度和激发速度就越快，就越能在紧急状态下迅速做出有效的行为反应。如果意志的效能性过小，就会表现出拖拖拉拉、黏黏糊糊、优柔寡断等各种精神绵软。

在现代社会，不论是在生活中还是工作中，我们都要面临诸多抉择。在抉择时刻，绝不能优柔寡断，该“咔刺”时要“咔刺”起来。“世上没有一个伟大的业绩是由事事都求稳操胜券的犹豫不决者创造的。”一个人瞻前顾后、犹豫不决固然可以少出错，却也失去了更多的成功机遇。精神上的绵软绝不可取，优柔寡断、裹足不前是逃避困难、意志薄弱的表现。

但有时候，人的意志效能性也可能会有点过火，表现出来的“咔刺”并非深思熟虑的结果，也无审时度势的思量与权衡，而是一种懒于思考、滥下结论的草率和鲁莽，甚至可能是一种充满暴戾之气的霸权手段，排斥他人建议，主观武断，不自知，并且自我感觉良好。所以，“咔刺”虽是一种性格优势，却也需要把握好尺度，否则就易脆易折，缺乏韧性，甚至变异为鲁莽武断。

怎样培养自己“咔刺”的作风，职场专家给出了 9 条建议：做更少的决定；确定所有决定的唯一决策者；凭直觉做出决定；制定决策的原则；找出关键要素；将大多数决定当成不重要的，因为它们的确不重要；练习对不重要的琐事迅速做出决定；对复杂决定运用你的潜意识；对重要决定设一个最后期限。

上讲

上讲，可以理解为很讲究，上等的讲究，也可以理解为很有档次，很有品位，上得了台面。

人要有讲究，没有讲究，不配做人。一个人说话有分寸，做事懂规矩，很周到也很贴心，大连人会赞一句“这个人很上讲”。而不讲究、不上档次、上不了台面的，就是“不上讲”。

生活要有讲究，没有讲究的生活，缺少活力和滋味，缺少人气和希望。渍酸菜有渍酸菜的讲究，渍酸菜的讲究坊间妇女都知道；喝茶有喝茶的讲究，喝茶要讲究水，讲究器，还要讲究人。渍酸菜的讲究不上讲，也就是难登大雅之堂。而喝茶的讲究很上讲，因为这里面有文化内容。

一位领导者在博客里记录，老母亲去世不久，一个管小孩儿的节日来临了。按风俗习惯，在这个节日里，母亲要为孩子做包子吃，这是一种过日子的上讲。母亲健在，多大的孩子也是小孩儿。母亲不在了，一位邻居阿姨给他送了一盆萝卜丝海蛎馅包子，这是一种人情的上讲。

一位大连少年在博客里写道：“寝室里的Z君很不上讲，他经常偷用人家的洗发水，从来不打扫公共卫生，经常蹭饭，或者班级聚餐中途逃跑……”这是不上讲的另一种极致表现，大连话称作“苛”，指小气、吝啬，爱占别人便宜。“高中毕业后，我们男生一起去狂欢，有人想叫Z君，大家一致反对，Z君那么苛，叫他干吗？”

张三闹离婚，虽然没被媳妇逮住出轨证据，但张三下海之后有了点钱拈花惹草却是公开的秘密。有了离婚的动意，张三开始转移财产，做出很多鲜为人知的不上讲的事情来。

一个私营企业宣布破产，企业负责人将每位员工的薪水算得清清楚楚，一分不差地发放到位，将一名因工负伤的员工也安排妥当，这位企业负责人很上讲。

“上讲”多数时候是指人与人之间在交往方面的讲究。大连人对一个人给予很高褒奖时往往会说“上讲”，见人先打听这人讲究不讲究、上不上讲。一个男人如果被评价为很不上讲，那简直死无葬身之地。上讲之人有人品，讲义气，凡事总是多替别人着想，能将复杂的人际关系处理得既不失原则又不丢情义。

既不失原则，又不丢情义，这就是大连人最为津津乐道的上讲。

越是有学问、有地位的人，其思想境界就越上讲。上讲之人是领军者，是团队的精神领袖。

每至年末，众媒体纷纷对本年度进行各种盘点。不知从何时起，有了“道德失色”这个话题。审视道德失色事件会发现，造成悲剧完全是因为颠覆了常识。过去颠覆常识是因为政治，如今颠覆常识是因为利益。在道德水准“跌停板”的情形之下，一个人能够捍卫常识就是上讲的。比如，生产牛奶的，不掺三聚氰胺；开餐馆的，不使用地沟油；当医生的，不把手术刀留在患者腹中；当记者的，不写假新闻……如果我们衡量一个人的上讲指标能够超越这些常识规范，那么，这个社会道德水准的大盘才会有飘红的那一天。

“上讲”又令人联想到著名收藏家、文物鉴赏家王世襄先生。老先生一生好玩，在燕京大学文学院读书时，曾有过臂上架鹰、怀揣蝈蝈进教室的惊人之举，被老师斥为“不务正业”的“未知数”。在那个年代，架鹰走狗斗蛐蛐是游手好闲的市井之徒所为。而王世襄的可贵之处在于他玩物并研物，大凡他玩过的东西，都留下了研究心得，这种心得就是一种上讲。这些稀松平常的“雕虫小技”因为上讲而成为了一种文化。

“上讲”还令人联想到古代名士的品质生活。在古代要成为一位名士，有很多上等的讲究。首先，他必须出身门阀贵族，有唾手可得的金钱和政治地位，却又视其为粪土。如果对金钱暗送秋波，就不可能造就名士。其次，从人生态度上来讲，名士注重的是审美的人生态度，而摒弃功利和实用主义。因此，古代名士大多率性纵情，风流潇洒，周身洋溢着非常上讲的精神气韵，言行举止也蕴含着很上讲的生活哲学。再次，名士要具备深厚的文化修养和精神的自由属性。换句话来说，中国传统文化的传承主要是依靠这些名士的精神活动来进行的。曲水流觞，这是多么上讲的古代名士所玩的游戏啊！一觞一咏，既是一场精心策划的文艺生活，又是信手拈来的寻常日子。这极为上讲的儒风雅俗令现代人羞赧并向往。

我们有车有仆，我们住进了“名士”豪宅，可是我们具有名士精神吗？我们的人生能上讲吗？至于生计当头功利趋前的工薪族，更是距离古代名士的上讲十万八千里呢！

歹

2012年上半年，美食类纪录片《舌尖上的中国》在中央电视台热播，受到很多观众的追捧。本人也断断续续看了几集，的确让人耳目一新：文字优美的解说，色香味俱全的视觉效果，给人以前所未有的视听感受。

众所周知，中华古国的美食文化由来已久，一千多万平方公里的国土上，好“歹”的东西多着呢！

此“歹”非彼“歹”，是大连的方言，“吃”的意思。

我国是一个多民族的国家，每个民族、不同的地方都有着不同的方言，对“吃”的表述也不尽相同。在我的印象中，湖南人把“吃饭”叫做“掐饭”。我也不知道这个“掐”字是否准确，但发这个音是肯定的。

这些方言，《现代汉语词典》里大多没有一个准确的字，研究人员通常会生造一些字。比如“歹饭”的“歹”字，《新金县志》（新金县现为大连市属普兰店市）里面把它写成了一个“口”字旁加上一个“歹”字，显然，这个字字典里不会有，电脑更是打不出来的。

“歹饭”其实是胶东方言，大连人作为“海南丢”，当年从“海南家”山东半岛漂洋过海“闯关东”而来，生活习俗、方言土语一时半会儿还改不过来，“歹饭”、“哈（hǎ）酒”、“啃苞米”都是大连人的日常用语。

老辈人刚来大连，在码头上扛麻袋包的人比较多，那是相当需要力气的。有一句顺口溜是这样说的：“人是铁，饭是钢，一顿不歹饿得慌。”饭是一定要“歹”的，没了力气，家里那么多张嘴，老的老，小的小，可不是好养活的。“歹”得多的，会被戏骂为“歹手”、“歹徒”，大意与今天的“吃货”类似。“歹干饭的”则是有些贬义，大意是能吃饭不能干活，好吃懒做之类。

后来，随着大连逐渐国际化，说普通话的人越来越多，“歹”就不怎么吃香了，“歹”几乎成了乡下人的专用语——说“吃”就是城里人，说“歹”就是农村人。

在大连，城市到乡村的距离，就是“吃”与“歹”的距离。

我是个乡下人，从军之前一直把“吃饭”叫做“歹饭”。在乡下如果说“吃饭”，那是要遭邻里邻居挖苦耻笑的，乡下人把这个叫做“说偏”。以翘舌发音的语言，在乡下人看来是嘴巴“跑偏”，只有那平舌的土语才实实在在、掷地有声。

哦，城里与乡下的区别，原来就是翘舌和平舌的区别！

纠结于这种“距离”与“区别”，我着实对“歹”进行了好一番探究。不过查了好多字典、词典，始终搞不清所以然。

初中时，我学到苏轼的《惠州一绝》：

罗浮山下四时春，卢橘黄梅次第新。

日啖荔枝三百颗，不辞长作岭南人。

这里的“啖”（dàn），《现代汉语词典》里的解释是：吃或者给别人吃。注明的是书面语，可以组词为：啖饭、以枣啖之等。

在我看来，此“啖饭”就是大连“歹饭”的出处，只是胶东方言“吐舌子”，把“啖”读成了“歹”。因为“啖”字，至少是我接触到的最接近吃饭意思的“歹”了。

后来，我又读到杜牧的《过华清宫绝句》：

长安回望绣成堆，山顶千门次第开。

一骑红尘妃子笑，无人知是荔枝来。

一首诗，无人不知杨贵妃爱“啖”荔枝，“啖”荔枝的杨贵妃倾国倾城。唐时的长安，那是繁华的都市；宋代的岭南，也是热闹之地。如此看来，此“啖”古已有之，想来与老土无关了。

《非诚勿扰》节目大连男女惊艳亮相，大连话火了，大连人牛了。国人自己拍出了美食大片，不仅是技术的体现更是国力的上升。眼下，那些不明智的国家想蚕食我们的岛屿疆土，他们有所不知：中国人，哪一个都不是“歹干饭的”！

干净

仅『干净』一条，便将大连话风味表现得淋漓尽致。如果一个外地人能将『干净』说得很地道，那么，他算是真正地融入了大连的民间生活。

干净

“干净”一词在字典中具有以下几种解释：没有尘土、杂质等；形容说话动作不拖泥带水；比喻一点都不剩。大连方言中的“干净”除了用于字典中这三种传统情况外，其余则完全颠覆了本义。“干净”在大连被更多地用来形容人或事物非常好、非常漂亮，是一个经典的大连方言词。

大连话就像一个泱泱大家族，儿女成群，每一个都有着自己的性格与气质。显然，“干净”是最能代表这个家族风格与特色的一个。可以说，仅“干净”一条，便将大连话风味表现得淋漓尽致。血干净！真干净！特干净！外地人学大连话，首先从“干净”这个词入门。怎样说“干净”呢？这需要一点口技，“干”要读四声，拉成长腔，要狠要用力，甚至要带点匪气；“净”是滑音，有儿化音的意思，要读得轻松飘逸，是一扫而过戛然而止的。

干净，奇俊性感，是一条真干净的大连话。当大连人想表达内心涌动的赞赏之情，却一时间词穷语亏表达难为时，就会想到“干净”这个词。如果一个外地人能将“干净”说得很地道，那么，他算是真正地融入了大连的民间生活。

女人与足球，常被大连人以“干净”来形容。比如，“小王的对象长得血干净。”“俺去年给张三家姑娘介绍了个对象，那小伙儿长得血干净。没想到，张三家姑娘不干，说小伙儿爱泡儿（指爱说大话，吹牛）。今年人家小伙儿找了一个在机关上班的大姑娘，那大姑娘长得血干净，比张三家姑娘强百倍！”

大连媒体盛赞精彩球赛时也经常使用“干净”一词，如“亚洲杯血干净”等。大连球迷看了一场极精彩漂亮的球赛之后，有的人一下子就癫了，像大黄蜂似的满场扑腾；有的人会一时失语产生语言休克，待缓过神之后，低沉地、呓语似的吐出一个词：干净！“干净”的球赛都是神似的，但“血臭”的球赛各有丑态。前些年，大连球事好的时候，大连人嘴里经常蹦着“这场球踢得血干净”这种话。一场“干净”的球事风月无边，不必细说，尽在“干净”一词里。在外乡，一群人聚在广场上看球赛，你听到旁边有人说了句“干净”，或许是离乡多年，这句“干净”的发音已不太正宗，像掺水的海蛎子鲜气不足，水分很大。尽管如此，这依然是条好线索，这是咱大连哥们儿！

“这活儿干得血干净！”这是对一个人业务能力与职业精神的高度肯定。一个人只有业务能力而没有职业精神，不可能干出“血干净”的活儿；一个人成天计较工资待遇而没有理想情怀，也不可能干出“血干净”的活儿。

2012年2月，“中国语言资源有声数据库建设”大连话发音人开始招募，发音人要求必须是土生土长的纯“大连银”（大连人将“人”通常读成“银”）。中国语言资源有声数据库建设，是科学保护国家语言资源，掌握语言国情，推进语言信息化建设的需要。根据国家、辽宁省语委的工作部署，辽宁库建设试点首期在大连市启动，开展大连地区汉语方言调查是一项重要内容。大连地处辽东半岛的南部，各区市县方言丰富多彩，独具特色。大连方言隶属于胶辽官话，是北方方言的重要组成部分。中国语言资源有声数据库将全面调查和采集大连话基本状况及原始数据，并进行科学整理和加工，长期保存，以便深入研究和有效开发利用。

评委们以唠家常方式考察选手们的“海蛎子味儿”，最终有28位热爱大连方言的“大连银”入围。大妈大婶们一口地道纯正的“海蛎子味儿”将评委们乐得够呛。我想，评委们考察选拔“海蛎子味儿”，是万万少不得“干净”这个词的。

高大帅气的大连小伙子，若长篇累牍地说大连话，可能与国际化城市的风貌不搭，但在快意恩仇之际蹦一句“血干净”，更彰显大连男儿本色。大连女人在鲜花着锦烈火烹油的繁华时分，也可以来一句“血干净”，这并不削减我们女性的温柔库存。

“干净”一词与大连人的生活愿景同在。如今，不少方言在大连人的生活中渐行渐远，但“干净”依然频密使用。我们渴望干净的人生，干净的活法，干净的人和事，这种生活愿景使得这个大连方言词历久弥新，与大连人同在，与大连人建设富庶美丽文明家园的美好追求同在。

姿势

姿势，本义是指身姿架势的意思，如姿势端正、立正的姿势。而大连话“姿势”是形容一个人不仅容貌漂亮，而且扮相时尚有派头、有气场。比如，“看人家长得真姿势。”“瞧，人家穿得多姿势啊！”将这些“姿势人”细细打量会发现，如果只是容貌出众，而打扮平庸或落伍，是绝对不能称为“姿势”的。长相虽然平凡，但看上去却给人感觉“很姿势”，这类女性被称为“气质型美女”。

北大中文论坛有一个帖子：各地方言怎样形容人长得漂亮？山西晋中一带说“喜”或“好眉眼”；益阳话“乖”、“玉贴”都是漂亮的意思，后者形容男生，前者男女通用；中原话“精”是说男孩儿帅，“棱正”、“俊”是说女性标致端庄；潮汕话“雅”、“派头”、“架势好”（指男性）是漂亮的意思；闽南一带用“你好水”来形容漂亮出众的女性。令人意外的是，“姿势”并非胶辽地区独家享有，在兰州，当地人也以“姿势”来赞美一个人长得漂亮，气质非凡。

“姿势”是对一个人由表及里的综合评价，是一种内外兼修浑然天成之美。如果说漂亮只是对脸蛋的尽情赞美，那么，“姿势”则兼顾了精神气韵等内在内容。

陈丹青在《笑谈大先生》里这样评价鲁迅先生的长相：“这张脸非常不买账，又非常无所谓，非常酷，又非常慈悲，看上去一脸的清苦、刚直、坦然，骨子里却透着风流与俏皮……可是他拍照片似乎不做什么表情，就那么对着镜头，意思是说：怎么样？我就是这样。所以，鲁迅先生的模样真是非常非常配他，配他的文学，配他的脾气，配他的命运，配他的地位与声名。”陈丹青的这一番描述，用一句大连话来说便是“鲁迅先生长得真姿势”。以“姿势”赞美鲁迅先生的精髓，真是令人叫绝啊！

在大连话中，“姿势”是最有灵气、最漂亮的一个，它不土不糙，有味道有嚼头。

亦舒曾说“做人不要恶形恶状”，大连人补缀一句应是“姿势一点为好”。“姿势”在这里是指生存姿态要好看，要有讲究。

具有新闻记者、传媒商人、文学创作者等多重身份的高晓曦曾写过一本书，名为《姿势》。在这本书里，高晓曦大胆揭秘20多位超级大明星为人处世的成功姿势。是什么秘密姿势让他们身价上亿？人们互相交换姿势后会有怎样的生长？由“知识改变命运”而“姿势改变命运”，这其中有太多耐人寻味的生存之道可探寻。

在大连话中，“姿势”是最有灵气、最漂亮的一个，它不土不糙，有味道有嚼头。

飒棱

大连方言词“飒棱”（sàleng），是对女人的中性相貌与中性气质的一种描绘。飒，是英姿飒爽的意思；棱，是棱角，与圆润相对。飒棱，是过去年代优秀职业女性的专属形容词，可以理解为头脑聪明、精明强干的意思，是褒义词。

飒棱的女性是什么样子呢？以名人明星为例，希拉里的长相很飒棱，杨澜的气质很飒棱。飒棱的女性最常规的扮相是一头倍显精神干练的短发，以时尚优雅的职业装为主打行头，整体看上去英姿飒爽的，不太像一朵花，倒像一株白杨树。飒棱的女性具有一种中性美，就像今天娱乐圈里的超女快女们。

在过去年代里，被称为飒棱的女性，不见得都是女性领导者，也可能是极为普通的家庭主妇。她们吃苦耐劳，勤俭持家，做事利索有章法，性格开朗有包容心，具有家嫂的慷慨与奉献精神，这种女性也属于飒棱型的。

与“飒棱”相对的是千娇百媚媚气丛生，是小鸟依人柔藤缠树，是万人迷！

在人们印象中，东北地区美女多，美女们大多身高腿长，骨架子宽大，腰际曲线模棱两可，皮肤欠细腻。东北美女吸烟喝酒的比例最高，她们的性格过于直白，不太耐人寻味，甚至会在公共场所大喊大叫抖落家丑。东北女人整体气质属于飒棱型的。面朝大海，春暖花开，东北最南端的大连女人则稍偏柔和一些，这可能是生在海滨城市的一种偏得吧。

东北女人爱打扮却不会打扮，常会成为时尚的反面教材。20世纪80年代，东北城市女人爱擦增白粉蜜，活生生将一张脸刮成大白效果，结果只顾脸蛋子忘了脖子，就像将头伸进白面口袋里涮一涮再拿出来一样。大连女人以水灵、会打扮取胜。当年有“苞米面肚子，料子裤子”一说，意思是说，宁愿口挪肚攒顿顿喝苞米面粥，也要买一条料子裤子。那个年代的女性普遍显得很飒棱，尤其是穿上了“料子裤子”所产生的飒棱的美感，格外夺目。

大连女人是一景，而我们总感觉风景在远方。一位外地游客说，最爱在大连中山广场一带看那些中午出来吃饭的女白领们。这些司空见惯的人物居然成为别人心中难忘的风景。外地游客用了很多词汇描述中山广场白领们的现代职业气息，其实就是“飒棱”的意思。

大连女人的豪爽不在男人之下。2012年大连启动“北方不夜港”工程，要将大连打造成像巴黎、香港、上海那样绚丽多姿、美轮美奂的不夜城，城市的夜间消费将延长4个小时，届时海鲜大排档将在夜生活、夜经济里唱大戏。在夜间海鲜大排档里，你会看到大连女人惬意地喝着小酒。大连女人如果爱喝酒，便能喝酒；如果能喝酒，便没有在酒桌上欲饮还休的。她们认为，这酒喝的是一种心情，喝的是一种感情。如果有心情有感情，她们喝酒的样子也很飒棱。

飒棱是男人婆的弱化说法。所谓男人婆，一是说男人的性格有女性化倾向，或指其婆妈作风；二是说女人无论外表还是性格都背离女性特质，与男人近似。飒棱的女人，大概有三分女性特质的家底，却吸纳了七分的男性作风。女人在职场生存各有手段，飒棱的女性大多是演技派、实力派，她们不做花瓶，每一分收获都饱含着金灿的汗水。以飒棱著称的女人偏重理性色彩，她们头脑精明，冷静节制，绝不泛滥多情及文艺腔，有脆弱却不落泪，很热爱工作却不玩命。年轻时很飒棱的女性，在中年后大多走上领导岗位。领导之路走得久了，或许真的就变成了“男人婆”。

如今是一个注重人际关系与沟通的时代，柔性管理大行其道，权力女性的“她时代”已悄然到来。管理大师杜拉克曾说：“这种时代的转变，正好符合女性的特质。”但是，很多女性领导者对柔性管理不屑一顾，她们从不打“亲和力”这张牌，工作中没有任何柔情可言，直言不讳地说别到我这里找亲和力，并且主张和谐是斗争出来的，与市场斗，与人斗，与自己斗。显然，这些做派已不是“飒棱”所能概括的了，于是便有了“女魔头”一说。

飒棱是当下职业女性的写真。飒棱往前一步是“女魔头”，“女魔头”走过的路寸草不生；飒棱退后一步是“纯棉女人”，人生规划侧重于相夫教子，有温柔的情怀和温柔的眼神。飒棱是职业女性的最佳状态，既有男性的理智与大度，又不失女性的细腻与缜密。飒棱的女人有棱角，却不尖锐；有主张，却不太离经叛道；家里家外都治理得不错。如果打分的话，飒棱的女性应该是80分偏上。

如今，大连年轻人很少使用“飒棱”一词了。偶尔会听到大妈大婶们评价某个女人很飒棱。年轻人喜欢李宇春、周笔畅、范冰冰这类飒棱女性，有层出不穷的新词来描绘她们与众不同的风采。令人惊讶的是，在这些新词当中，居然有一个词叫“爷”。这可真是稀奇，女人怎么能称为“爷”呢？这大概是“男人婆”的高级版本吧。

范冰冰就被称为“范爷”，她在微电影《不跟随》里有这样一段广为流传的台词：“我能经得住多少诋毁，就能担得起多少赞美。如果忍耐算是坚强，我选择抵抗。如果妥协算是努力，我选择争取。如果未来才会精彩，我也决不放弃现在。你也许认为我疯狂，就像我认为你太过平常。我的真实，会为我证明自己。”这其实是一款手机的广告词，却令无数女人崇拜着迷。范冰冰“范爷”的范儿，已绝非咱大连话“飒棱”所能驾驭的了。

造

品读大连话，会发现大连话具有以下几个特点：一是土，二是狠，三是简，四是逗。比如“造”这个词，便淋漓尽现大连话的这些特点。

在大连话中，阴平声调（一声）缺席，大多数被读成上声（三声）或去声（四声）调，这也是外地人难解大连话的主要原因。上声或去声调，造成了大连话的土气、劲道和泼辣气。“造”便是一例。但是，“造”是大连话中比较鲜见的发音准确的一个。

造，是吃或大吃的意思。20世纪七八十年代，大连人上班大多自带午餐，尤其是工人阶层，即使工厂有食堂也不舍得消费。工人饭量很大，通常是用两个饭盒来带饭，饭盒为铝制的，一大一小，大的用来装主食，小的用来盛菜。主食多吃才有力气，菜量少且咸，主要是为了下饭。将两个饭盒捆在自行车后座上，如果没有汤水，也可以用网兜挂在车把子上。热爱文学的青年工人，会在网兜里装一本外国小说。还有一些工人在电视大学进修，网兜里装的是课本。经过一上午的劳作，工人们汗流浃背饥肠辘辘的。到了饭点时间，大家拥进蒸饭间取回自己的饭盒，在有说有笑间，将两个饭盒里的食物造进了肚子里，然后以各自的方式午休：读小说的，看书学习的，打盹的，甩扑克的……在钢厂里，工人以男性居多，中午在工厂食堂吃饭成为一道景观，每个人都是拿两个脸盆吃饭，一个盆盛菜，一个盆装馒头或大米饭。那吃饭的场面简直是蔚为壮观，气氛也是相当火爆的，工人们吃饭的量和热情可用一个“造”字来形容。

在小区里，你会听到看孩子的长辈们在抱怨：现在的孩子太挑食了，小嘴尖尖的，这个不爱吃那个不爱吃，哪像过去的孩子，泼实（大连话，意为皮实，不娇贵）得像头小猪，只要能吃，给什么造什么。

在过去年代，大连农村地区请人帮忙建房或种田，都不付工钱，往往是管顿饭就了事。但这一顿饭大有讲头，花样儿不必多，但一定要油水充足，最关键的是要保证“管够造”的量。工匠们上桌了，主妇开始大盆大盆地走菜，男主人拎瓶老白干走过来吼了一嗓子：“老少爷们儿，管够造！”这就相当于如今的“吃好喝好”。

“造”的音和义，与吃是毫不相干的。为何以“造”来形容“吃”呢？追索大连人的生活方式，已找不到一丝相关的线索。

由“造”组词的大连话是“抗造”，是指历经磨难也不气馁的品质。如果某种物品被称作“抗造牌”，它一定经久耐用，不怕磨损，物有所值。在生活极其贫困的年代，人们对物品质量的首条要求便是“抗造”。但今天，人们更注重的是精致与美观，对是否抗造不再强调。

造与抗造，虽然都显得有些粗俗，但在表情达意方面却有物尽其用的功效。王小波在《有关“伟大一族”》一文里曾使用过“造”：“有位老同学从美国回来探家，我们俩有七八年没见了。他的情况还不错：虽然薪水不很多，但两口子都挣钱，所以还算宽裕。自从美国一别，他的房子买到了第三所，汽车换到了第四辆，至于PC机，只要听说新出来一种更快的，他马上就去买一台，手上过了多少就没了数了。老婆还没有换，也没有这种打算，这正是我喜欢他的地方。虽然没坐过“罗尔斯－罗伊斯”（即劳斯莱斯，英国著名豪华轿车品牌），没住过棕榈海滩的豪华别墅，手里没有巨额股票，倒有一屁股的饥荒，但就像东北人说的，他起码也‘造’了个痛快。”

中国古代传说中有一种神兽叫“饕餮”，它是一种想象中的神秘怪兽，这种怪兽没有身体，是因为他太能吃把自己的身体也吃掉了，只有一个大头和一个大嘴。它的最大特点就是能吃能造，见到什么吃什么，见到什么造什么。由于吃得太多，最后被撑死了。“饕餮”是贪欲的象征，常用来形容贪食或贪婪的人。贪食曰饕，贪财曰餮。造，与饕近义，是能吃、贪吃的意思。

“饕餮”的本义是贪吃，但是在现代餐饮业中，饕被引申为“会吃”。广州周记茗点居（茶楼）的月刊《老饕美食》中，“老饕”、“饕民”是指那些爱吃、会吃的食客或美食家。大文豪苏东坡曾有《老饕赋》云：“盖聚物之夭美，以养吾之老饕。”从此，“老饕”便流传开来，成为热爱美食懂得美食的文人雅士的代称。与梁实秋同期的美食作家赵珩，曾写过一本《老饕漫笔：近五十年饮馔摭忆》，是中国美食随笔的极品。

从马洛斯需求层次论的角度来看，“造”是生理需求层，而“饕民”、“老饕”是站在更高一个层次。人家吃的与咱们吃的内容、境界是不同的。中国美食家绝大多数出身作家或画家，比如张大千、梁实秋、蔡澜等。谁能将鲁迅与美食、美酒联系在一起？但鲁迅确实是美食家，他的日记中有北京65家餐馆的名字。鲁迅不但会吃，还会做，对许多菜肴都有堪称行话的独特见解。敢对食物挑三拣四评头论足，能在食物中发掘历史、文化和人生况味，那肯定不是捧饭盒子可劲儿造的工人老大哥。

造，也指过度放纵食欲的贪吃者。大连人爱吃烧烤，夏夜在街头找一家干净正宗的烧烤店，要了啤酒，点了各种烤串，几个人居然吃了近百个羊肉串，还有若干烤羊鞭烤羊蛋烤羊眼睛烤羊脸，烤鸡头烤鸡胗烤鸡翅膀，烤大蒜烤韭菜烤香菇，烤大虾烤蚬子烤生蚝烤扇贝等。吃了这么多食物如何来形容，也只能用一句大连话“哥儿几个真能造”来说了。

“造”是享受挥霍，是消费或消耗的一种极限状态，是一种透支行为。会过日子的人，肯定不会随便造，懂得克勤克俭，细水长流。造，也是大连人豪爽慷慨性格的写实。比如大连人请客吃饭，不请则罢，请了绝对不苟苟气气（指小气），十盘八碗摆得满满当当，让你吃不了打包走。这种“管够造”的热情如今已不被提倡。造，多少有些暴发户的心态。

在过去的年代，物资有限凭票供应，大人有大人的量，小孩有小孩的量，细粮有细粮的量，粗粮有粗粮的量，绝不能寅吃卯粮“管够造”、“随便造”。人们都是精打细算地过日子，“管够造”的生活只存在于憧憬之中。如今人们不怎么说“造”了。日子虽然好过了，食欲却普遍下降了。造成食欲下降的原因无非有二，一是食品种类异常丰富，人们吃够了吃腻了；二是食品安全问题扼杀了食欲。面对食物，再也没有了过去的欢喜和满足，怀疑，惧怕，愈是色香味俱全，愈是疑虑重重，吃得小心谨慎，浅尝辄止，没人敢放心地造了。过去人们对食物的“造”，完全是一种生存需求，没有人去想食品安全问题，那时的食物是很安全的，一如那时的天空蓝意盎然，那时的人纯朴善良。

“造”是奢侈的音效。现代人物质极度丰盛，在物质层面尽情地造，而内心的幸福感与满足感却日益衰减。据说，2008年全中国民众的购书费，跟手机短信费基本相当。这实在是一个巨大的文化讽刺。如果人们在物质上稍微有点精算主义精神，而在精神消费上有“造”的需求，是不是会活得更有趣一些呢？

文化学者朱大可认为，这些年来，中国民众一直沉浸于盛世幻觉之中，暴发的新贵阶层和崛起的中产阶层，都受到乐观主义的鼓舞，被经济增长的消息所激励。然而，全球经济危机给了这种风潮迎头痛击。人们开始从盛世幻觉中醒来，重新思索有关消费、珍惜与幸福等古老命题。面对严峻的生活现实，人们开始以节俭和精算作为生活策略。用大连话“造”来描述盛世幻觉中人类骄奢淫逸的生活方式，最精准不过。

如今在高压的生存现实面前，年青一代开始学会精算，生活主张“简”、“俭”、“减”，以“造”为耻。贫穷年代的节俭，因为缺乏奢侈品的参照系，所以没有太多心理压力，是一种快乐的节俭。而物质繁荣时代的节俭，因有过“造”的体验，而成为一种痛苦压抑的心路历程。在各种“简”式生活案例中，最极端的莫过于曾流行一时的“百元周”，这种所谓的精算是一种临时生活策略，不具可持续性，严重降低了生活质量与快乐。一旦经济好转，“造”行为必定会卷土重来。

大连人以舍得造为人生快意，而上海人在精算式的生活中活得优雅而滋润。上海人的精算在大连人眼里是“抠门儿”。大连人对上海人请客吃饭使用的小碟小碗嘲笑不已。而如今，这种细小碗碟已成为全国餐饮业的标准用具。上海人的精算生活方式曾遭人讥讽，身为上海人的朱大可为此辩护："精算是上海人的区域性格特点，它源自江南地区的自耕农传统。那种精细耕作和精打细算的方式，孕育了上海市民的特殊品格。上海人的节俭是具有现代性的，它符合我们对人类资源的基本立场。”“精算主义”的域外榜样是犹太人，这个曾遭到莎士比亚嘲笑的“吝啬鬼民族”，就是全球精算者的最好榜样。朱大可大声呼吁“精算是一种需要呵护的地域习性”。这个呼声应该“顶”！

东北人说我们地大物博，大手大脚一点无所谓，其实，“物博”不过徒有虚名，“地大”也是夜郎心态，我们的生存真相是耕地面积减少，土地退化严重，荒芜程度增加，污染加剧等，人类的生存空间将会越来越有限。地球母亲在哭泣，人类与自然的关系实在太糟糕了，我们把地球造完了！欧洲太阳能协会主席赫尔曼·舍尔曾出示这样两条曲线：一条是人类能源消耗的上升曲线，另一条是地球能源储备的下降曲线，当两条曲线相交之时，便是人类灭亡之日。他认为，这个时刻距离我们只有30年之久。这绝非危言耸听，人类确实应该结束“造”的饕餮行径。以上海人的“精算主义”重新对待地球，我们会在这个地球上居住得更久一些。

造，既然有浪费和挥霍的意思，也就有了贬义之用。企业领导私心太重或管理无方，将企业搞垮了，工人们会说“好好的厂子，让他给造完了！”造，也是破坏的意思。

倒板

倒板，即走样儿。当形容某人头脑清晰，思维敏捷，在关键场合仍能出口成章，侃侃而谈时，大连人常说“不倒板”。

“倒板”一词令人联想到服装设计，服装设计通常包括创作设计、结构设计和工艺设计，其中结构设计又叫服装制版或打版，这个环节技术性很强，在整个服装设计流程里担负着承上启下的作用。如果在这个环节“倒板”，整个服装设计就会走样儿。

大连人性格粗犷，说话直率，甚至有口无遮拦之嫌；大连人胸怀磊落，如光风霁月；大连人做事绝不拖泥带水，讲究一个“喊刺喀嚓”（干脆利索的意思）的做事效率。但是，大连人也最容易神经大条，做事缺乏深度思考，或者不走大脑，在这种情形下就很容易干“倒板”活儿。

做事倒板，可能与业务水平低有关，也可能与工作方法或工作态度不当有关。能力差自然不必多说了，肯定干不好工作。这里说一说工作方法的问题。北方人做事如狂草风格，醉陶于一气呵成大气磅礴的挥洒感；南方人做事就像写小楷，屏心凝气用情至深地运笔，写出了圆润娟秀、挺拔整齐的气象。北方人看不惯南方人的做事风格，嗤之为婆妈习气；南方人瞧不起北方人的粗枝大叶，在合作中，北方人凡事“大约摸”令南方人大吃苦头。

在写字间里，头脑与头脑之间未必有太大差距，彼此较量的其实就是一种工作风格。工作风格是工作精神的外在表现。一个做事没有条理、没有秩序感的人，肯定与成功无缘。而做事条理清晰，秩序井然，并不是多么高超的工作技巧，而是最基本的职业素质。

富有条理、讲究秩序的工作者，心有格局脑有思路，气定神闲成效斐然地工作着，是团队里最具战斗力的一分子。

他们在时间上总是很充沛，既漂亮地完成了工作，又拥有自己的休闲生活。而粗线条工作者，整天处于杂乱无章的瞎忙状态，总是一副精疲力竭神志不清的样子，最容易犯的错误就是干倒板活儿。

倒板，除了走样儿一说，还有一说是颠倒。老板批评员工干倒板活儿，命令返工重新来做。什么是倒板活儿呢？简单地说，就是工作流程、生产工序发生了问题，把不该先干的工作先干了，这其实也归咎于工作方法不当。

在大连坊间，有些老者虽然已年近耋耄，却仍然精神矍铄，举止轻健，双目炯然如炬，真所谓宝刀不老，老而弥坚。大连人评价这样的老者会说："这老爷子说话一点也不倒板！"与老者私交甚好的同龄人，会戏称其为"老小子"。

在凤凰卫视谈话节目《锵锵三人行》里看到了王蒙。在中国文坛，年已八旬的王蒙被称为"老小子"，人们甚至善意地用网络流行语"萌"来形容他。正是心怀这股"萌"劲，王蒙才能走出汗牛充栋的书房，来到台前"锵锵"。王蒙的文学影响力无须赘述，最令人感慨的是，他曾经官至文化部部长，却没落下官吏习气，骨子里依然是一枚耿介书生，既清醒冷峻又开放包容。在《锵锵三人行》里，只见"老小子"言谈从容，观点犀利，思想上不见丝毫老态。他的深刻和风趣建立在他所经历的历史及对当下生活的熟稔，丰富生动的历史细节顺手拈来，平易近人的口语化表达，听王蒙"锵锵"确实是一种精神享受。王蒙的这种言说魅力，若用大连话来表述是这样的："老小子"说话一点也不倒板，真爱听他"戗戗"。

大连话中的"戗戗"一词，是指多人在一起讨论。

在谈论历史问题的时候，王蒙坚持面对历史也如面对现实的观点，要能战栗，能不战栗。所谓战栗，是要敢于接受严峻的或刺心的历史经验；所谓不战栗，就是面对历史过往不能意气用事，不能感情用事。这种态度使得王蒙在谈论历史时，丝毫不倒板，不走样儿，令人信服。

一个做事倒板，即没有条理、没有秩序感的人，肯定与成功无缘。

道道眼儿

心眼儿多、坏点子多，便是大连方言“道道眼儿”。

道道，是指办法或门路。萧军的《五月的矿山》第十一章里有一句：“这算不了什么经验啊！这全是问题来了逼出来的道道儿呀。”郭澄清的《大刀记》第十章里，“平日里，他三天说不了两句话。可是，这个人的心里，并不是没有道道儿。”眼，是指眼力或见识。“道道眼儿”不是金点子，虽然算不上是厚黑学，但大多损人利己见不得阳光。

刚参加工作的小青年，愿意四处结交朋友，整天呼朋引伴纵酒欢歌，交友圈子越来越壮大，三教九流啥鸟都有，家长不放心会发出这样的警告：那些社会人道道眼儿太多，离他们远一点，别走下道了！

一男一女相识相恋，男方高大帅气，正派有为，经济实力也不俗，是都市里的单身金贵。就是这样一枚闪耀的“钻石男”居然被一个姿色平淡、有过两次婚史并携养一娃的女人搞定了。“钻石男”家人极其愤愤不平，并以各种手段棒打鸳鸯，可“钻石男”君心铁定一往情深。其家人与亲朋好友哭诉：“那个三手货道道眼儿真多，不知下了什么迷魂药，将俺儿的心牵住了。”那么，这位有过两次婚史的女人究竟有何“道道眼儿”呢？这里存有两种可能：一是她外表虽然不够赏心悦目，却头脑聪明足智多谋。按说这是一种素质，却被“钻石男”家人贬为“道道眼儿”。二是她确是个妖精，以非常手腕掳获“钻石男”的心。这种非常手腕就是一种“道道眼儿”（此处省略女人取悦男人的若干“道道眼儿”）。

在生意场上，有的人脚踏实地做良心生意，有的人专事坑蒙拐骗的勾当，这种勾当也可称为“道道眼儿”。道道眼儿多的人，大多骨子里充满了冒险因子，脑袋里各种不良念头像地震带似的活跃，与这种人长期厮混，若自我掌舵力与清醒度不强，便大有可能被同化成沆瀣一气。

说到道道眼儿，我们还会想到《三国演义》里的诸多人物。如果“道道眼儿”称得上是“足智多谋”，那么，三国时期魏国著名谋士贾诩便是一个道道眼儿极多的人。被称为“毒士”的贾诩曾先后担任三国军阀李傕、张绣、曹操的谋士。贾诩的“谋”已经同曹操的“奸”、关羽的“义”、孔明的“智”一样，成为三国印象之一。对于贾诩来说，“谋”是一种保护；对于他的主人来说，“谋”是一件武器；对于他的敌人来说，“谋”则是一把利剑。“谋”有五层境界：谋己、谋人、谋兵、谋国、谋天下。第一层境界：谋己。作为一个谋士，如果连自己的生命都保全不了，谈何谋人、谋兵、谋国、谋天下？运用自己的谋略，让自己存活下来，并且活得有价值是成为一个谋士最基本的条件。第二层境界：谋人。学会了为自己谋，还要学会为别人谋，如果一个谋士不能为别人出谋划策，他还算什么谋士？第三层境界：谋兵。会谋己、谋人，只能保全少数人，作为一个谋士必须具有“谋”成千上万人生命的能力。第四层境界：谋国。为一人谋、为千人谋都是浅层次。一个人要想做到“谋国”，必须具备远大的眼光和超人的洞察力，这些都不是常人所能具备的。第五层境界：谋天下。做到以上四点，你就是一个很有谋略的人，但是，你还不能称为真正的“谋士”。真正的谋士必须具备一项常人所不及的能力——谋天下的能力。只有具备了以上五个层次的能力，才能称为真正的“谋士”。

对于现代人来说，我们也应当具有“谋”的能力，身份、地位层次越高，所担负的谋略任务也就越重。谋略任务越重，人生价值实现的满足感越强。对于平凡者而言，首要任务是将自己“谋”明白了，将自己“优化”好了，才能成为一枚优质分子，有利于集团军的发展壮大。

随着时代变迁，人们的思想观念都在发生变化，摘掉有色眼镜，扬弃偏见，会发现，原来“道道眼儿”染有智慧和思想的基因，是金点子，是谋略。打量身边那些有道道眼儿的人，他们大多阅历丰富见多识广，有着令人十分信赖的精明老练。唯其阅历丰富才会有眼力见，才会有别致想法。有道道眼儿的人胆量大，践行力强，从不纸上谈兵，愿将道道眼儿转化为财富的生产力，从而义无反顾地奔赴人生的实战疆场。“有一种凯旋，叫铩羽而归！”此类道道眼儿之人从不怕失败，从不怕跌落之痛。有道道眼儿的人不按常理出牌，会钻空子，会打政策擦边球，在江湖上历来褒贬不一，属于争议性较强的人物。

在一个大家族里，有叔叔大爷舅舅姨父姑夫等各式各样的长辈，晚辈张三在事业上遇到了难解的困惑，其父母乃一介工人，既没学问，又无见识，与儿子交流外部世界的能力尚且有限，遑论为儿子的事业分忧解难指点迷津了。老爸老妈常悬口头的一句话是："找你大舅唠唠，你大舅道道眼儿多。"在这里，"道道眼儿"就不是指坏点子馊主意，"道道眼儿多的大舅"也不是一个诡计多端之人，而是一个有阅历有头脑的人。

"只要东北人一思考，全国人民就发笑"，外地人曾这样评价东北人的智商，令人恼火之余，不免也得正视现实，东北人道道眼儿真的不多，往往一根肠子通到底。当然，咱们可以说这是咱的优点与美德，但在外人看来却是内心浅薄无趣，思想空洞苍白。

若说道道眼儿多，我想起河南人和湖北人。河南是中华民族的发祥地，六大古都有三个在河南。但是河南人往往给人圆滑的印象。与河南人毗邻的湖北人，素有"天上九头鸟，地下湖北佬"之称，"狡猾"程度并不逊色河南人。

在今天，很多河南人在大连谋生，大连出租车司机有很大一部分是河南人。清朝中晚期当权者号召汉人进入东北垦荒，致使大批河南人、山西人、河北与山东人进入东北，其中走海路的主要先落脚于大连，是为闯关东。知名学者苏三女士曾游历东北并撰文述之，在"大连篇"里，她写道："东北为什么民风彪悍而且常常受人卑薄，就与这段历史有莫大关系。因为去东北'闯关东'的人是今天东北人的主要组成部分，而他们几乎全是底层流民，乱世艰难，诸事无不用其极，而且手段卑劣，时间长了就会汇入民风。""河南人为什么经常受到国人歧视，与河南本土为兵家必争之地有关，中国每一次战争都要在这里拉锯战，时间长了，为求生存的河南人自然多数圆滑。不过现在生活好了，压力小了，无论多顽劣的地区，民风也会逐渐改变，所谓仓廪实而知廉耻，然也。人性都是一样的。"大连给苏三留下了"恢弘气派，干净，也现代"的美好印象。生活在大连的河南人，也被城市的干净美好所熏陶感染，并没有被过度排挤。据大连河南商会统计，有30余万河南人到大连投资创业，这些大有道道眼儿的河南人在大连诚信经营，几乎每一位都做出了更正世人偏见的努力。

也是苏三女士，她根据《文明的解析》一书提供的数据，提出了"中国文明南移"一说。《文明的解析》按文化起源和地理分布，历数在艺术和科学领域成就卓绝的天才人物，通过严谨的历史计量学分析的方式，编制了文学、音乐、艺术、哲学和科学各领域的名人录（全世界共4002人）。苏三考证了此书对中国人物的记载，发现中国文明总趋势南移明显，中国正统文明在南方得以积淀，南方人获得更多文明滋养。苏三认为，北方人不太擅长政治，与妥协、斡旋的外交能力有关。北方人耿直生硬，南方人灵活多变。如近现代有些政治家，百炼钢几成绕指柔的功夫无人可敌，北方人根本做不来。窃以为，那份百炼钢几成绕指柔的功夫，说的就是"道道眼儿"。

吃苍蝇

“吃苍蝇”是最经典的大连话之一，与脑子有病、脑子长包、找罐子拔等如出一辙，都属于以直接和通俗见长的大连话。从字面理解，吃苍蝇就是嘴巴里嚼了一只苍蝇。在饭馆里吃饭，很雷很惊悚的遭遇，莫过于在饭菜中吃到了苍蝇。两个大连人见面，其中一个很郁闷地说，“我今天吃了个苍蝇”，或“他今天让我吃了个苍蝇”。千万别以为他真的在破烂饭馆里吃到了一只苍蝇。那么，大连话“吃苍蝇”是什么意思呢？有人说是有怨往肚里咽，有人说是别人“下套”你上当，有人说是没有按常理出牌导致了错误。这些说法都有那么一点意思，但确切地说，“吃苍蝇”是指办了一件窝囊事情之后的心理感受。

以生理感受来形容心理感受，这是“吃苍蝇”一词的绝妙之处。在某读书论坛里，超级书虫们交流阅读体会。一位名叫“酸菜”的女书虫买了一本名家新作，读过之后却发觉，这位名家通篇以她的小刻薄和小得意攻击一切与她生活方式不一致的人和事，令“酸菜”女书虫感觉“像吃苍蝇”似的。名家的粉丝们对酸菜“吃苍蝇”的读后感反应激烈，双方由争辩而对骂，“酸菜”女书虫无奈地叹一句：你的蜜糖，我的砒霜；你的蛋糕，我的苍蝇嘛！

恶心与恼火，是“吃苍蝇”的两层意思。自己亲自办了一件很窝囊的事情，令自己感觉很恼火，很无奈，类似于搬起石头砸自己的脚，这是自己给自己“吃苍蝇”；别人故意幕后使坏，给自己的生活或工作造成麻烦，这是别人给自己“吃苍蝇”。

方言是一种独特的民族文化，最能代表地区文化特色。方言所体现的地方特色是普通话无法比拟的，比如“吃苍蝇”这句大连话，以其简单、生动、形象，表现了大连人豪放、直率、幽默的海洋性格。文学家们从来没有鄙视过方言土语。冰心在《再寄小读者》里说："他的诗是用方言写的，富于人民性、正义感，淳朴、美丽。"倡导白话文运动的先驱裘廷梁还归纳出了白话的"八益"，即省日力、除骄气、免枉读、保圣教、便幼学、炼心力、少弃才、便贫民。这里所说的"白话"即是俗语方言。显然，"吃苍蝇"就是一条具有"八益"特征的大连方言。

"吃苍蝇"是一句干干净净、直来直往、没有任何堆砌涂饰的大连话，细品之余，居然有着活泼的喜感和幽默感。如果你在异乡某个场合，看见一个人夺门而入气咻咻地嚷了一句"我今天吃了个大苍蝇！"你尽可以一个箭步上去捣他一拳，这是咱大连人！

辣眼

辣，作为形容词，一是指姜、蒜、辣椒等有刺激性的味道，二是指狠毒，如心狠手辣；作为动词，是指辣味刺激口、鼻或眼，如辣眼睛。但大连话“辣眼”与“辣眼睛”意思不同。“张三居然买了那么大的一套房子，真辣眼啊！”“张三媳妇在一家大公司上班，每个月挣七八千，年终奖金五六万，你说辣眼不辣眼！”显然，“辣眼”是指厉害或出色的意思。

由于迁徙杂居、贸易往来、战争征服、文化交流等历史原因，大连方言吸纳了大量的山东方言、满语、日俄两国语言的借用词。诸多因素的共同发力，使得今天的大连话既烙印着山东话的原始基因，又各具特色，它们之间的关系可用“约等号”来概括，即“大连话≈胶东话”。有学者称，山东方言体系比较庞杂，有几十个品种，差别大的品种之间人们交流起来也难听懂。这种分歧随移民来源地的不同也给大连话带来了内部差异，使大连话至少可以分出三个次方言系统，即大连市区话、庄河话、长海话。如此，大连话就有了广义和狭义之分。广义大连话泛指所有住在大连地区老居民说的话，它包括差异较大的大连市区话、庄河话和长海话。这些大连话因迁移者原始居住地方言所属不同，故各自说话所携带的原生态韵味也不同。狭义大连话专指以大连市区为代表的老居民说的话，不包括同属大连地区的庄河话和长海话，也不包括从外地搬迁来的新居民所说的语言。

辣眼，就是一句狭义的大连话。它一看上去就显得气质不同，带有城市居民在语言方面的某种才气与灵感；或者说，它是城市里有文化的人创作出来的大连话。这令我想到上海俗语。所谓上海俗语，指的是20世纪20~40年代产生于上海的城市市民语言，它出自市民之口并被运用于文学作品，是海派文化的重要组成部分，有很高的研究价值。

后来洋场才子们又将它演化为一种叫"俗语图说"的艺术形式，图文并茂、诙谐幽默，是图文俱佳的艺术欣赏品。

上海文人主动担起梳理本土方言的文化使命，同时又是方言的创造者，以文人的思路与眼光参与创造方言，使得老上海方言既有很高的历史价值，从中可以了解当时的社会习俗和风尚，又具有一定的文化艺术价值，是上海文化中的艺术精品。而大连话是由贩夫走卒引车卖浆者之流发明创造的，似乎缺乏了文化感和时髦感，充满了强烈的世俗气和狠劲儿。

打量大连话，"辣眼"属于比较有文化味儿的一条。词典里有一个词条叫"辣手"，一是指毒辣的手段，二是形容事情棘手难办。"辣眼"的周正感以及那种只可意会不可言传的表达力，与"辣手"有几分相似。

鲁迅先生在《门外文谈》中说："方言土语里，很有些意味深长的话，我们那里叫'炼话'，用起来是很有意思的。恰如文言的用古典，听者也觉得趣味津津。""辣眼"便有着"炼"的意思，在那么多的大连话当中，这一条的灵感来源非常新鲜，细细品读特别有味道，简直是令人拍案叫绝呢！

让大连人感觉辣眼的事儿，都是发生在身边的。比如在一个车间里，大家隔三差五买几张彩票，有一天张三居然就中了几百万大奖。张三从不研究彩票，完全是凭感觉买的。大家能不感觉辣眼吗？草根中奖向来是人们唇齿留香的话题。王二麻的媳妇也中了大奖，王二麻媳妇中奖的理由更辣眼。话说某天早晨，王二麻在吃饭时找茬儿与媳妇吵了一架。媳妇压缩了他本月的烟酒钱，月初只给了他两百块，还有三百块在媳妇手里屡要不成。媳妇哭哭啼啼地去上班，在路上报复式地买了三百块彩票，结果就中了五百万。你说王二麻两口子辣眼不辣眼？咱成天跟媳妇吵一百遍，也吵不出一个钱来。

我们会在网络上见识富贵阶层的生活，话说有一个富翁在北京郊区圈了片地，盖了一栋豪宅，雇了28个工人为其服务，仅每月电费就高达5万元，据说这个房子是用来"待客公关"的；有一个富婆喜欢名车，买了一辆世界上最大的吉普车，车上面可以开Party；有一个富二代喜欢赛马，自己有个马场，侍弄着六七匹赛马，每匹马价值都在两万美元以上……这些来自富贵阶层的光芒，不会让大连人觉得很辣眼。辣眼的人都生活在我们身边，与我们平起平坐，有的甚至还不如我们光鲜，结果有一天人家就很辣眼了。这有可能是上帝喝醉了不小心掉落了怀里的馅饼，也有可能是人家鲜为人知的奋斗的结果。

"辣眼"也可以用来形容一个人很优秀或很出色。比如张三的儿子真辣眼，这个小伙子研究生毕业，一米八五的大高个儿，入职国家机关两年后便被提干。王二麻的姑娘在世界五百强企业做高管，在该结婚时结婚，在该生孩子时生孩子，婚姻家庭和和美美，没有因为追求事业成功而剩在家里，也没有因为事业强势而令家庭鸡飞狗跳。你说辣眼不辣眼？

颠倒

“颠倒”在字典里有以下三种释义：上下、前后跟原有的或应有的位置相反；使颠倒；错乱。

大连话“颠倒”的含义很丰富。其一是筹集的意思。如今在辽南农村一带，人们还经常使用这个词。子女要去外地打工，临行之际，父母要颠倒俩钱儿让孩子带着。有时候，自家经济条件很紧张，颠倒不出钱来，就要去别人家颠倒。去别人家颠倒俩钱儿，就是借钱的意思。一般是在黄昏时分，晚餐结束了，家家户户收拾了杯盘狼藉的饭桌子，一家人不挪屁股剔牙唠嗑儿，话题散淡随便扯，这是一天当中最放松、最柔软的时刻。有客推门而入，来客可能是相交和睦的邻居，可能是实在亲戚，女主人赶紧拾掇桌子沏茶倒水热情待客。来客只将半个屁股挂在炕沿上，如坐针毡难以启齿的样子。精明主人窥出来客心中有难，便主动相问，“老张，你是不是有事？有事你就说话。”老张嗫嚅着说，“大兄弟，你能不能颠倒俩钱儿给我用用？这不，我家张三看上了西泡一个姑娘，这几天正准备订亲，孩子他妈去年得场病花得净空……”

如今，都市工薪族的生存境况如《蜗居》所写：“每天一睁开眼，就有一串数字蹦出脑海，房贷六千，吃穿用度两千五，孩子上幼儿园一千五，人情往来六百，交通费五百八，物业管理三四百，手机电话费两百五，还有煤气水电费两百，也就是说，从我苏醒的第一个呼吸起，我每天要至少进账四百，至少……这就是我活在这个城市的成本。”生活成本名目繁多，而薪水如此薄凉，钱在手里颠来倒去，就是颠倒不开。这些生活开支项目排名不分先后，哪一个都很重要，都不能精减。在过去年代，父辈们饱尝在金钱上颠来倒去的难为，但那是一个贫富差异并不巨大的年代，人们在心理上并未经受贫穷所带来的羞耻感。而如今，多少“蜗居族”和“蚁族”是以颠倒信用卡聊以度日。经济上的极度窘迫，是他们无法感受幸福的主要原因。

“颠倒”的另一层意思是策划、思忖和掂量。在办公室政治中，经常有人颠倒话儿给你听，也叫扔话儿。这种话儿是弦外之音，其指向性与目的性很强。还有“颠倒词儿”一说，写文章遣词造句，就可以称为“颠倒词儿”。张三与西泡大姑娘要结婚啦，作为新郎官，张三要在婚礼上发表新婚感言，但张三不会“颠倒词儿”，他找记者朋友帮他写了一篇文采熠熠、情思飞扬的新婚感言，将新娘和来宾们感动得像看了场韩剧。

在中午时家里突然来了客人，男人让女人赶紧去颠倒几个菜。“颠倒几个菜”，就是做几个菜的意思。女人接到指令赶紧下厨房，根据现有材料在心里拉出一张菜单。这个过程就是“颠倒”，也就是思忖、掂量的意思。

张三托同学办事儿，并交给同学一笔公关费。“这事儿全拜托你了！你就颠倒着办，钱不够，你就放一声。你办事，我放心！”需要“颠倒着办”的事情，并不是在“窗口”光明正大地办，而是在“桌下”策划操作。“桌下”藏着太多的潜规则，太多的“颠倒”。

对撇子

“对撇子”是指两个人大到人生观、价值观等各种人生理念，小到性格脾气、爱好趣味等，都极为相似，很合得来。“对撇子”在大连人的使用中，时贬时褒。“那两个人是一路货色，他们臭味相投很对撇子。”这里的“对撇子”是贬义词。“俺俩相处这么多年了，彼此很了解，做事也很对撇子。所以，我聘请他做我的副手。”此处的“对撇子”是褒义词。

大连人常会说这样一句话：“我身边就你这么一个对撇子的人。”对撇子的两个人，彼此依托感很强，而损耗量很少。那种高度和谐自在的状态，正是人与人之间相处、合作的至高境界。

美国影星玛丽莲·梦露曾说，如果你不能应付我最差的一面，那么你也不值得拥有我最好的一面。“对撇子”的两个人，既见过彼此最好的一面，又见过彼此最差的一面。因为彼此懂得，知根知底，所以两个人交往起来有大默契、大自在。

两个人之间天衣无缝的组合、自由自在的交往就是“对撇子”。在工作中，我们寻找对撇子的搭档；在家庭中，我们希望拥有对撇子的知心爱人；在社会上，我们希望能交到对撇子的朋友。人生就是一个圈子，你有你的圈子，我有我的圈子。有的圈子是因为经济利益而集结，有的圈子是因为理想召唤而荟萃一堂，还有的圈子是因为趣味取向而聚首。因为经济利益而暂时性对撇子，没有永恒的朋友，只有永恒的利益。当利益分解完毕，便不再对撇子。表现在理想或兴趣爱好上的“对撇子”，比较坚固长久，耐得住岁月的淘洗。

对撇子的两个人，曾经一起哭一起笑，曾经一起偷鸡盗狗一起上九天揽月。聊与不聊，喝与不喝，感情和默契都在。对撇子的女人，是闺蜜；对撇子的男人，是兄弟。大连人不怎么讲求精神挚友，

那些家长里短的“庸常”，其实映射出了生活的质感。

高山流水遇知音，最终也要与吃喝玩乐接地气，这才实在而长远。

饭局中，你的右手边如果是个“左撇子”，这顿饭便吃得磕磕绊绊甚为不爽。如果两个“左撇子”毗邻，便对撇子了，双方相安无事。过去人们歧视“左撇子”，会采取严厉手段加以纠正。在某些语言中，“左”一词可解释为“笨拙”或“欠老练”。人们习惯以右为上，左与否定、贬义的概念相关，意为偏、邪、错，比如旁门左道、左嗓子，而“意见相左”是指意见相反，“左迁”是降职，“闾左”是指穷人。在西方，“左撇子”曾被视为残疾人。很多地区认为右手是干净的，而左手是不洁的。如今这些思想偏见都不复存在，但在现实生活中若遇需要二人组合完成的事情，“左撇子”就渴望对撇子之人。

刘亚舟的《男婚女嫁》里有一句台词：“这满屯里，我就你这么一个对撇子的人儿呀！”是啊，我们每个人都要有一个对撇子的人。大连人在人际交往方面，很看重是否对撇子。大连人是性情中人，不会为了经济利益目的，与一个不对撇子的人称兄道弟，哪怕是佯装也做不到。大连人我行我素，比较坚持自己的审美与看法。我与你对撇子，读你千遍也不厌倦，你的缺点在我眼里也是优点。即使全世界都背叛了你，我也要与你站在一起。反之，咱俩不对撇子，你纵有万般姿色，我也视而不见，见而无感。由此看来，人与人之间的对撇子是多么重要，多么美妙啊！

艮

艮、艮纠纠（“艮”在这里发音为gěn），都是形容一个人头脑不灵光或动作迟缓、笨拙，也可以形容某种食物的口感劲道，与脆生相反。在词典里，“艮”有两种释义：一是形容食物坚韧而不脆，如“艮萝卜不好吃”等；二是形容一个人性子直，说话生硬，如“这个人真艮”、“话说得太艮”等。大连话为“艮”缀上“纠纠”二字，就更加形象生动了。很多大连话往往只有发音，并没有确定的汉字，“纠纠”有的人也用“啾啾”代替，这也是可以的。但我以为“纠”有缠绕、集合的意思，更能将“艮”的情态生动地刻画出来。不论是字的含义，还是发音上的劲道感，都令“艮纠纠”成为一句非同凡响的大连话。

话说20世纪80年代的相亲活动，男女青年一般不会单独见面，双方都携各自亲友团赴会。相亲的主要方式是安排在某个亲友家吃顿饭，通过这顿饭的前前后后，各自亲友团将相亲对象剔骨剥皮地分析了。“这姑娘有点得瑟。”“这小子看上去艮纠纠的。”通常，“艮纠纠”要比“得瑟”的下场好一些，艮纠纠可能是因为初次见面放不开，熟了之后便会显现活跃与玲珑。“得瑟”也是大连人常说的词，是炫耀、显摆、招摇的意思。“得瑟”是全部绽开，“艮纠纠”是趋内缠绕纠结，二者互为反义。

以房子打比喻，一处南北向的房子，既通透又敞亮，住起来十分舒服。而北向的房子，跑不了穿堂风，沉闷又阴暗。艮纠之人，就像这北向的房子。

一个人过于老派稳重，也会被说成“艮纠纠”。在计划经济时代，艮纠之人会给人留下善良老实、忠诚可靠的好印象。“躁疾者为厥速，迟重者为常存”，艮纠之人是谨慎稳重、不浮躁的表率。如今，一个人如果太艮纠，就会缺乏生气和情趣，缺乏执行力和领导力。艮纠之人使起坏来，被称为“蔫坏”；艮纠之人倔起来，被称为“倔驴”。艮纠之人，不适合给领导当秘书，不适合做营销，比较适合做不需要经常与人打交道的工作。

威廉·福克纳在长篇小说《野棕榈》里写道：“是闲散造就了我们所有的品德，和我们最能持久的品质：沉思、安静、不干预他人，维持身心的正常代谢，注重肉体方面的智慧。”艮纠之人看上去很拙笨，拙笨之中又有着闲散之意。凡事不生气不上火，从来没有穿越火线的非常时刻，也从来不叩问苍天诘问灵魂，这很符合肉体的养生之道。艮纠之人往往充满了钝感，对是非恩怨不敏感，不计较。日本作家渡边淳一有一部小说名叫《钝感力》，很多人并没有读过，但“钝感力”这个词却深入人心。渡边淳一在小说里写道：“钝感力是必不可少的。与其有锐利的敏感度，不如对于大多数事物不要气馁，这股迟钝的顽强意志，就是得以生存的力量，也是一种智慧。”以渡边淳一这段话解释大连话“艮纠纠”未必不可。

再来说一说食物。当银杏树叶大面积凋零时，大连人便开始储秋菜储苹果储鱼。这鱼怎么储？当然是晒的了！很多人家都会买上几十斤鱼，有偏口鱼小嘴鱼老板鱼胖头鱼鲇鱼兔鱼，个头不要太大，在自家阳台上晒，嫌麻烦也可以花点钱交给鱼贩子打理。鱼贩子在自己的地盘上扯起一根根绳子，被净身的鱼悬空而起，最气派的是老板鱼，一大张一大张在空中招摇着。被剖膛的鱼完全露出了内容，那灿烂耀眼的鱼子，那细腻丰美的肉身，已经令人垂涎三尺。晒干的鱼，或油煎或清蒸，其口感就三个字：艮纠纠。

晒鱼是重头戏，晒萝卜是花边儿。切萝卜是个技术活儿，心灵手巧的女人能将萝卜切成各式花样儿，悬挂高处进行晾晒，远远看去就像一件件精美的工艺品。脆生生的萝卜条在晾晒的过程中水分逐渐减少，变得干瘪柔软，又被逐渐强劲的秋风揉捻成紧结的条索。晒干之后的萝卜条，被称作萝卜瓜子。凉拌萝卜瓜子是大连人常吃不厌的小菜。以开水将萝卜瓜子洗净，适度浸泡，切断、切丝或切丁，调入精盐、鸡精、白糖、花椒面、红油、香油，再加入酥花生米、熟芝麻、葱花等拌匀即可。萝卜晒干凉拌吃，就是为了追求那种“艮纠纠”的口感。

有闲情的大连人还要晒点地瓜干。一根大地瓜一剖两半，入高压锅压制，上气后，中火压10分钟左右。自然排气之后，取出来晾凉，切成片或条，平铺在盖帘上晾晒四至五天，中间要记得翻面连晒，还要搞好防蝇防尘。地瓜干是非常原始的东北零食，绿色天然，低脂低热，是东北人常伴左右、物美价廉的零食。上学的孩子抓一把放书包里做间食，上班族带一包到办公室，喝下午茶时吃一点，很养生的。那曲折的艮纠劲儿里渗透出来的点滴甘醇，就是地瓜干的独特风味。

睐塞

睐塞(lǎi sai)，即撒娇，多指小孩子在父母面前撒娇取宠，也可形容女人在男人面前发嗲。

武汉人称撒娇为“者不过”，撒娇撒得蛮很的叫“者得膀腥”，大连人看了这几个字眼会觉得很莫名其妙。同样，外地人看我们的“睐塞”也陌生得很。

当年《大连日报》在《大连流行语辞典》栏目里，对“睐塞”的写法是“唻赛”，其中有这样一段生动解释：最难把握的是美人的睐塞，有道是英雄难过美人关，更何况我等连英雄的边也沾不上，抵抗力就更逊一筹了。能称得上美人者，即便是不动声色都能勾你的魂摄你的魄，如果再睐塞起来那还了得？君不见一些腐化堕落的党员干部，在靓女的娇声中败下阵来。

睐塞是中性词。“你看那个女人长得其貌不扬，说起话来睐睐塞塞的，让人听了起鸡皮疙瘩。”女人睐睐塞塞地说话是什么样子？请看蔡明在2012年春晚小品《天网恢恢》里打给老板的那个电话。除了形容人的情态，睐塞也可以用来描述宠物。张小姐养了一只雪白的小猫咪，张小姐爱死她的小猫咪了，为它取名“张曼玉”，走哪儿带哪儿。张小姐爱耍睐塞，“张曼玉”更爱耍睐塞。话说某日，张小姐开车违章被警察拦下，警察开罚单时，“张曼玉”跃出车窗蹿到警察怀里耍睐塞，而张小姐在车里巧笑倩兮，美目盼兮，人猫共耍睐塞，真是笑死个人！

以娱乐圈为例，我们再来捕捉一下女明星的睐塞手段。在那一场场缘于资本的约会中，有坐大腿睐塞的，有爆乳睐塞的，有拼酒睐塞的，不良女明星这些惯用的睐塞伎俩，看了令人恶心。

在天涯论坛，一位大连女网友非常诚恳地请教如何跟男人睐塞，帖子内容如下：请求各位达人，如何向男朋友睐塞？本人不是小鸟依人的外形，也学不来嗲声嗲气，非常想了解怎样适度地运用一下女性的专利？男朋友多次暗示我不会睐塞，这让我很郁闷啊！

看看各位大连女侠给出了怎样的建议：

之一：就是学小孩子嘛，最简单的就是自己跟自己说话，比如“老公不疼我老公不爱我老公不宠我老公不理我”。

之二：我只会两招，在他身上蹭，用无辜的眼神直勾勾地看他。

之三：身上只要有一点点不适就要马上夸张地表达出来，让他揉让他哄；没事就索吻；说傻话，表情一定要丰富，眼尽量睁大，眨眼的速度放慢，嘟嘴，做无邪状。总之，小朋友怎么做咱们就怎么学。基本上睐塞可以随时随地无处不在！

之四：做错事情的时候，默默地走到角落里，蹲下，两只手扯着自己的耳朵，缩成一团。如果他叫你，缓慢地回头，眼里泪光闪烁，带着哭腔缓缓地吐三个字——我错啦！

……

看完上述，就一个字：晕！

终见智者发言：睐塞是从小养成的习惯，长大了才学，肯定学不好。认识一个人的时候不会睐塞，某一天忽然会了，他肯定不习惯。

岂止不习惯，睐塞得不好，就像鬼吹灯。

与“睐塞”同义的著名外省方言是“发嗲”。“发嗲”亦称“作嗲”，是上海、无锡一带的方言，这个词流行力很强，被大多数城市共享。人类天性好嗲，故自出娘胎，即有发嗲之本能。试观婴孩在哺乳时期，他被抱在娘怀，一面吸乳，一面就用一只小手，去抚摸母亲的乳房，这就是一个人发嗲的原始表现。所以，人人都会发嗲，等到长大以后，因着各人性情的不同，有的完全忘却发嗲，有的还是时时发嗲，有的偶然作嗲，平时并没有什么嗲劲儿。

“嗲”是上海形容女人撒娇的声音或态度的方言，如嗲声嗲气，嗲得很。“嗲声嗲气”就是“睐睐塞塞”，“嗲得很”就是“睐塞得很”。不同的是，我们大连的“睐塞”没有文化含量，而人家的“嗲”却大有文化来头。据载，嗲文化源自苏杭。大约早在宋代从开封迁都到杭州时，嗲文化就已经发端，这是千百年来所形成的江南女儿柔美温婉的佳人靓范。如今，“嗲”是上海女性文化的一个重要成分。“嗲”作为人们所认同的文化形态，正悄然地对女性进行塑造。上海女人主张身为女人必须嗲，会嗲的女人才有幸福。我以为，说一个女人嗲是褒奖，而说一个女人发嗲却是贬义，因为嗲是无声的，是由内而外自然地散发出来的，散发出的不仅是娇媚、温柔与情趣，还有出身、学识与修养等硬件信息，而发嗲是搔首弄姿，是故意卖弄。发嗲与嗲的关系，就像东施效颦。我们的睐塞与耍连用，耍睐塞就是表演或卖弄女性声色的意思。发嗲与耍睐塞具同语义色彩。

"嗲"有时也是"好"的同义语，如"你这件事办得真嗲"，"你这身打扮够嗲的"。

咱们大连的"睐塞"似乎不如人家的"嗲"有味道。这不，英文词典已经将"嗲"收录在册。大连年轻人也时常说"嗲"（大连人说这个字眼时，很用力很铿锵，一点也不嗲），如今往往从老年人口中才能听到"睐塞"这个词。

捞干的

捞干的，是实实在在的意思。这是一条海蛎子味儿浓郁的大连话。众所周知，大连话有一股海蛎子味儿，那么，海蛎子味儿到底是什么味儿？总结归纳起来是三个字：土，冲，野。据说，钓鱼台国宾馆曾多次在大连招聘服务人员，大连人形象好，但说话语速快，语调硬，给人感觉冲、野，做服务行业缺乏亲和力，不像江浙口音的普通话令人容易接受，所以要首先培训语音语调。

“捞干的”是过去年代的生活细节。20世纪六七十年代，城市人过着凭票限量供应的生活，也叫吃商品粮。按月发放粮票，粮票分为粗粮票、面粉票、大米票等，其中面粉供应占总定量20%，大米占10%。粮食定量依年龄大小，从婴儿降生的1.5公斤、幼儿3公斤、儿童4公斤至成人10.5公斤不等。此外还要根据身份的不同，如在校大中专学生、机关干部、特殊工种等，粮食指标会略有增加。

在多数人的记忆里，只有过年时才会焖一锅白灿灿的浓香大米干饭。平日里，只有粗粮可以实实在在地吃，细粮要细水长流“稀”着吃。放半锅清水，撒一把白米，煮的是稀饭。以旺火一气煮开，再改用文火熬至米水交融便熄火。没有稠浓感，是一锅清澈的奶白色米汤。米粒沉淀在锅底，主妇先是给老人或孩子捞干的，然后勺子一搅，让米粒都飘浮上来……

过去是稀饭，今天是粥。粥的花样儿太多了，面粥麦粥豆粥菜粥花卉粥果粥乳粥肉粥鱼粥等。粥是稠黏绵密，与人相濡以沫的。而稀饭稀稀落落两袖清风，干的并不多。粥跻身富有人文色彩的养生层次，不仅除饥增力，还资色益寿，是养肝养心养脾养肺养胃的营养粥。而稀饭是稀的，需要捞干的。

大连人夏天爱吃凉拌面，将面条煮

好之后，捞干的去汤水，佐以蔬菜沙拉或肉酱。冬季里到饭馆吃饭，大连人会点个沙锅，沙锅主料有牛肉羊肉老鸡猪脚大肠鱼头等，配菜也多种多样，萝卜腐竹山药笋片豆腐鸡血猪血等。吃沙锅首先要喝一小碗汤，之后，要捞干的吃。在物质匮乏的年代，有干的可捞那是好生活。而如今，我们将餐后一盘盘“干的”都倒掉了……

“捞干的”在大连又被引申为实实在在的意思。在裁员增效动员大会上，老板讲完国际经济如何衰退，又讲国内经济如何低迷，有人站起来喊了一嗓子：“败说那些没用的，你就捞干的讲吧，把裁员方案给我们大家伙儿说一说。”张三多年未见的老友突然造访，一番寒暄叙旧之后，老友转弯抹角地讲起了生存窘境，张三见状来了一句：“你就捞干的说，你现在有何难处？需要我为你做什么？”省略开场白，开门见山，直奔主题，这就是“捞干的”。

大连人说话有一股冲劲儿，每一句大连话都蘸着点辣根说出口。一句“捞干的”，既简洁直白，又有一股土气味儿和冲劲儿，生动地体现了大连人的真实性格，反映了“海南丢”的命运背景。当年，受饥荒折磨的先辈们拖家带口漂洋过海来到大连，他们彻底放弃了日出而耕日落而息的农业生活，穿起了短褂，扛起了麻包，成为大连港第一代码头工人。在这样的命运转折里，他们凭着“捞干的”的务实精神和打拼精神，在异乡扎下了根基。

《中国城市性格》一书对大连的定义是“最清新的城市”。与南方人相比，大连人少婉约多豪气，而与东北其他地方的人相比，大连人却是婉约派。在北方城市里，大连以浪漫时尚而著称，受这种城市格调的浸润，大连人具有了清新与灵动的婉约气质。如今新一代的大连人，骨子里的实在劲儿似乎不够突显，“捞干的”已成为老大连人的脾性，定格在遥远的回忆之中。

与“捞干的”意思相反的是“虚里冒套”。大连人不喜欢与虚里冒套之人打交道。那么，什么是虚里冒套呢？“虚里冒套”也是大连话，是大连人自己发明的成语，与“虚情假意”同义。大连人在人际交往中注重一个实在，如今这实在被说成了靠谱，不靠谱的人，就是虚里冒套的人。这种人喜欢玩虚的，绝不会跟你捞干的。

轻次溜

轻次溜，是指一个人做事极为娴熟，颇有经验，做起来驾轻就熟，非常得心应手。当年，从山东家跑到大连活命的“海南丢”，有一大批在码头扛麻袋包，年轻体壮的扛麻袋包很轻次溜，但年老体弱的不堪苦力耗尽了生命能量。在当下，以职场为例，非卓越之才不能轻次溜也。知识和能力怎能唾手可得，需经百般磨砺和一番苦寒，才能获得轻次溜的驾驭感。

由“轻次溜”折射出大连人的性格脾气，褒贬不一，各有说法。

面朝大海，大连人胸襟开阔，乐善好施，具有大包大揽的承担精神，在承担中负累着，也充分体验着生命的价值。为了完成这种承担，即使千山万水费尽周折，也表现出轻次溜的良好状态。将难处和坎坷留在心里，将乐观和欢喜献给别人。这不是好面子，这是一种奉献精神。你找朋友办事儿，朋友表态说：“你放心，这事儿轻次溜的。”不久朋友告诉你事儿成了。朋友不讲过程，其实这个过程并不轻次溜的。这样的朋友要珍惜，要一辈子交往下去。

海洋城市的特质有这样几个关键词：思变，沟通，冒险。海洋代表着博大、深远和力量，与这些特质孪生而出的是乐观与自信。这种乐观与自信若把握不当，很容易变成盲目与自大。“轻次溜”是大连人日常交流的高频词，一方面体现了热情、自信、爽快的大连性格，另一方面也暴露了大连人遭诟病的性格缺点。受别人委托之后，大连人会大大咧咧地说一句：“这事儿轻次溜的，包我身上！”这类人虚荣心强，讲排场，好面子，爱许诺。许诺之后，会以“轻次溜”强调自己的践诺能力。而事实是，其承诺完全超越了他的能力水平。在赵本山小品里，一个人找另一个人办事儿，这个人捶着胸膛说你去找某领导，提我肯定好使。结果人家领导根本不知他是谁，提他压根不好使。

“轻次溜”是大连男人喜欢用的口头禅。酒后吹嘘的高频词也是“轻次溜”。在酒桌上，爱吹嘘的大拇指一律指向自己，你一句“轻次溜”，我一句“轻次溜”，掀起了一轮轮喝酒的高潮。你若信以为真过后找他办那些轻次溜的事儿，他会一下子低到尘埃里。

张三与王二麻是一对好哥们儿，两人一起上过山下过乡，见证过彼此的命运悲欢，更是一对铁打的酒友。张三与王二麻都是八级大工匠，工匠后来的职业命运世人皆知，张三和王二麻一醉再醉，最后擦干眼泪从头再来。张三混得要比王二麻好，真真假假的老板认识了不少，养家糊口的能力比过去略胜一筹。而王二麻经常被拖欠工资被炒鱿鱼。兄弟如手足，老哥们儿混得不好，怎能袖手旁观？张三跟王二麻打包票要帮他找份好工作。王二麻频请张三去小饭馆喝酒，张三混的场子大了，喝不惯小馆子，王二麻便咬牙瞪眼请他去大酒店嘬。张三一喝上酒，就爱呼朋引伴，将二人的交心酒喝成人仰马翻的鬼宴。这样的一顿酒下来，常让王二麻戒烟戒肉戒女人长达数月。兜里没钱，连媳妇都不傍身。酒桌上王二麻总要提及工作，张三将胸脯拍得咣咣响：“这事儿，轻次溜的，包在我身上，我保证给你找份每月能挣上四五千的工作。”仿佛干上了这份工作，王二麻一挥手，又叫上一箱啤酒。高薪工作像个传说，像片浮云，王二麻依然过着东食西宿的打工生活。那件轻次溜的事，被张三以各种理由推延着。可恨之处在于，张三始终不说熊话，始终说轻次溜。很多轻次溜的事儿没办成，会被人说成“饼子”或“泡将”。“饼子”在大连话中是指无能、窝囊的人；“泡将”则是指吹牛者。

两位老者把酒话夕阳，更忆当年勇。据说回忆当年勇是老年人找回自信的良方。往事如风，岁月无痕，反正也没有见证者，一切都是轻次溜的。捏蚂蚁轻次溜，打老虎轻次溜，上天摘星下河捉鳖都轻次溜的。在虚实莫辨的轻次溜往事中，老年人快乐了，精神了。

抓色

“抓色”(zhuā sěr)是“察言观色”的“观色”部分，即从别人的脸色中洞察其内心的真实想法。

“色”的基本字义之一是指脸上表现的神色。神色能用手抓住吗？以手的“抓力”来形容眼睛的“抓力”，这种“移觉”修辞手法很给力。

抓住别人脸上的神色或“微表情”，眼睛抓色的人大多阅历丰富，人情练达，洞察力强。在诸多评价人品与素养的大连方言中，“抓色”是个无可争辩的褒义词。而“舔抹”、“饼子”、“闹妖”、“下死赖”等都是货真价实的贬义词。

老辈大连人评价年轻人会说“这姑娘虽然长得不算太俊，但挺抓色的。”这里的“抓色”是指姑娘眼里有人有事，有大有小，是一个知书达理、善解人意的好姑娘。

据说，人类有七种共通的情绪：高兴、伤心、害怕、愤怒、厌恶、惊讶、轻蔑。人的脸部可以传输信息，眼睛抓色的人能够从他人脸上捕捉到有价值的信息，从而洞察其内心真相。最具抓色功夫的是反扒便衣警察，在人海中一抬眼，就能将小偷拎出来。他们是通过阅读其脸上的微表情来识辨的。

微表情是指细微的表情动作，是人内心活动的流露与掩饰。比起有意识做出的表情，微表情是了解他人内心意图最准确的线索。微表情最短可持续1/25秒，那些能够捕捉、识别微表情的人，已非抓色所能评价。他们属于特殊人才，应该在特殊岗位发挥这份与众不同的禀赋。

美剧《别对我说谎》曾热播一时，该剧的灵感来源于行为学专家Paul Ekman博士的真实研究以及畅销书《Telling Lies》(《说谎》)。据调查，一个普通人在谈话的时候，平均每10分钟要说三句谎话。“别对我说谎”的潜台词是“我会看穿你”。剧中主要人物卡尔·莱特曼博士是世界顶尖的测谎专家，他那双很抓色的眼睛能够发掘深埋在人类脸部、身体和声音里的线索，他不仅知道你在撒谎，而且知道你为什么撒谎。这种抓色功夫对他的私生活来说，既是天赐之福又是自找的灾难。他很轻易地发现家人或友人之间互相欺骗，他感觉自己每天都面对着一群熟悉的骗子。

《别对我说谎》是根据真人真事改编，所以剧中出现的鉴别谎言的技巧并非随意炮制，这些技巧既实用又有趣，现摘录几条以飨读者：

真正的吃惊表情转瞬即逝，超过一秒钟便是假装的；

撒谎者不像惯常理解的那样会回避对方的眼神，反而更需要眼神交流来判断你是否相信他说的话；

男性鼻子下方有海绵体，摸鼻子代表想要掩饰某些内容；

描述一连串发生的事情，编造都是按时间顺序进行的，能否流利准确地进行倒叙是判断对方是否说谎的标准之一；

说话时眼球向左下方看，这代表大脑在回忆，所说的是真话；而谎言不需要回忆的过程；

假笑眼角是没有皱纹的；

……

近年来，警界权威所著关于揭秘微表情的作品已成为畅销书，深受都市白领阶层喜欢。在现代社会里，抓色属于一种情商能力，这种能力既适用于团队管理、业务谈判，又适用于恋爱婚姻家庭等各种人际交往领域。

在按部就班的生活里，大连人用海蛎子味儿来彰显个性。

待人恨，待人亲

字面上理解，“待人恨”就是“可恨”的意思，“待人亲”就是“可爱”的意思。此“待”非“等待”，故非等待一个人去“恨”去“亲”，如果用普通话翻译一下这两个大连方言词，可以是“招人恨”，“惹人亲”。

以我个人的理解，“待人恨”之“可恨”比之“可恶”的程度要轻一些，同时“待人恨”不是个完全的贬义词，有时在男女之间有嗔怪之意，偶尔充当打情骂俏的角色。

通常是这样：男友做了点错事，或者男友故意地使用些小伎俩，使女友生了点闷气，但又打不得骂不得，一句“待人恨”解了心中之气，又是爱情的润滑剂。有时候，还可以加上一个“真”字——真待人恨，发泄和撒娇杂糅其中，让男友心生无限怜爱。这时刻关键看女生表达的技巧，拿捏得好，令人荡气回肠，一如旧电影里，女人偎在男人怀里，一双粉拳嘭嘭地敲着男人的胸膛，眼含委屈之泪，极尽发嗲、撒娇之能事。那一刻，女人是水，将男人完完全全地淹没。

恨不起来，故“待人恨”！

家乡一位仁兄想与鄙人套近乎，开始是请吃饭，被多次谢绝后，他拿出了撒手锏：向我手机里发了一条很长的短信，“揭露”我先前一位好友背地里说我的坏话。这些所谓的“坏话”都是些陈芝麻烂谷子的无聊之事，在朋友中间说说也就一笑了之，但在一些不相干的人那里，传来传去是会引起矛盾的。

“来说是非者，必是是非人！”我笃信这位仁兄目的不纯，其言不善。而我那位朋友，必是酒后一时兴起，晒晒与我的交情，想不到被那位仁兄整了“黑材料”。我自是不为所动，一条短信向其言明：这等荒唐言，本人根本不在乎！既而不再理会其骚扰短信，拒绝接听其打来的电话。

做此等事，令人厌恶至极，而我那

位朋友，也是“真待人恨”：别人灌你二两烧酒，你就信口开河？

我很伤心，却恨不起来。

说“待人亲”,通常是对小孩子而言。

母亲总对我说：“儿啊，你小时候真待人亲。”

我反问母亲：“妈，那我现在为什么不待人亲啦？”

母亲说：“那时你小啊，听话，懂事……”

呜呼，在母亲看来，听话、懂事就待人亲；有了自己主意，不按大人意愿做事就是“待人恨”。

我在相当长一段时间里极其反感母亲这套“理论”，及至我结婚生女，为人父，方明白：不听老人言，吃亏在眼前！

女儿幼时极其“待人亲”，像个小精灵，我宠着，惯着，慢慢长大，现如今已 14 岁，一米六七八的个头，俨然一个大姑娘了。或许是青春期的叛逆，或许是家教的基础没打好，生活上显得处处与父母作对，不再像小时候一样待人亲。我很纠结，又无可奈何，只能偶尔弱弱地说一句：宝贝儿，你真待人恨！

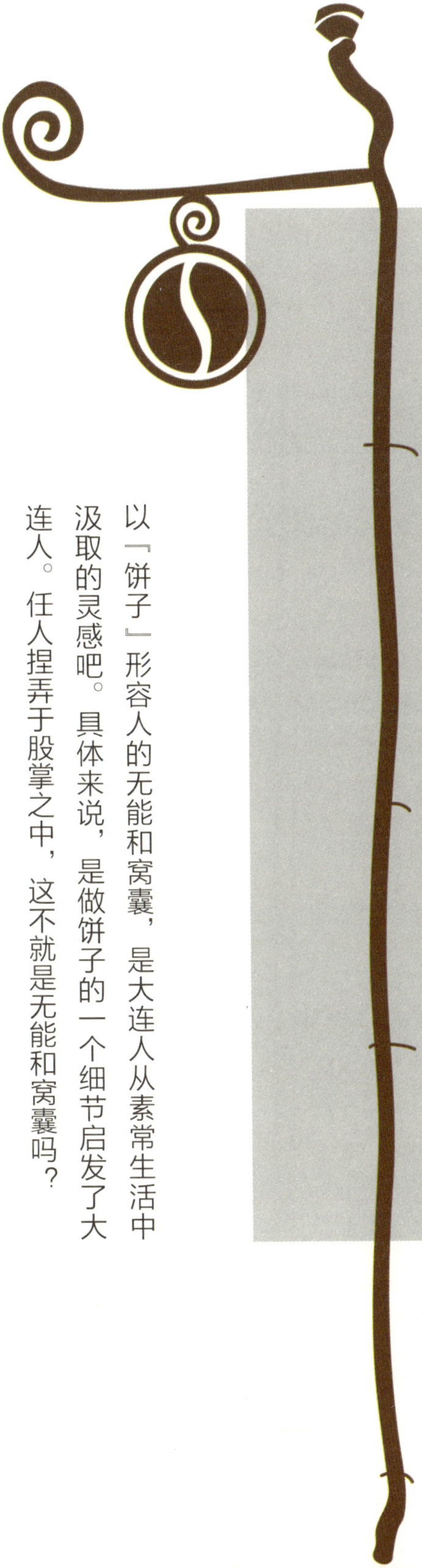

饼子

以『饼子』形容人的无能和窝囊，是大连人从素常生活中汲取的灵感吧。具体来说，是做饼子的一个细节启发了大连人。任人捏弄于股掌之中，这不就是无能和窝囊吗？

饼子，灯

“饼子”和“灯”，在大连方言中，除了本义，都具有耐人寻味的引申之意。饼子，是无能、窝囊的意思。灯，是笨蛋、废物的意思。

有些大连话早年被赋予的都是贬义色彩，近些年开始向中性甚至褒义转移。而有些大连话任何时候都无法翻身做褒义词。比如“饼子”和“灯”就是两条意思相近、永无翻身之日的损人话。

先说饼子。饼子是一种用玉米面蒸制的面食，不知南方人是否吃饼子，在过去东北农村地区，人们的主食以饼子为主，与饼子“同宗”的是窝头，也属于玉米面食品。今天，我们在饭店里还会吃到饼子，吃的却是一种新鲜感和怀旧感。今天的饼子花样翻新，与细粮搭配可以制作玉米糕、玉米饼、玉米馒头等，还可制作玉米面饺子、包子、馅饼等。在饭店吃贴饼子炖小鱼，饼子贴在锅边，小鱼在锅中央咕嘟咕嘟地炖着。如果小饼子滑进了锅里，那就成了杂鱼焖饼子，饼子入锅与杂鱼同炖同欢。

当年，人们天天吃饼子，月月吃饼子，年年吃饼子。何时不再吃饼子，那才叫过上了好日子。人们很向往城市生活，城市生活的标志就是不吃饼子，吃白面馒头。

当年的饼子个头很大，如今饭店里贴一锅小饼子揉一块儿也未必有当年一个饼子大。锅里炖着芸豆土豆，芸豆是囫囵的，土豆不切块，不论大小一概全身入锅炖。大饼子贴在锅边，据说主妇们往锅边贴饼子需要一定的手法，贴不好，饼子就哧溜地滑进锅的深渊。那时人们经常吃咸鱼饼子。出身农村的咸鱼饼子如今已成为饭店里的特色菜。那时的咸鱼，那时的饼子，色香味都无法与今天的媲美。过去人们吃玉米吃得口齿泛黄万分腻歪，而如今玉米成为都市人热情追捧的养生食品。现代医学研究表明，玉米面中有丰富的谷胱甘肽，这是一种抗癌因子，在人体内能与多种外来的化学致癌物质相结合，使其失去毒性，然后通过消化道排出体外。最令农村人惊讶的是，连那玉米须子也有相当神奇的食疗效果。饼子大概想不到自己会有今天这番命运。

饼子是出身卑微的食品。以“饼子”形容人的无能和窝囊，是大连人从素常生活中汲取的灵感吧。具体来说，是做饼子的一个细节启发了大连人。你看，玉米面调和好之后，揪一团在手中，又是捏又是团，量多了可以随便掐下一块，然后在双手之间颠来倒去，造型和厚薄都差不多了，就“啪”的一下甩向锅边。任人捏弄于股掌之中，这不就是无能和窝囊吗?

在过去年代，大连姑娘找对象比较务实，主要是看男方的人品和能力。对于能力的描述，大连人会说“这个小伙子真有章程（有能耐，有本事），谁家姑娘嫁给他可真是享福了！”如果能力太差、水平太低，大连人会说“那家伙是个饼子”或“这个人真‘饼’”。“饼子”多用来形容男人的能力或实力，人们一般不会用“饼子”来评价女人。

“饼子”也是武汉和四川的方言。在那里，“饼子”暗指性工作者以及性交往对象极不专一的女性。在武汉与“饼子”发生性行为叫做“剁饼子”，四川叫做“打饼子”。因为互联网的助力，“饼子”一词如今到处流行，在一些地区与“垃圾”一词同义，这比较接近大连话“饼子”的含义。

灯，原本有三种释义：一是照明的器具；二是其他用途的发光、发热装置；三是装饰张挂的彩灯。灯，在大连话里怎么成了废物、笨蛋的意思了呢？这一点已经无从考证。

灯，是很普通的生活用品，是家庭温馨镜头的来源。一个家庭最不可缺少的精神内容是什么？是爱与理解！一个家庭最不可缺少的物质内容是什么？在纷繁的物质选项中，没有人会选择灯。但是，一个没有灯光的房子不能称之为家，有一个温暖的成语叫“万家灯火”。20世纪90年代《大连日报》有一个生活副刊就叫《万家灯火》，刊登的都是灯火之下发生的寻常人家的喜怒哀乐。人们白天在外打拼奔波，黄昏时披挂一身倦意归巢，当街头路灯亮了，家家户户也燃起了灯火，构成了苍穹之下的美轮美奂的万家灯火。在属于自己的那盏灯火之下，那颗心得到了休憩，得到了安慰，得到了补给。

一年365天，过年时的灯火最亮，最长久。记忆中，白炽灯最低度数为15度，最高为250度。在20世纪七八十年代，大连家庭平常日子里一般使用25瓦灯，平常日子很黯淡，只有到了过年期间，才会换上一只高度数的大灯泡。那时大年三十晚上有一个讲究，不能闭灯睡觉，家家户户彻夜灯火透明，通常是在厨房地带点一只200度的大灯泡，既发光又发热，屋子里亮如白昼，温暖如春。当新年滑入尾声，家里的饭菜香气淡了，200度的大灯泡也被束之高阁了。在那个年代，人们都坚守至朴至简的生活理念，因为没有奢侈的体验，周遭贫富差异又不大，所以没有人因为简朴而赧颜羞愧。人们追逐物质奢华的过程，其实是兜转了一个大圈。终有一天，奢迷心窍的人们会发现，那些丢掉的朴素才是最需要的却已是可望而不可即的奢侈。

“新三年，旧三年，缝缝补补又三年”，很多男士在童年时代甚至有过穿姐姐衣服的经历。人们没有扔东西的习惯，任何废物都可以再利用，变废为宝更是一种生活智慧。若检索生活中哪种物品毫无利用价值，是真正的废物，那便是坏掉的白炽灯。

在私营企业，下属没有办好领导交代的事情，会被领导斥为“你真是个灯！”朋友之间也会经常说“你真是个灯！”透着一股子亲切劲儿，含着一种不伤感情的揶揄，并不是真正的讥讽。

还有一条大连话叫“装灯”。“装”并非指安装，而是指装扮。某些人没有真才实学，却偏偏自我感觉非常好，好为人师，好指手画脚，夸夸其谈，说的全是一知半解的外行话，这种人会被大连人一针见血地斥之为“装灯”。

地区方言最能反映世俗文化的基本特征，人们对方言的态度也不尽相同。大雅阶层认为方言属于“荤口”，难免俗气熏天，充满了腻味与赖皮劲。而市民阶层认为方言质朴亲切，是发出者的心声与心境，方言是一片精神原乡，人们能在方言里找到满足感和归宿感。

相比之下，大连话俗气并不浓重。比如“饼子”与“灯”，虽然有那么一点点俗气，却并非不堪入耳。“饼子”与“灯”，是比较典型的大连话，有些方言会随时代发展而被淘汰，但有些却是经久不衰。经久流传下去的方言，通常有两个特点，一是通俗易懂，表现力强，二是虽然通俗却不庸俗，不会令人不忍卒读。

吭哧瘪肚，手拿把掐

“吭哧瘪（biě）肚”与“手拿把掐”是大连方言中的一对反义词。

吭哧瘪肚，一是指说话不流畅、不痛快，吞吞吐吐的样子；二是指很费劲、很吃力的样子。

某城市的豆腐渣大桥塌了，人亡车毁，一时间酿成了无数家庭悲剧。城市的父母官这个时候要出来给民众一个说法，他站在台上吭哧瘪肚地老半天说不出一句话来。说实话，一个官员在愧对城市、愧对百姓的时候，若表现得吭哧瘪肚，那真是善莫大焉，这个官员人性尚存，温度尚存。最怕的却是官员在“人祸”现场“面露微笑”，还美其名为调节悲剧现场的压抑气氛。

当年“海南丢”落脚大连，很多人在码头扛大包。苦难的逃荒生活使他们一个个骨瘦如柴，即便是男人，体重也大多不足百斤，却要吭哧瘪肚地扛几百斤重的大包，累得气若游丝，命悬一线。吭哧瘪肚是对重体力劳动者的一种形容。也可以用来形容脑力劳动者，比如写作，为了写出好句子，苦思冥想、绞尽脑汁的过程也是一种“吭哧瘪肚”。

在一个家庭里，当夫妻二人吵架时，男人也会抱怨，不过男人不会喋喋不休或如诉如泣，通常只是淡淡地说一句：“我在外面吭哧瘪肚挣俩钱容易吗？”“吭哧瘪肚”一经使用，女人顿时心软了，心愧了。

一个理科生，头脑非常聪明，却木讷寡言，在一个非专业交流场合，该生被领导突然拎出，谈一个专业之外的话题。理科生手足无措地上了台，但见他青筋暴露，满头大汗，吞吐嗫嚅忸怩支吾老半天也说不出一句完整的话。他的青筋暴露满头大汗，他的吞吐嗫嚅忸怩支吾，以一句大连话来概括即是“吭哧瘪肚”。

“北大醉侠”孔庆东教授是一位不折

不扣的东北人，他在《再来说说东北人》一文中这样评论东北人的性格："东北人重传统爱面子，身上具有某种'山林气概'。东北人爱面子主要是从山东、河北、山西、河南等中原地区带去的，在政权统治比较松散的地区，这将构成一种亚文化和亚社会。""东北地区的家庭势力比较大，东北人一般靠面子解决问题，土匪与土匪之间也是靠面子解决问题。在东北地区，这种'土匪气'是维护社会平衡、发展的一个机制，一个精神，它是一种社会需要，所以在东北大平原上，人与人的交往更密切，面子问题就显得非常重要。"孔庆东其实也说出了东北人非常自信的性格特点。好面子的人通常很自信，很潇洒。一个人过度自信，却分明内存不足，便可能出现"吭哧瘪肚"的吃紧状。东北人的自信与潇洒饱受异城人们的质疑，粗粝的东北文化也经受着中原文化的嘲讽。如果有人说"大连人特自信"，怎样听也不像一句褒奖。与南方人做事百般推敲雕琢的风格相比，东北人的"吭哧瘪肚"一方面表现了憨厚老实，另一方面也表现了做事的粗线条风格和拖泥带水的滞感。核雕艺人大多长自南方，一枚核舟，不仅能在方寸之间表现人物数十人，而且舟上每扇门窗都能开合自如，其落榫处以毫厘计算，精细程度令人难以置信。咱东北人肯定做不了核雕艺人，咱大手大脚，习惯于大刀阔斧地杀将过来，习惯于"吭哧瘪肚"用力过猛，而不太习惯凝心屏气的一雕一琢。

如果说南方人是使剑的，那么，咱东北人则是耍大刀的。剑法讲究轻灵，刀招讲究沉猛。过去，常见走街串巷的卖艺人，耍一把"千钧大刀"，有的耍得很轻灵，有的却耍得吭哧瘪肚一头汗。如果能将大刀耍得如舞剑一般轻灵，那才是水平高。评价这种高水平，大连人会使用"手拿把掐"一词。

大连人评价一个人业务水平强，做事靠谱，成功率高，通常会说："你看人家做事手拿把掐的。"手拿把掐，就是形容一个人做某件事情，在心态上表现得是胸有成竹，志在必得；在专业水平上表现得是驾轻就熟，游刃有余，事半功倍，一切尽在掌握之中。反之，一个人的专业能力很菜很衰，做事的过程就可以形容成吭哧瘪肚。

东北新闻网里有这样一条新闻《没手拿把掐的特长，慎考"体艺优"》，说的是每年中考，都有考生凭借文艺或体育方面的一技之长考取名校，令人们羡慕不已。但是，仅仅会拉小提琴或者只是喜欢打篮球，却是很难通过专项测试。有关专家告诫考生及家长：如果没有较强的专业功底或较高的艺术水平，不要盲目报考体、艺特优生，否则不仅会耽误宝贵的备考时间，还可能因为艺考失利而影响考生情绪。一个学生从小学时代就学小提琴，这才有可能掌握一门手拿把掐的特长，而考前突击学习几个月的，是很难形成专业实力的。

咱东北人好面子，说大话，吹大牛，热衷于装点门面的富丽，博取人们的艳羡目光。《马大帅》里的彪哥就是一个典型的东北人，他身上几乎涵盖了东北人所有的性格特点。彪哥浑身毛病，但不是大毛病，他没干过伤天害理的事情，那些小毛病像过去农村人生了虱子似的一身身的。带一个“彪”字的哥哪能不得瑟，不吹牛，不说大话？这些倒不可怕，可怕的是彪哥还爱冒充文化人士、社会名流。比如，他开个解梦馆也要写上“辽北地区精神分析研究所”，一副大对联更是将牛皮吹大发了，“古有奥地利国弗洛伊德，今有辽北地区范德依彪”。东北人彪哥手拿把掐的创业自信，终究成为一个笑谈。

今天的大连人趋于低调与沉稳，但骨子里做江湖“一哥”、“一姐”的欲望依然存在。这似乎体现了大连人不甘平庸，追求胸怀天下、经世致用的理想抱负。但是，理想需要功力辅佐，功力来不得半点虚假，真正做到手拿把掐是需要洒一番心血的。可以说，“手拿把掐”的背后一定曾有过“吭哧瘪肚”的付出与努力。

熊

熊，在大连话中属贬义词，基本有三个意思：一是指欺负人，骗人，比如“你咋熊人呢？”“杨老大最能熊王二小了”等；二是指怯懦，能力低下，比如“瞅你那个熊样儿！”“你怎么熊了？”三是指品行不端，性格顽劣，比如“他是个什么熊人啊？你怎么跟他来往？”“这个熊孩子，一直缠着我买玩具。”

股市有熊市和牛市之说，有人戏言熊人就是从熊市里蹚过来的人，一副蔫头耷脑的熊样；牛人就是从牛市里跋涉而出的人，一副牛气冲天的牛样。

当然，大连方言的“熊人”绝非指不幸蹚过熊市的股民，而是指在现实生活中既缺乏真才实学，又缺乏担当精神的人，多指男人。大连很多带有贬义色彩的方言都是专门赐给男人的，这可以说是东北男性张扬大男子主义的另一种自食恶果。哪个大连男子在成长生涯中没有遭遇“熊”字恶评？有时候是整个人从能力水平到心理素质，被一个“熊样儿”简而狠地概括；有时候是一事一议，受人委托办理某件事情，将胸脯拍得咣咣响，结果却办黄了，这也会被人指责：“瞧你那个熊样儿，好好的事儿让你办个稀碎。”

“熊人”中的“熊”是个形容词；有时候“熊”也可用作动词，表示斥责或者欺骗。熊小孩的，是人贩子。蹒跚学步乳臭未净的小孩，被大人带到了喧嚣的街心花园，大人偶遇邻居便唠起了闲嗑儿，忽视了小孩，小孩窜到别处并被坏人盯上。坏人以几粒水果糖将小孩熊走了。所以，大连人会警告自家小孩：千万不要吃陌生人的糖果。此处的“熊”便是欺骗之意。

如今的小孩子不容易被熊走了，但家中的“老小孩”却屡次上当受骗。小孩和老人都是弱势群体，防范意识与识辨能力都比较弱，所以易遭人熊。过去常在报纸上看到这样的新闻：一个巧舌如簧之徒，用一叠已经失效的外国币，熊走了一个老妇人的养老金；一个看似正经的骗子，以几锭假金骗得某老人倾家荡产。也常听人说某家老人被骗子熊了之后，急火攻心，一卧不起，没几天竟抱憾而逝了。这种专熊老年人的无耻之徒实在令人痛恨。

外地人对东北人最极限的恶评是坑蒙拐骗，是熊人；最极致的褒奖是义薄云天，是仗义。随着时代的前进，如今大连人也在反思自我，逐渐摒弃东北人性格中的瑕疵，并慢慢咀嚼消化吸收其他地域人的优秀品质。

老么卡刺眼

大连人常说“老么卡刺眼”，但具体是哪几个字却没有定说。有些方言是口耳相传下来的，来龙去脉已经无从考证。在大连方言中，“老么卡刺眼”一是指老眼昏花；二是指长相老气、难看。

老张丧偶多年，年轻时因为家庭负担过于沉重，再婚难度比较大。临近知天命之年，老张居然桃花夭夭，灼灼欲燃，与一位晚辈未婚女谈起了恋爱。亲朋好友都以为老张与那女子是一场游戏一场梦，全垒打之后也就淡了。哪曾想，人家老张居然将未婚女娶回了家。亲朋好友当中流传着这样一句话，“老么卡刺眼的糟老头子居然娶了个水光溜滑的大姑娘。”水光溜滑，也是一句大连话，用在这里是形容一个人的年轻态，多被女性享用。

大连人天性乐观幽默，喜欢逗乐取笑，喜欢打情骂俏。比如一男一女坐公交车，两人系工友关系，女的先上车，说我给你刷卡了。男的说，你败（别，不用，不要）给我刷，你败给我刷，你给我刷一次卡，我还得买一支雪糕给你歹（吃）。刷一次卡九毛钱，买支雪糕得一块钱，你想让我赔啊？

大连人还富有自我解嘲的精神，往往是乐观向上、活泼自信、内心平易的人才具有这种精神。在单位里，年轻的“80后”、“90后”准备在假期里玩一些新花样儿，邀请“70后”的同事加入。“70后”们会自嘲地说，我们都老么卡刺眼了，嗨不起来了，就不去搅局了，你们要玩得尽兴啊！

两个中年女人街头相遇，过去她们可能是朝夕相处的同事，或者是一墙之隔的老街坊。女人之间的互相吹捧总是从相貌与年轻态方面入手。“你看你，这么多年过去了一点没变，你是怎么保养的，脸上一根纹也没有？”“怎么会呢，都老么卡刺眼了。”

我一直怀疑“卡刺眼”是老年眼疾的一种，但具体是哪种尚不明确。老么卡刺眼，说的是人生的晚景。一个人衰老，是从眼睛开始发生变化的，除了视力下降、模糊，眼底也开始浑浊，不再清澈，目光也不再深邃。我们喜欢小孩子，往往陶醉于他们的眼睛，那眼睛是蓝色的，是水意荡漾的。当眼睛开始衰老，身上的气息也开始发生变化。在公共场所，有些人嫌弃老年人，是嫌弃他们强烈衰老的体味。再说下去，便难免伤感。上至达官贵人，下至引车卖浆之流，每个人都将步入老么卡刺眼的人生旅程。尽管我们口口声声地强调心理年龄比什么都重要，但肉体的无情衰老还是会令我们恐慌无助和痛苦。还是青春美妙啊，那些描绘美艳与盛力的词绝对具有视听享受，什么闭月羞花、沉鱼落雁、玉树临风、英气逼人，什么年轻的女人唇红齿白脸色灿烂，光滑得像剥了皮的鸡蛋，年轻的男人爪牙整齐毛色鲜亮，浑身生机盎然。然而，我们终将老去！

日本作家渡边淳一曾写过一本名为《熟年革命》的散文集，这是一本专门谈论晚年生活的文集。“熟年”一词来自日本，泛指年龄介于45岁至64岁之间的族群。日本人的平均寿命，男性大概为79岁，女性为86岁。也就是说退休后还能活20年左右，渡边淳一的这本书就是探讨如何活好这20年。“人生最后十年、二十年的活法，是决定人的一生是否活得精彩的关键所在。正因为如此，我们在活到五十岁左右的时候，就必须认认真真地考虑‘后五十’的活法问题了。”渡边淳一首先倡导要改掉对老年人的称呼，如老人、银发等等，我想这里也包括“老么卡刺眼”之类的俚语。他大声疾呼：请将经历了漫长人生、岁月的磨炼，心灵深处潜藏着光芒的人们称呼为“白金一代”。渡边淳一还写下了“白金一代”的誓言：我们，不被世俗左右，充满好奇心态，追求人生所爱；不惜赞美他人，不忘自赏自爱，洒脱优雅有点“坏”！渡边淳一给白发一族以及“后五十”人群积极乐观的人生命名为“白金人生”。

用大白话翻译一下渡边淳一的誓言，他其实是在号召那些上了年纪的人们，不要自我定义老么卡刺眼，而要顺应时代的变化，有时候还要勇于引领潮流，实现自我变革，乐于挑战，享受挑战。这对于我们中国的老年人来说，是一个不小的激励。

赖赖巴巴

赖赖巴巴，即勉勉强强的意思。

某一场球赛，国脚们吭哧瘪肚地满场拼抢，最后勉强出线了。球迷们并不买账，抱怨每次小组出线都是赖赖巴巴的。虽然比赛过程不理想，但毕竟是赢了。 在赛后新闻发布会上，多名国脚觍脸自辩，大致意思是：赢了就行呗，法国队不也是赖赖巴巴才出线的吗？

从事新闻工作的张三，工作节奏很紧张，压力也很大，经常通宵达旦地赶稿子，再加上各种难以推却的应酬缠身，经常是深更半夜喝完酒回家，小睡一会儿还要挣扎着爬起来码字。张三倚仗年轻，毫无保健意识，几乎每天都在挥霍或透支健康。结果，35 岁以后身体就一直赖赖巴巴的。在这里，赖赖巴巴并不是指亚健康，而是已经有了疾病的迹象。

家长王二麻一上班就眉飞色舞地跟同事们讲：我儿子这次初升高考试，赖赖巴巴地考上了重点高中，这一下子给我节省了几万块择校费。王二麻一高兴，中午宴请全科同事大吃一顿。

比较一下“赖赖巴巴”与“手拿把掐”的含义差别。王二麻的儿子赖赖巴巴地考上了重点高中，他究竟考了多少分呢？答案是比录取分数线仅高出几分而已。如果说王二麻的儿子“手拿把掐”地考上了重点高中，那考分就是远远地超越录取分数线。“手拿把掐”与“赖赖巴巴”都是对成功过程的一种描绘。手拿把掐的成功是一气呵成的，就像体操运动员，当行云流水般地完成所有动作，掌声潮涌经久不息，这就是手拿把掐的成功；而赖赖巴巴的成功，其过程往往是吭哧瘪肚，是险象环生，虽然也有掌声，却是稀稀落落断断续续。显然，手拿把掐的成功才为人们所羡慕，才能赢得长久的喝彩与掌声。而赖赖巴巴地成功了，常令当事人底气不足，荣誉感不强。

东北人做事爆发力强，在过程中的

耐久力和技术性却远远不够。若问东北人最擅长什么，还真一时想不起来。东北人不愿下苦功夫，比较安于现状，习惯于随波逐流。东北夏短冬长，农村耕种期短，农闲时间长。休闲时间过于充裕，便养成了游手好闲的大爷作风，养成了一身懒骨懒筋。过去乡村里的东北人最喜欢猫冬，不愿利用空闲时间去寻找新的经济增长点，而是醉心于麻将、唠嗑儿与二人转等俗玩之中。所以，他们大多没有什么精湛的手艺，样样通，样样松，大多只是赖赖巴巴的水准而已。东北饮食是“乱炖”风格，缺乏南方美食的精致细腻，如果没有筷子，折两根细枝也可以大快朵颐吃得人仰马翻。东北人的生活方式是粗粗拉拉的，大葱蘸大酱，茶叶在大杯子里一泡一天，不饥不渴、赖赖巴巴就令人满足。

赖赖巴巴，必然意味着一种粗糙。前些年，谁说咱东北人粗糙，咱就跟谁火人。其实咱也知道自己的粗糙，内心时常为之赧颜汗下。咱的生活方式被指责为粗糙的，咱的文化也被说贫瘠与粗糙。现实确实如此，在文化艺术上，东北人略输文采，不曾诞生过中原的大文学家，基本上是北大荒文学。务实的性格，使东北人苟伏于土地，缺乏玄想和浪漫，从而丧失了想象力和创造力，令人醉心享受的艺术乏善可陈。在商业信用上，咱的口碑也不是很好。南方生意人都知道犹太人有一部财富圣经叫《塔木德》，而咱只讲究面子，面子大于天大于法，面子是咱东北人的圣经。面子是什么？是潜规则，是权力游戏，这便有了太多赖赖巴巴的勉强与含糊。

这都是东北人的过去式。今天的东北人，已经意识到自身的不足，完全能够理性地对待外界的审视与批判，有则改之，无则加勉，真正像东北的黑土地一般深厚而宽广，不断地积蓄内蕴，开始在各个领域彰显自身的实力。这时候，东北人不愿意将赖赖巴巴的成功端上桌面。当赖赖巴巴获得了成功，我们选择了隐没。“不经历风雨，怎么见彩虹，没有人能随随便便地成功……”东北人真的已经懂得了成功的真谛。

我们开始学习茶道，用小杯子喝茶，在喝茶中抵达修身养性的美妙境界；我们开始细品美食及美食文化，将“乱炖”炖出文化滋味，炖出能登大雅之堂的好色相；我们开始以细腻之心、从容之态品读生活的方方面面，努力追求那种精致与完美，绝不再赖赖巴巴地粗放式度日。

掉链子

在关键时刻犯错或发生纰漏，造成失败或窘迫的局面，便是“掉链子”的意思。比如，“关键口掉链子，这事儿全让你弄砸了。”掉链子是自行车的常见故障，在行驶过程中，链条突然从链轮上脱落下来，从而失去了转动能力。用“掉链子”来形容一个人在事情的重要环节失去掌控而酿成败局，实在是太生动了。

生动性与通俗性是大连方言最显著的特点之一。掉链子，便是一条生动鲜活、通俗易懂的大连话。

如今年轻人对“掉链子”无从体会，今天的交通工具已经鸟枪换炮，自行车成为人们怀旧心情里最温暖灿烂的道具。20世纪70年代是一个以票换物的年代，一个穿的确良衬衫的人，口袋里再装几张自行车厂发行的票子，那此人的能量不容小觑，大抵相当于如今手眼通天的社会人。

那时候家家户户都有自行车，上班族要骑自行车上下班，学生们要骑自行车上下学。清晨或傍晚时分，人们骑着自行车鱼贯而出的场面，是20世纪70年代最壮观的街景。“掉链子”是城市人最熟悉的路上烦恼，所以城市街头随处可见修理自行车的铺子。如果下班途中掉链子，而自行车铺已经歇业，只能扛着自行车走回家，进了家门难免垂头丧气地对家人抱怨一句：真倒霉，今天路上掉链子了！

在20世纪80年代，最拉风的事就是骑一辆“永久”牌自行车和姑娘谈恋爱。骑“永久”是身份的象征。如果再有一台手提录音机挂在车把子上，播放着那个年代的流行歌曲，驮着一位美丽的姑娘去郊外度周末，那简直是浪漫无际、风月无边的青春生活。

新车子刚买回来，那真是爱不释手，专门买一条新毛巾，闲了没事就在院子里擦拭自行车，往轴承和链条齿轮上抹点菜籽油……如果看到有人将自行车扛在肩上走路，一种情况是掉链子了，另一种情况是路况不好，出于对自行车的过度珍爱，宁愿自己受累，也不愿自行车受磨损。

一个家庭里有五个上学的孩子和一个上班的老爸，这便有了一支自行车队伍。这支队伍从晨曦中出发，在暮色里归来，归来者又累又饿，将自行车甩了直奔饭桌。晚饭后，孩子们打着饱嗝忙着写作业，他们的坐骑“斜偏倒挂”在皎白的月色里。老爸抽一支烟，或喝几口老花茶，便踱到院子里做他的“功课”：给孩子们修理自行车。没了铃盖子、丢了闸皮子、被人拔了气门芯儿、轮胎被割了个大口子、掉链子了……在那个年代，每个父亲都是修理自行车的高手。一辆自行车身上，凝结着很多人间的恩怨故事。那个年代最常见的泄私愤手段就是祸害别人的自行车，让对方掉链子。这可不是一件小事儿，若结怨太深，自行车可能长年累月被祸害着，作为最重要的代步工具，天天掉链子岂不窝火？于是便会看到这样的谈判情景——一个男孩子找到另一个男孩子说：“我给你弄两张电影票，你别再弄我的自行车了……”

北京方言最显著的特点是含蓄性，大连话与其恰好相反，大连话有一股子呼啦一下敞开所有的畅快感，让你一下子看得清清楚楚，明明白白，而不必思量和琢磨。“掉链子”就是其中的代表。在大连街听几个人唠闲嗑儿，其中一个人说了句“你可真掉链子！”那上口感，那铿锵感，那鲜活感，可真是道尽了大连话的真谛。

由于“掉链子”一词表现力太强，又带有网络语言的俏皮，从东北走向南方，从日常走进网络，如今在南方媒体上常见这个词出镜，“关键时刻不掉链子，皇马将继续拉大与巴萨的差距”，“大牌球星罚丢点球掉链子，科特迪瓦痛失非洲杯”，“明星掉链子瞬间：摔跟头露胸贴礼服滑落”等，都是指在关键时刻出现失误，将事情搞砸了。

“掉链子”的近义词是“掉价”。“掉价”也是一个大连方言词，是指丢人现眼，丧失脸面。相比之下，“掉链子”多带有嗔怪语气，这语气里饱含着对失误者的理解、宽容和抚慰。而“掉价”则是一句实实在在的批评。

鬼头蛤蟆眼

鬼头蛤蟆眼，即奸诈邪恶之意。

鬼头，在神话故事中是狰狞可怕的；蛤蟆，是一种样貌丑陋至极、令人生厌的两栖动物。萧驰在小说《家事》里有一句：“不知怎的，我总觉得他鬼头蛤蟆眼的信不得。”在这里，鬼头蛤蟆眼是坏点子多、奸诈成性的意思。

有什么样的心境，就有什么样的面相，这便是相由心生。一个本性悲观的人，神情总是倦怠的；一个心底蒙垢、充斥恶意的人，眉宇之间难有俊朗磊落之气。这种由内向外的腐蚀，便生出了一副“鬼头蛤蟆眼”之相。

“相由心生”源自一个典故：据说唐代文学家、政治家裴度年少时贫困潦倒，有一天他在路上巧遇一禅师，大师看了裴度的面相后，发现他嘴角的纵纹延伸入口，恐有饿死的横祸，因此劝勉裴度要努力修改完善。裴度依教奉行，日后又遇这位禅师，大师见他目光澄澈柔和，面相完全改变，告诉他日后一定可以贵为宰相。裴度前后面相有如此巨大的变化，是因为他不断修善断恶，耕耘心田，相随心转的结果。

画家陈丹青喜欢鲁迅先生，理由颇多，其中之一竟然是鲁迅先生的模样。他在《笑谈大先生》一书里写道：“老先生的相貌就长得不一样。这张脸非常不买账，又非常无所谓，非常酷，又非常慈悲，看上去一脸的清苦、刚直、坦然，骨子里却透着风流与俏皮……”这一段文字说的便是“相由心生”。鲁迅先生的性格、思想与作为，完全通过相貌表达了出来。

论外在形象，东北人分值很高，尤其是咱大连人更胜一筹。从相貌上看，男人大多是四方大脸，天庭饱满，鼻直口方，浓眉大眼，看上去敦厚富实，坦荡自信，显得很精明强干，很有思想力量；女人则是地阁方圆，面色含春，五官周正大气，是吉祥之人，看起来既能经受风雨又能纳福享受。论身材，男人大多挺拔高大，硬朗帅气；女人则腿脚修长，亭亭玉立。论气质，男人大多气宇轩昂，不同流俗；女人气质超群，洋味十足。不论是男人还是女人，浑身上下都洋溢着一种娱人悦己的阳光气质。

若论相由心生，还得说一说东北人的性格。赵本山“御用”小品编剧宫凯波认为“东北人的性格最打动人”。当下人们生存压力很大，社会关系也错综复杂，人们不敢畅所欲言，说话爱绕弯子，力求缜密和滴水不漏。这就造成了人们说话缺乏幽默和生动感。幽默和生动是需要精神放松无所顾忌的。如果人处于一种紧张状态，是无法产生幽默的灵感，也就与生动无缘。日本著名励志喜剧片《寅次郎的故事》在20世纪80年代的日本为何火成那样？那时候日本人生存压力很大，每个人似乎都有挫败感，而寅次郎浪迹四方远离世俗，他不拘体统独善其身，却又乐善好施秉性率真。他的人生字典里没有“失败”二字，他永远是阳光灿烂的，他看上去似乎没心没肺，明明是失败了，脸儿一抹就给别人讲笑话。大连人骨子里就有那么一点寅次郎的气息，人们普遍具有幽默感，几乎每个酒桌上都有一个小品明星。大连人会讲段子，爱讲段子，这段子不是黄色段子，而是生活段子，讲起段子来热气腾腾、趣味横生。幽默的大连人性格直爽通透，大度敞亮，做人很简单很放松；内心世界不掖藏，不纠结，不淤滞，洒满了阳光和乐观因子，这份好心情滋养出大连人堂堂正正、风流潇洒的好相貌。

作为一座拥有2000多公里海岸线的海滨城市，大连人的样貌与气质里又多了几分难得的温润感。当一座城市具有“海洋气质”，那么，这座城市里的人们自然也具有了与众不同的禀赋。简单地说，“海洋气质”包括大气、开阔、明亮和湿意这几个元素。美国学者克莱·舍基在《未来是湿的》一书里指出：“中国社会太干巴了，需要加湿。”在这里，“湿”是一种隐喻，指协调合作的态度。印象中的东北人尤其“干巴”，大多具有眼里揉不得沙子、说一不二的刚直个性，脾气亦以火爆易燃而闻名。而大连人似乎多了一些温润与湿意，更易于沟通与协作，这是城市国际化发展定位的经年熏陶。与印象中的东北人不同，大连人理性与感性非常平衡，既有东北人的硬气与霸气，也不乏理性与智慧的光辉。

所以，大连男人具有东北男人身上鲜见的绅士风度，大连女人也具有东北女人鲜见的浪漫与诗意。大连孩子到外地上大学，同学问老家在哪儿？如果说是东北的，对方会立马露出警惕或不屑之色；如果进一步说明是来自大连的，对方的脸上才会显现暖调子。

大连人比较讨厌尖嘴猴腮之相，认为生得这种相貌的人，大多性格消极悲观，自私狭隘，缺乏魄力，难结硕果。鬼头蛤蟆眼，一般是用来描述不良男性；对于不良女性，人们会从生活作风方面进行抨击。

鬼头蛤蟆眼的人，在言谈举止间会流露出不祥的戾气与邪气。大连人在识人断物方面很感性，有些时候只凭眼缘，初次见面如果没有眼缘，便不会继续交往下去；也有以貌取人“走眼”的时候，将德艺双馨的名流看成“鬼头蛤蟆眼”的营苟之徒，不过这种时候并不多。

一位网友曾在博客里如此记录高中时代的班主任老师，题目是《永远的蛤蟆眼》：“对于一个土生土长的农村孩子来说，蛤蟆这种两栖动物是我再熟悉不过了，看到它那身体表面密集如云的疙瘩和凸出的双眼就让我不由得心生厌恶。老天可能真的是有意捉弄人，我越是讨厌越是被分在了‘蛤蟆眼’的班里（20世纪80年代初，由于学校师资力量的匮乏，作为校长的他也是要代课的）。‘蛤蟆眼’是一位40多岁的中年男子，由于生着一脸不知其名的痘痘，加上一双和蛤蟆一般凸起的眼睛，顽皮的我和一些同学便从没把他当成校长，甚至连老师都不曾叫过一次，而是恶作剧地称呼他为‘蛤蟆眼’……”在接下来的讲述中，这位“蛤蟆眼”老师是改变学生命运的终生难忘的恩师。“蛤蟆眼”除了天生的，还有可能是甲亢突眼病的症状。这不在大连话“鬼头蛤蟆眼”的含义之列。

“打滚子”是大连人热爱的一种纸牌游戏，打出了最经典的大连个性。

脑子有病，彪

脑子有病，有什么病？神经病呗！脑子长包，长什么包？瘤子呗！长了瘤子的脑子肯定不好使了。脑子有病、脑子长包，是大连方言中的骂人话，分别从不同角度形容一个人精神不正常。

每个地区的方言中，都有一小撮骂人话。这些骂人话大多围绕着两个主题：一是傻、无能；二是贱、不正经。比如湖北的“苕”，陕西的“瓜娃”，天津的“傻贝儿贝儿”，上海的“阿木林”、“巴子”、“十三点”、“寿头”，四川的“弹胎娃”、“录活儿”、“神搓搓”，北京的“棒槌”，大连话“彪”、“潮乎乎”、“二乎乎”等，都是傻笨、无能的意思。

在大连话里，也有不少骂人话。因为低级庸俗，这些骂人话很难有正式的出镜机会。而“脑子有病”、“脑子长包”，应该算是无伤大雅、最有特色的大连骂人话。

北京方言也很丰富，仅仅是用来骂人的专用词汇，就不胜枚举。过去有句俗话说“京油子，卫嘴子”，意思是说，北京产滑头，天津出侃爷。“京油子”是指那些能说会道的人，他们从来不会得罪人，骂人都有专用的、十分含蓄的词汇。而大连方言里的骂人话，都是很粗俗的、直来直去的。“脑子有病”便是一例。

在家庭中，夫妻二人吵架，当一方感到另一方不可理喻、无可救药之时，就会怒吼一句“你脑子有病啊！”或“你脑子长包了！”我曾亲眼见过身边一对“80后”小夫妻吵架，男方是湖南人，女方是大连姑娘，湖南人号称“南方的北方人”，性格也是相当张扬刚烈火爆的，嗓门也比较大。咱大连姑娘吵不过人家，就迸出一句：“你脑子有病，我不跟你废话了！”湖南小伙儿以为媳妇诅咒他脑子得病，脑子得病那还了得？那就是不治之症。媳妇如此恶毒，哪还有恩爱之意？当然，湖南小伙儿后来明白了这句大连话的真正含义。如果一对男女一南一北，互相爱慕结为秦晋之好，建议第一课除了生育科普，还要摸清对方家乡损人、骂人的方言。

当一个人来到外地谋生，入乡随俗，自然要学习当地方言。学习方言，首先都想搞懂当地的骂人话。独在异乡为异客，这是一种可以理解的自卫心态。

在中国历史上，湖南人以聪明勇敢、刚烈果决、敢任大事而著称，史学家、文人等对湖南人都毫不吝惜溢美之词："惟楚有才，于斯为盛"（岳麓书院对联）、"楚虽三户能亡秦"陆游《金错刀行》，"无湘不成军"，"湘人不倒，华夏不倾"，"天下不可一日无湖南"……曾国藩、左宗棠的湘军把大清朝的香火延续了将近半个世纪，新中国很多开国元勋来自湖南，湖南人读书、当兵打仗、做劳力样样都不差，可谓文武双全。相比之下，东北人未免逊色。"只要东北人一思考，全国人民就发笑。"对于这种嘲讽，东北人是很生气的。尤其在经商方面，东北人喜欢复制别人的经验，缺乏创意与突破。

综上所述，东北人特别不愿被人骂成脑子有病、有包。尤其大连人，在东北地区以超群脱俗的高傲形象自居，除了硬气、霸气，还格外有灵气儿，更受不得自己的智慧度被人嘲讽。但实际上，脑子有病、脑子有包是无伤大雅的骂人话，在两军对峙的骂阵中，我说你脑子有病，你说我脑子长包，一般不会激惹起刀光剑影。

一位忧郁症女患者经常到其老公单位胡闹，当保安人员发出警告时，该女士理直气壮地说："我有'彪子票'，派出所也不敢抓我。"何为"彪子票"呢？大概就是一纸精神病诊断症书吧。耐人寻味的是，网上有不少以"我是神经病"为歌名的神曲，也有直接命名为"我有神经病吧"的论坛。有人经常自诩"我是神经病"，"别惹我，我有病"，"我是神经病我怕谁？"等，如果用大连话来说就是"别惹我，我脑子有病"，"我脑子有病我怕谁？"人们为何赐自己一张"彪子票"呢？这里面有对现实无能为力的失望妥协情绪，有自嘲发泄情绪，还有浑不吝的顽主情绪。

在这里将能够"出镜"的、含有骂人之意的大连话一一打捞一下。除了脑子有病、脑子长包，还有彪、潮乎乎和二乎乎。

彪，与疯、傻含义相近，含贬义。名词为彪子，意为傻子；也可以作为形容词，比如，彪乎乎的，意同傻乎乎的。我们偶尔会在城市街头发现真正的"彪子"，他们是不幸的精神病人，没被看护好，或者被抛弃，流落外乡境遇凄惨。有的"彪子"带有攻击性，会朝人吐口水掷石头，我们能跟"彪子"一般见识吗？非但不能，还得发扬一份善念，记得给当地收容站去个电话。大连话"彪"是对正常人的精神羞辱，在狼烟四起时，其中一方突然平静淡定很直白地来一句"你是一个彪子，我不跟你一般见识"，然后打着口哨目不斜视地扬长而去。

但很多时候"彪子"会成为大连人的亲昵之语，不仅不是一种骂人话，而是一种至高无上的赞美与褒奖。

东北人直，或者说东北人没心眼，换句不好听的俗话，"狗窝里放不住剩馒头，有啥就唠啥"，有何不满就要发泄出来，这种发泄缺乏南方人的含蓄，脸红脖子粗急赤白脸地直来直去一竿子插到底。还比较犟，俗称犟种、犟驴，对任何事都采取倔驴式的做法。东北人讲义气，心眼好，只要顺毛捋，能将心掏出来给你。东北人对人很热情，途经他家，生拉硬拽请你进家吃饭，你若不去东北人会很生气。有人说东北人“虎”，“虎”在今天看来，完全是一种贬义词，是对冲动鲁莽、不计后果之人的概括与描绘。也说东北人“傻”、“彪”，这两个词却直指东北人的优点，是赞美东北人实实在在、不挑不拣，毫不计较。东北民俗学家王兆一曾说“傻人好忘己”，一个人只有丢掉自己，忘却自己，才能奉献别人，奉献社会。翻阅那些“大连榜样”、“大连劳模”的人生故事，你会发现他们身上都具有一种“彪子精神”、“傻子精神”。

在大连家庭里，女主人经常会用“俺家那个彪子”形容男主人。“俺家那个彪子在外面喝酒呢！”“俺家那个彪子背着我把钱借给朋友了。”大连男人喝酒讲究的是诚心诚意，“感情深一口闷，感情浅抿一抿”。大连男人的热情血性尽情地绽放在酒花里。背着老婆借钱给朋友，在“能借老婆不能借钱”的恶俗而又生动的民间形容下，更彰显了大连男人的义薄云天、珍视友谊。

在东北影视剧中，经常会出现一位名叫“彪哥”的人物。比如在《马大帅》系列剧中，范伟所扮演的范德彪，被人称为“彪哥”。“彪哥”故事那么多，人生笑料那么多。演过此角之后，范伟就享用了“彪哥”这个名号，个人网站名为“彪哥网”，这里有“彪哥语录”、“彪哥图片”、“彪哥音频”、“彪哥视频”、“彪哥 Flash”、“彪哥客栈”、“彪哥保留曲目”等诸多栏目。我们在“彪哥语录”里笑得花枝乱颤，却被南方人好一通耻笑。在一个家庭里，妻子是南方人，丈夫是北方人，丈夫痴迷东北乡村题材剧，而妻子却非常讨厌“彪哥”之类的人物。为了捍卫各自的母土故园，夫妻二人唇枪舌剑由激辩开始，却以火冒三丈互相攻击收尾。不过这些恩怨都不隔夜，第二天照样南来北往地过日子。

“潮乎乎”与“二乎乎”，都有稀里糊涂、傻气的意思，但“潮乎乎”是指缺心眼、智商低下，是无可救药的，而“二乎乎”是指偶尔失误，一时糊涂，是可以原谅的。两个女人因一点摩擦吵起来，既要维持自身形象不能沦为骂街泼妇，又要发泄内心的愤怒，便会频繁使用“潮乎乎”一词羞辱对方。我们也经常在家庭范围内使用“二乎乎”这个词，可能是一种正经的批评，不含恶意与嘲讽，但更多时候是一种并不损伤感情的抱怨。比如，“老爸老妈年纪大了，整天二乎乎的，总是丢三落四。”在这里断然不可说父母潮乎乎的，那是大逆不道的。

卡乎乎，卡捞捞

卡乎乎，是指傻里傻气，土得掉渣儿，没见过世面，缺少阅历；卡捞捞，意指饥不择食。这两个词都含有强烈的贬义色彩。

“卡乎乎”可以形容一个人的多方面，比如，一个人穿着打扮不入时，充满乡土气，或者衣装与身份、环境不符合，会被说成“这个人穿得卡乎乎的”。一个人说话既没有思想力，又缺乏趣味性和信息量，语言苍白表达力差劲，并且充斥着难听的俚言俗语，会被说成“那个人说话卡乎乎的”。一个人头脑不灵光，做事稀里糊涂不得章法，或者在人际交往方面不解人情世故，目光短浅心理褊狭，会被说成“这个人做事卡乎乎的”。

“卡”字本身并无贬义色彩，可是在方言中，这个字并不讨喜。在辽阳方言中，“卡”是形容一个人做事不经大脑、缺心眼等，如“你这人真卡！”另有不确切记载，“卡”还可以形容长相丑陋，如：“他长得真卡。”

在大连方言中，“卡”就是土气、愚笨的意思。农民工进城打工，面对大城市里的急管繁弦和光怪陆离，一时间手足无措方寸大乱，难免糗事迭出窘态百现，这时候的言行举止会被某些城里人说成“卡乎乎”，或者被城里人称为“农村老卡”。“农村老卡”进城，就像刘姥姥进了大观园，啥都好奇。

如今，城市里很少有人再去贬斥农民工“卡乎乎”了，我们所寄身的城市每一处都含有农民工兄弟的汗水。京港澳高速南岗洼路段在北京2012年“7·21”特大自然灾害中受灾严重，当晚154名农民工拿着救生圈、麻绳，剪破铁丝网钻进高速公路，救了上百人。7月30日晚，崔永元请这154名农民工吃饭。农民工吃饭发出狼吞虎咽的声音，曾被城市人视为“卡乎乎”。而崔永元在开饭前对农民工兄弟们说：“我希望听到你们吃饭的声音。一会儿台上有人讲话，你们都不要停下手里的筷子。”崔永元对农民工兄弟多么体恤，多么尊重啊！

“卡乎乎”还可以形容一个人对新生事物的少见多怪。比如，某人对时尚潮流不闻不问，与人交流时信息量不对称等，就会被人说“你怎么连这个都不知道，卡乎乎的”。当下的时尚潮流层出不穷，就像那浪花，前一个还没来得及在岸上肆意翻滚表演，就被急急赶来的下一个替位。一个作家充满烦恼地说，上半年她在一部长篇小说里写了当时一些网络流行资讯，不过半年时间，这些流行便成了卡乎乎的旧闻，她赶紧将新鲜的流行资讯写进去，争取在场感和时效性。在小说里，无需交代年代时间，那些网络流行便是对每个年轮最生动的记载。

年轻人对新生事物永远兴致勃勃，而中年人为了保持心态的年轻活力，也努力提升对新生事物的兴趣，避免在时代潮流中沦为卡乎乎的那一小撮儿。紧跟时代步伐，引领时代风尚，做一名站在时代前沿的先锋战将。一个人只有站在时代的现场中，才不会孤单落寞，才有可能获得一种认同感。

卡捞捞，在大连方言中用来形容缺少油水、很馋的样子。一个人因过度饥饿而不择食、饭量超大的吃相，即是卡捞捞。除了形容贪吃者，卡捞捞还可以形容一个人贪婪的性情。

在生活极其贫困的年代，父母对孩子的家教有一条是“吃东西不可以卡捞捞地吃”。去做客，虽然被盛宴款待，但绝不可以敞开肚皮子吃。在食物面前，保持必要的斯文，是一种尊严的体现。食物是人类欲望的一部分，除此，人类对金钱物质，对地位权力等也怀有欲望，为满足这种欲望而不择手段，也可以用“卡捞捞”述之。

诺贝尔文学奖获得者莫言曾写过一篇散文《凶恶吃相》，记录了1960年那个饥饿的春天：“冬天，学校里拉来一车煤块，亮晶晶的，是好煤。有一个生痨病的杜姓同学对我们说那煤很香，越嚼越香。于是我们都去拿着吃。果然越嚼越香。一上课，老师在黑板上写，我们在下边嚼煤，咯咯嘣嘣一片响。老师说你们吃什么，我们一张嘴都乌黑。老师批评我们：煤怎么能吃呢？我们说：香极了，老师不信吃块试试。老师是女的，姓俞，也饿得不轻，脸色蜡黄，似乎连胡子都长出来了，饿成男人了。她狐疑地说，煤怎么能吃呢？有一个女生讨好地把煤递给俞老师，俞老师先试探着咬了一点，品滋味，然后就咯嘣嘣地吃起来了。她也说很香。这事有点魔幻，我现在也觉得不像真事。但去年我见到王大爷说这事，王大爷说：你们的屎填到炉子里呼呼地着呢。”最后莫言感慨：“我回想三十多年的吃的经历，感到自己跟一头猪、一条狗没什么区别，一直哼哼着，转着圈儿，拱点东西，填这个无底洞。”

对于今天50岁以上的中国人来说，最惨痛的灾害记忆是“三年大饥荒”。在新中国的灾害史上，历次灾难过后，灾民们都能很快从重创之中振作起来，重建家园，唯独那三年大饥荒，成为中国人一生最疼的记忆。如今国内外学术著作和著名辞书中，提到中国那三年大饥荒，通常采纳了1700万到3000万非正常死亡的说法。比较保守的《大英百科全书》，在其“饥荒”条目中，称中国那三年大饥荒为20世纪最大的饥荒，“造成了多达2000万人丧生”。“卡捞捞”的饥饿经历，如梦魇一般萦绕，挥之不去，却又不敢提起，那些细节，会被当下的年轻人视为魔幻故事……

急捞捞

急捞捞，有急匆匆的意思，但又不尽相同，急捞捞更偏重对心理情绪的刻画。一个人对某件事物的渴求之情达到非正常状态，以至于成为一种精神煎熬，就是急捞捞的意思。老舍《鼓书艺人》中有一段："她遭到了不幸，比个寡妇还不如。往后怎么办？想到这里，她心里火烧火燎，呆呆坐着，急得一身汗。"将"火烧火燎"换成"急捞捞的"，表现力也很强大。

当我们为生活疲于奔命的时候，生活其实已经远离我们而去。当过劳死、抑郁症笼罩职场，"慢生活"的理念开始深入人心。著名捷克作家米兰·昆德拉曾质问："慢的乐趣怎么失传了呢？"他感慨道："古时候闲荡的人到哪里去啦？民歌小调中游手好闲的英雄，漫游各地磨坊、在露天过夜的流浪汉，都到哪里去啦？他们随着乡间小道、草原、林间空地和大自然一起消失了吗？"这些人物都过着纯粹的"慢生活"，而我们呢？饮食"快餐化"了，娱乐"快餐化"了，阅读"快餐化"了，甚至连感情也在"8分钟聚会"、"闪婚"、"闪离"等新潮概念的裹挟之下被"快餐化"了。用大连话来说，人们在生活的各个作业区都变得"急捞捞"的。"急捞捞"的恶果是精神的早衰和个性的夭亡，生活幸福感荡然无存。

在子女教育方面，中国家长急功近利的心态以"急捞捞"来形容也很精准。教育是慢火细活，需要下慢功夫，所谓润物细无声，而我们急捞捞地对孩子进行拔苗助长，为孩子灌输了满脑子生存的理念，而根本不懂得生活的艺术。中国孩子实在需要慢养，被慢养的孩子都有好性格，有幸福感。某些官员买官卖官不择手段，急捞捞地捞钱，最后捞得一副锃亮的手铐。都市里的剩女很优质却嫁不出去，恨嫁之心急捞捞的，自己流连于各种婚恋配对网站，父母也时常光顾公园相亲大会，标准一降再降，低至尘埃也没捞得一份好姻缘。

急捞捞的心态若不适时加以调整，便可能变得畸形扭曲。其实只要你愿意，生活节奏是可以慢下来的。

20 世纪 80 年代中期，意大利记者、美食评论家卡洛·佩特里尼组织成立了“国际慢餐协会”，拉开了全球慢生活运动的帷幕。当人们对慢生活产生误解时，“慢生活家”卡尔·霍诺站出来说，慢生活不是磨蹭，也并非懒惰，而是让速度的指标“撤退”，让生活变得细致和柔软起来。

2005 年，62 岁的意大利人贡蒂贾尼成立了“慢生活艺术组织”。两年后，该组织在米兰举办首个“世界慢生活日”。贡蒂贾尼曾在意大利电信集团公关部门工作，还做过 IBM 意大利分公司的公关经理，虽然收入不菲，但是工作高度紧张，充满了压力，即便去度假也难以安静和放松下来。1999 年夏天与家人度假时，贡蒂贾尼因身体不适突然栽入海中，差点撞到海中岩石丧命。贡蒂贾尼这时候决心改变生活方式，并成立了“慢生活艺术组织”，向更多的人推销“慢生活”的理念。

之后，贡蒂贾尼每年都会选择一个较大城市开展活动。此前的几年分别是米兰、纽约和东京，而中国上海则成为 2010 年“世界慢生活日”的主场。也是在这一年，世界慢城联盟主席皮艾尔·乔治·奥利维地来沪参加第三届中国国际乐活论坛。“慢城”与“慢生活”的主题殊途同归，“慢城”这个概念是由乐活人士、环保人士发明的。中国江苏省高淳县被国内乐活族公认为“慢城”，有望被正式授予“慢城”称号，从而成为中国第一个国际“慢城”。“慢城”是一种放慢生活节奏的城市形态，是指人口在 5 万以下的城镇、村庄或社区，它们反污染，反噪声，支持都市绿化，支持绿色能源，支持传统手工方法作业，没有快餐区和大型超市。从 1999 年起源至今，全球 24 个国家有 135 个“慢城”诞生。相对于“慢城”，又出现了一个“微城”说法。“微城”在定义里多了对旅游资源的考量，城区人口总量不超 10 万；具有独特的旅游资源、地理特征和文化个性；商业性并未完全充斥人居生活；只需徒步就能轻松游览城区；旅游接待设施完备；城区具有一定娱乐休闲设施；生态保存完好等等。按以上标准来考量，大连很多区域或小城镇具有“微城”气质，比如金石滩、旅顺、皮口、安波等。

在外国人瞪大眼睛寻找“慢城”、“微城”时，我们中国 200 多个地级市中有 183 个正在规划建设“国际大都市”……

如今“慢生活”已成为中国主流人群高频热议的话题，但对于多数普通人而言，这可能还是一种奢望。在中国社会里，“慢生活”实践者由两类群体组成，一类是富贵阶层，另一类是青年亚文化群落中的年轻人。前者已经完成了财富积累，经济基础雄厚，开始有意转型物质和精神双重享受的“慢生活”；后者是根本不打算进入常态的社会规范和体制生活中，身在人间，但烟火气不浓，与现实保持着距离，对体制生活怀有某种敌意。这些人从不急捞捞，后者即使缺乏物质享受，也要保持生存姿态的好看。他们活在丰富多彩的精神世界里，从不曾寂寞，从不曾急捞捞地焦虑暴戾。

美学大师朱光潜有一篇文章题为《慢慢走，欣赏啊！》，这个题目其实是阿尔卑斯山路上的一个标语。此山谷中有一条通汽车的公路，两旁风景极其优美，但人们都是坐着汽车急驶而过，对美景无暇以顾。朱光潜说：“这丰富华丽的世界，便成了一个了无生趣的囚牢，这是一件多么可惋惜的事啊！”那些无暇赏景的人，都在急捞捞地向前赶路。他们为何要急捞捞地赶路呢？热播剧《蜗居》里那对姐妹在散步时曾有过这样一段交流，姐姐说：“每天一睁开眼，就有一串数字蹦出脑海，房贷六千，吃穿用度两千五，冉冉上幼儿园一千五，人情往来六百，交通费五百八，物业管理三四百，手机电话费两百五，还有煤气水电费两百，也就是说，从我苏醒的第一次呼吸起，我每天要至少进账四百，至少……这就是我活在这个城市的成本。这些数字逼得我一天都不敢懈怠，根本来不及细想未来十年，我哪有什么未来，我的未来就在当下，在眼前……”最惊悚的是下面一段话：“每天陪妈妈去逛街，其实我们都不用走，那个人流就推着我们向前走，我想不走都不行，想停下都不行。”被人流裹挟着，既无法前进，又无法后退，慢慢地走啊，却没有赏景之心，身边似乎也缺乏风景，内心充满了急捞捞的干烈，几乎是一触即燃。在这种煎熬之下，许多人不再憧憬，不再等待，不再坚守，背弃信念抄近道走捷径。

生命不能承受之快，灵魂怎样才能跟上脚步？如何让生活慢下来不再急捞捞的？首先要降低对金钱物质的欲望，懂得感恩惜福知足常乐。其次，要走进大自然，亲近大自然。我们都喜欢陶渊明这个人，他没当过大官，几乎身无分文，著作也不等身，但他的田园诗中所描绘的慢生活令世人向往，尤其是他的传世名作《桃花源记》几乎成为中国人的精神避难所。一个不愿亲近大自然的人，是干巴的；一个不懂得享受野趣的人，是干巴的，是乏味的。中国现代作家林语堂在《生活的艺术》一书中写道：“让我和草木为友，和土壤相亲，我便已觉得心满意足。我的灵魂很舒服地在泥土里蠕动，觉得很快乐。”让身心回归自然，是实现“慢生活”的一个途径。再次，要有阅读之类的文化生活，一个人几日不读书便面目可憎，要享受文学和艺术带给精神的补给。

鳖羔子

“鳖羔子”是20世纪七八十年代大连人教训孩子时频繁操持的骂词。鳖，乃王八；羔，是指小羊，也泛指其他动物的小崽子。“鳖羔子”就是“王八崽子”，寓有杂种、野种的意思，是一个侮辱性极强的俗语。

鳖为何物？鳖是卵生爬行动物，水陆两栖生活。在过去物质贫乏的年代，滋补品种类不多，鳖算是比较高档的营养品。据说，鳖肉具有鸡、鹿、牛、羊、猪五种肉的美味，故有“美食五味肉”之美誉。鳖的全身均可入药，《随息居饮食谱》记载：鳖甘平，滋肝肾之阴，清虚劳之热，宜蒸煮食之。

鳖，俗称甲鱼、水鱼、团鱼和王八等，大连人习惯称其为“甲鱼”。去探望病号，大连人习惯到大商（大商集团的简称，通常指大商集团旗下的百货商店）买只“晓芹”甲鱼，没有说去买只鳖，或者买只王八的。在大连民间，鳖和王八都是骂人话，比如“鳖头”和“王八蛋”。“鳖头”是形容男人胆小怕事，懦弱无能，稍有动静就像鳖一样将头缩进壳里。与“鳖头”对应的是“鳌头”。有一个成语叫“独占鳌头”，出自元代无名氏《陈州粜米》，比喻那些在各个领域获得第一名的人。

鳌头，是指皇宫大殿前台阶上的鳌鱼浮雕，只有考上状元的人才可以踏上此阶。而鳌里夺尊，是指杰出人物中的佼佼者。传说，鳌是海里的大龟或大鳖，女娲补天时曾经“断鳌足以立四极”。又说，一龙生九子，九子各不同，鳌是龙头龟背麒麟尾的合体鱼龙。这条龟身龙头的龙是九子之中唯一的真命天子。“鳖头”是耻辱，“鳌头”是荣光，两者的释义差别很大。

“王八蛋”的意思众所周知，却未必有几人深解其意。北宋欧阳修所撰的《新五代史》中，书曰：“王建少时无赖，以屠牛盗驴贩私盐为事，里人谓之贼王八。”

从更早的古代文献《史记》和《五代史》中也可以找寻“王八蛋”一词的依据。“王八蛋”一骂就这样有根有据地华丽丽地诞生了。

民间对“王八蛋”的理解很简单浅显，意思是“王八下的蛋”，也就是“乌龟下的蛋”。乌龟为何被称作“王八”呢？原来，乌龟腹甲的纹理酷似“王八”二字，便得出此诨名。同时，古人误以为雄乌龟没有交配能力，雌乌龟只有跟蛇交配才能下蛋，“王八蛋”显然不是雌乌龟与雄乌龟交配的成果。明清时期的小市民将与妻子通奸的男子称为“王八”，称他的孩子为“王八蛋”、“王八崽子”、“鳖羔子”，这些诨称都寓有杂种、野种的意思。在明清时期，依靠妓女为生的男人也被称作“王八”。在《白眉大侠》中，主角徐良的口头禅就是“王八绿球球的”。由此可见，“王八”是一个杀伤力极强的词汇。男人若被冠以“王八”之称，简直是尊严扫地，一命呜呼得了。大连男人骂自家孩子“鳖羔子”，是说孩子来路不明，不是自己所生的。

令人哑然失笑的是，在过去的大连家庭中，尤其是在乡下，不仅父亲会骂自家孩子是“鳖羔子”，连当妈的也会在气死眼时，将自己的子女称为“鳖羔子”。孩子独占鳌头的时候，那是自家荣誉出品，而孩子不着调不成器时，便是来路不明的“鳖羔子”。这种望子成龙的心情可以理解。在今天的大连家庭中，父母长辈都极讲究先进的教育理念，大人对孩子滥用侮辱性的骂词已不多见。

羔，泛指动物的幼崽儿（比如小羊羔）；崽，也指幼小的动物（比如狼崽子）。此二字在各地被广泛地用作骂人词。羔，有小清新、小可爱之意，是天真的、纯洁的、温顺的、柔弱的。崽，是原始的，似乎还带着出胎的血腥与蛮力。所以，“鳖羔子”虽然迸出口，但一个“羔”字淡化了骂词的丑陋色彩，那份舐犊之情隐约其中，带给孩子一种能忍且受的暖伤。过去年代日子普遍贫苦，人们也不懂得科学的教育方法，打骂成了大多数父母管教孩子的野蛮手段。也不排除不堪生计压力，以打骂孩子发泄心情的父母。这个时候，父母会觉得“鳖崽子”比“鳖羔子”更给力。“鳖崽子”没有多少感情色彩可言，是一个真真实实的骂词。

苟气，抠抠搜搜

在各地方言中，都有很多词汇来表达“吝啬小气”这种意思。含有“吝啬小气”之意的大连话主要有两条，一是苟气（gǒu qi），二是抠抠搜搜。是“苟气”而非“狗气”，“狗气”是指谄上傲下的习气。

单位为灾区人民捐款，即使是普通员工也捐300元以上，可是一位“富二代”却捐了100块钱，大家背后都骂他太苟气了。“苟气”和“抠抠搜搜”一般是用来形容男人的吝啬与小气。至于女人的吝啬与小气，不仅不会被指责或嘲讽，反而被认为是过日子的行家里手。如今网络上的“抠抠团”、“抠抠岛”、“抠抠网”、“抠抠族”等，都是教人们如何抠门度日的。

一方水土养一方人，我们东北人怎么会“苟气”呢？怎么会“抠抠搜搜”呢？众所周知，东北曾经是中国工业最发达的地区，号称“共和国的长子”。东北平原土地肥沃，蕴藏着丰富的野生动植物资源，这里的东北虎、紫貂、丹顶鹤、梅花鹿、大马哈鱼、黑熊、飞龙、猴头、人参、黄芪、松耳等驰名中外，是一片令人神往的富饶之地。

当上海人嘲笑东北人这个那个时，一位东北人在网上写了一封《东北人致全国人民书》，其中有这样一段：“你貌似很自豪地说，中国建国初期6/10的收入是上海的，你真的很自豪吗？你真的想用数据来说话吗？那好，我也用数据来告诉你，在建国初期，中国所有的钢铁都来自辽宁鞍山，所有的机床都来自辽宁沈阳，所有的汽车都来自吉林长春，80%的粮食来自黑龙江北大荒，还有石油是来自我们大庆……你们上海当年之所以发展那么快，之所以能有6/10的收入，是因为当时包括东北人在内的全国人民倾举国之力来支持你们……”瞧瞧，我们的大东北曾经是多么富饶，多么慷慨啊！

这块神秘富饶的黑土地到底具有怎样的身世呢？据说，自秦汉时期起，就不断有流民进入东北。契丹族、女真族的两次入主中原，出长白山征战天下的赫赫鲜卑以及高丽古国在东北的用心经营，都将他们的文化瑰宝及人文特征遗留在了东北平原。至明清时期，入关出关的移民回流，再至民国时期，山东、河南、河北人的闯关东以及日伪时期长达 10 余年的奴化殖民教育等，这些不同民族文化相互混杂孕育的结果，形成了东北独特复杂的“关东文化圈”。

有学者指出，大连身为东北的门户之一，它的文化类型却不属于“关东文化圈”，它竟然属于在地理上和它风马牛不相及的“中原文化圈”。据史料记载，由于中原战乱，齐鲁一些淡泊仕途的名士纷纷逃往辽东避难。其中最著名的当属管宁、邴原（北海朱虚，今山东临朐人）、太史慈（山东黄县，今龙口市人）及王烈（山东平原县人）等，他们都是名震中原的学者，先后在公元 191 ~ 193 年渡海来到沓氏县。这些学者在大连地区和辽南一带居住了 13 年之久，大连就这样成为了中原文化的退守之地。据《三国志》记载，他们开坛讲学，“讲诗书，陈俎豆，饰威仪，明礼让”，其“教授之声不绝”，足见授业之盛。10 余年后，中原形势渐趋稳定，这批学者陆续返回原籍。《三国志注》载：“后原欲归故里，止于三山。”“三山”原指大连湾口的三山岛，为地名，泛指今金州迤东以南地区，这也是大连见于史载的最古老的名称。

梳理大连文化的前生今世，再回头看大连人的性格特点，既有高丽的热情似火、鲜卑的豪壮贵气，又有山东的豪爽粗放、河北的血性阳刚，这些不同地域的美好素材“乱炖”出了独树一帜的“大连性格”。

东北的大漠莽林、大风大雪、大江大河历练了东北男人的身板和性格，东北男人就像东北这块黑土地，给世人留下了慷慨好施、甘于奉献、不求回报的美好印象。也有贬损东北人的，说东北人匪气霸道坑蒙拐骗、打架酗酒耍嘴皮子，但没有说东北人苟气或抠抠搜搜的。东北人请客每个人都抢着埋单，请客永远是量大实惠的烤肉、火锅，饭局收尾时最后一句台词朴实而火热：“吃好喝好没？你咋没吃多少呢？”东北人爱劝酒，过去因为缺酒，通常人们会说：“我干了，你随意！”在范伟主演的《老大的幸福生活》里，老大弄到一瓶几千块的酒，由于珍惜，他劝酒时就改成：“你干了，我随意！”对于东北这块土地，范伟曾有这样的评价：“东北地方敞亮，人们交流时一般不涉及利益，都是精神层面上的。”

身为东北一员，大连人的豪爽仗义、热情血性之中，似有一种隐约的贵气。贵气是什么？贵气是一种矜持，也是一种保留。“哗”的一下将银子倾倒在桌面上的豪爽，在大连男人看来有着淡淡的庸俗，像 20 世纪 80 年代的暴发户。

大连女人最痛恨吝啬小气的男人，

现将她们的心声摘录于此，以飨大连男人，请有则改之，无则加勉。

心声之一：经常有女友向我声讨男人的坏毛病。其中，我最看不惯的是男人的小气。女人小气也就算了，要是说到一个城市的男人的特点是小气的话，那个城市都瞎了。如果小气，那就请你长得帅一点！

心声之二：我最怕那种只用嘴不动钱的男人，比如说爱你，他却不为你花一分钱，他和你说甜言蜜语，上嘴唇碰下嘴唇，或者发火辣的短信给你，可是他不会请你吃饭给你买花戴。爱我就为我花钱吧！

女人们还想到了张爱玲。这一生，张爱玲始终与钱做着无尽纠缠，她永远在没有安全感的环境中漂泊，没有一个固定的金钱来源，穷困时连房租都支付不起。如果有男人肯为她花钱，她怎么会流落在异乡街头？胡兰成爱她却很苟气，只给她钱做过一件袍子，她便幸福得春暖花开感激不尽。胡兰成落难时，张爱玲倒贴钱给他，将稿费大半部分寄给他，全然没了自尊。去世时，张爱玲家徒四壁，甚至连一个像样的写字桌都没有，到处是纸袋子……女人读到这里往往会心酸泪湿，更加痛恨以爱的名义走进女人，却不肯为女人命运埋单的苟气男人。

抠抠搜搜，是刻画吝啬鬼在需要支付金钱时的艰涩动作。比如，某户人家老人病重住院，按家规，医疗费需要儿女们平均分担，老大老二取钱动作很痛快，唯独老三抠抠搜搜老半天，也拿不出钱来。

"逼赖赖"，也是一条与"苟气"、"抠抠搜搜"含义相同的大连话。吝啬与小气，是大连人在人际交往中最不能容忍的缺点。大连人常说的"这个人不太讲究"，很可能是指对方过于吝啬的金钱观。

把自己收拾得漂亮一点，是大连女人对自我的一种尊重。

疵毛撅腚

疵毛撅腚，乃吹毛求疵、桀骜不驯之意。

疵毛，是挑毛拣刺的意思。周立波《暴风骤雨》第二部有一段：“这么一比，就分出上下，解决问题。但也有弊病，疵毛的家伙，叽叽嘈嘈，争个不休，问题难解决。”撅腚，就是撅屁股嘛，一个人不肯“面对面”，分明就是不肯合作、不易驯服的表现。

据记载，“疵毛”是山东方言，具有三种意思：一是指做事做得很差劲。如：“这事你做得咋这么疵毛呢？”二是形容一个人品行不端，素质低劣。如：“这人太疵毛，少跟他打交道为妙！”三是形容物品质量差，如：“小杜要买一款电脑，我说你别买那款，很疵毛，老出问题。”

山东方言是大连话的主要基因。早在公元109年，由于中原战乱，一些淡泊仕途的齐鲁名士纷纷下辽东。他们在这里开坛讲学，传播中原文化薪火，因此有了“大连曾是中原文化的退守之地”之说。19世纪中叶，当虚掩的山海关大门敞开，苦难的山东人和河北人如滔天浊浪般汹涌而入。人是文化和信息的载体，人的流动必然带来文化的流动。当山东村在东北地区密集地复制，中原文化已呈大面积移植的态势，以燎原之火的汹涌执著地四处蔓延，扎下了根并喧宾夺主。人数占绝对优势，使“海南丢”具有强大的理由保持着中原文化的特征，而不必削足适履改变自己，正所谓“聚族而居，其语言风俗一如旧贯”。

大连人在“疵毛”后面缀上“撅腚”二字，首尾呼应，将一个不服管、不服输的“歪瓜劣枣”鲜活地刻画出来。

话说德州有一种小吃叫“撅腚豆腐”，将熟豆腐担子挑至十字街头，一不带碗碟，二不带筷子，只带许多十公分宽的小木板，卖豆腐人用刀将一片片豆腐移到小木板上，吃豆腐的人端着木板上的豆腐，怕弄脏了衣服，低头撅腚吃热豆腐，因此得名“撅腚豆腐”。撅腚吃豆腐显然不雅，大连话“疵毛撅腚”也是用来形容一个人的仪容仪表。大连人爱浪，男女老少在穿戴方面都讲究个体面和光鲜，最经典的说法是“苞米面肚子，料子裤子”。一个人衣冠不雅，不修边幅，尤其是对头发缺少打理，就会被说成“疵毛撅腚”。“疵毛撅腚”的反义大连话是“水光溜滑”，是说一个人爱面子，精于扮靓，将头发梳理得一丝不苟，某些时候稍有油头粉面之意。比如，“你看张三媳妇整天把自己打扮得水光溜滑，在家什么活儿也不干。”

20世纪80年代的中国校园里，几乎每一所都会涌现出几枚时髦潮人。如今叫时尚达人，达人是指某一领域的高手；而潮人，带着些许潮气与萌劲。当年的时髦潮人的审美观在今天看来是惨不忍睹的。首先是大做头型文章，潮男留一肩油渍长发或刺猬短发；潮女纷纷烫发，追求“高庄”或爆炸效果。然后是潮裤妖衫，均以春光乍泄为美。他们大摇大摆地穿越校园，若被教导主任逮住了免不了挨斥：“你们打扮成疵毛撅腚的熊样儿，哪里还像个学生？你就像个小瘪三，还以为是黑社会老大啊？还有你，一个女生穿得像上海滩里那些女的一样，你们互相看一看，就是感觉美吗？”这些在仪容仪表方面疵毛撅腚者，也大都有着疵毛撅腚的性格。到后来，他们如何穿衣戴帽那都是小事儿，打架斗殴和早恋才最令校方头痛。

当我们回忆20世纪80年代的校园生活时，这些疵毛撅腚者虽然不够光彩，却总是活跃在记忆深处。

时尚风水轮流转，“疵毛”也能登大雅之堂成为真正的时尚之美。如今，“疵毛撅腚”只是用来形容一个人桀骜不驯的性格。每个单位都有一个或几个疵毛撅腚者，他们貌似具有梁山精神，爱打抱不平，实则常被人利用。此类人大多智商不高，情商更差，以与领导对抗、挑战制度为精神快感。将单位当成自家菜园子，长什么摘什么，一旦个人利益得不到满足，便疵毛撅腚起来，整个一泼皮无赖。对蝇头小利永远是那么兴致勃勃，那么寝食难安。

偶有例外，上层眼中的疵毛撅腚者，也可能是正义的化身。他们大都是疾恶如仇、诙谐疯癫的技术权威。因为技术权威不可或缺，他们敢于嬉笑怒骂，敢于藐视清规，更敢于与邪恶斗争，看似离经叛道，其实内心装满了慈悲与厚德。虽于市井沉浮，却有着“在最坏的时代，做最好的自己”的清醒与冷峻，因此在民间有着广泛的影响力。

东北人身上有股“虎”劲，在过去这片黑土地上，“虎”的本义是“勇敢”，“虎”是个地道的褒义词。而今天，人们的处世哲学讲究圆滑与柔韧，“虎”沦为贬义词，二虎吧唧、虎拉吧嚓、虎腥腥，都是对不识时务却敢四处拉风之徒的描绘。“虎”也是冲动的代名词，与“疵毛撅腚”是近亲关系。

搅牙，掉歪

一个人刁钻刻薄、骄纵傲慢、偏执狭隘、暴戾乖张、使坏难缠，就是“搅牙”或“掉歪”的意思。“搅牙”与“掉歪”同义，都属于贬义色彩强烈的大连话。

当年《大连日报》的《大连流行语辞典》对“搅牙”是这样解释的：“搅牙”是形容那种说话办事不痛快，故意找茬儿，设置障碍，不把你弄得心烦意乱誓不罢休的人。这令人“恐怖”的难缠劲儿有的是天生的，属于江山易改，搅牙难移的类型，这种类型多少还可以接受，因为起码他不是故意而为之。而另一种被惯出来的“搅牙”毛病则让人深恶痛绝。手中有点小权力，就对“求”到他门上的人百般刁难，极尽搅牙之能事，这样的人血待人恨。

日本“经营之圣”稻盛和夫将职场人分为自燃性的人、可燃性的人、不燃性的人。自燃性的人最可贵，他们对事物怀有强烈而持久的热情，具有一定的感染力。可燃性的人受到别人的感染，也可以燃起工作的激情。最可怕的是不燃性的人，即使感受到周围的热量，也不为所动，反而会打击周围人的热情和愿望。搅牙者十有八九属于不燃性的，在团队中极尽搅牙之能事，是一种破坏力极强的职场公害。

成功者大多属于自燃性或可燃性的人，能够很好地调整和控制自己的情绪。人的情绪具有附着性和传染性，好情绪是自己的生产力，也令周边一派明媚和谐。而搅牙者大多是充满暴戾之气的失败者，那份坏脾气源于内心的恶浊环境所滋生的腐败。估计搅牙者身体素质都很差。所谓修身养性，修的是一份宁静淡泊的情怀，养的是一股中正平和之气。搅牙者头顶成天价燃烧着一股邪火，怎么能够长命百岁？

跟搅牙之人打交道，一般人都会不寒而栗。除了以理、以制度为武器，最好也备上一套更搅牙的办法。这多少有点“恶马恶人骑，恶人恶人治”的意味。

在职场中，既有搅牙的上司，也有搅牙的下属。为搅牙的上司画像，每个人都有相当精彩的一笔。网上职场段子无数，主题大都是搅牙老板遭受惩罚。话说某日，外出归来的老板见一个人在办公室里东瞅西看无所事事，就阴险地问：“你一个月挣多少钱？”那人答：“2000块。”老板掏出4000块钱扔给他说：“马上从我面前消失，不要再来了。”那人抓着钱骇然离去。老板转身训斥人事主管：“你怎么会招这种人？”主管说：“他只是个送外卖的！”

搅牙的下属，各款各式，而老板眼里的搅牙行为，有可能是职场苦力眼里的正义与美德。职场江湖，白与黑，神与妖，其实是说不清道不明的。立场不同，角度不同，便有了不同的看法与结论。

在家庭中，既有搅牙的婆婆，也有搅牙的儿媳。婆媳搅牙起来，受苦受难的是男人。在小区里，若摊上搅牙的邻居，那简直是永无宁日，只得搬家以求解脱。

闹妖儿

闹妖儿，即出洋相、整事儿。还有一句大连话叫“闹景儿”，与“闹妖儿”同义。景儿虽好，但“闹”出来的便不好看了。

“闹妖儿”与北京方言“妖蛾子”、天津方言“做妖”同义。中国最哏的段子作家王小柔是天津人，曾出版过两本段子文集名叫《都是妖蛾子》、《还是妖蛾子》，拿平日生活里的鸡零狗碎说事儿，尽显市井里的各种闹妖儿人。三五分钟的小短文，都跟甩闲话似的，句句赶劲儿，段段过瘾。

词典里对“妖蛾子”的记载是“幺蛾子”，是指鬼点子、坏主意；也指有悖于常理的事物，如“他就会出幺蛾子戏弄人”。人们平日里还是爱用“妖”，想必是爱整事儿、爱闹景儿的人，都带有某种妖孽之气吧。

大连人选了个“闹”字，来揭示那些搞假的、玩虚的种种人种种事，颇为恰当。

大连人常说：“放着好日子不过，你成天闹什么妖儿？”在这里，闹妖儿是不安分、异想天开、胡作非为或铤而走险的意思；一个人不按常理出牌，举止荒诞怪异，也是闹妖儿；一个人幽默风趣、活泼好动，爱耍怪，也是闹妖儿。

闹妖儿就是闹动静以引起人们的关注。这动静也可称为噱头，闹妖儿也就有了炒作之意。“炒作”一词诞生于娱乐圈，明星们为了提高人气，不惜抛弃自尊心，牺牲美誉度，制造真真假假的绯闻给狗仔队。这种炒作手段以大连话“闹妖儿”来形容会更恰当。细数明星们的炒作手段，或者说闹妖儿手段，骂战和打人使用率最高。周立波和郭德纲的骂战最为经典，两人你来我往不亦乐乎。随着骂战升级，人气指数也直线飙升；林心如和编剧于正的骂战事件，两人相互成全，互惠互利。打人更是一场“闹妖儿”，演员与演员打，导演与演员打，其实都是影视剧开播前的炒作而已，闹妖儿是为了吸引眼球。《建党伟业》发布会上，叶璇倏然晕倒聚焦万千长枪短炮。却原来，当时剧组10多位明星一一亮相，每人都要给现场媒体来个自我介绍，而名气微薄、角色也不算大的叶璇，在众多大牌的夹击下，若不闹点妖儿，怎会成为全场的焦点？在大连街，一老人领着小孙子散步，小孙子不小心跌了一跟头，赖在地上打滚不起，老人嗔怒道，“死孩子，别闹妖儿了，快给我起来！”同样的，碰到明星炒作这档子事，咱大连人通常会说，“XXX，别闹妖儿了！”玩骂人玩打人，玩失踪玩晕倒，连不雅照也自曝了，玩得山穷水尽了，于是削发为尼的“妖儿”整出来了。超女韩真真拍了一张光头照示众，炒作出一条出家为尼的假新闻。而真相是她躲在医院里疗养。这种闹妖儿实在是太离谱了。明星们闹妖儿的手段越来越低俗，什么车震门、援交门、初夜门等等，这种“妖儿”臭不可闻，当休矣！

秃噜翻张

秃噜翻张（tūlu fānzhàng），是指事情没办好，说话语无伦次。

杀鸡宰猪有一个特别麻烦的环节就是去毛褪皮，乡村人称其为“秃噜”。“你把这只鸡拿去秃噜秃噜。”意思是将这只鸡的皮毛去净，处理成白条鸡。“翻张”是指动物皮毛凌乱、张扬的状态。在乡下，宰杀通常由男人来操作，而“秃噜”则由女人来张罗。这个活儿干得不利索或不得要领，就会秃噜翻张的。

新鲜的地瓜、土豆如果不慎弄破了皮，就叫秃噜皮儿；在澡堂里被搓重了，也会说“你把我搓秃噜皮儿了”。秃噜翻张的事物都是缺乏美感的；秃噜翻张的产品都属于劣质品。

宰杀家禽是个技术活儿，手起刀落之间讲究个快、狠、准，但“秃噜”却是一个功夫活儿、细节活儿，像泡功夫茶似的，需要一定的耐性和精细。

大连话“干净”是“秃噜翻张”的反义词。秃噜翻张就是不干净。大连话的“干净”是指人或事物的完美程度，比如人长得干净、衣服穿得干净、话说得干净、事儿办得干净、球踢得干净等等。“干净”大多时候与卫生状况毫不相干。“秃噜翻张”亦如此，基本不用来形容杀鸡宰猪，而是用来说人论事的。一个人说话颠三倒四不知所云，会被人批评“你说话怎么秃噜翻张听不懂啊？”一个人做事有头无尾或杂乱无章，会被人指责“你看他这活儿干得秃噜翻张的”。

“秃噜翻张”另一反义词是“喊刺喀嚓”。一个人做事干净漂亮，绝不拖泥带水，就是“喊刺喀嚓”。

一个人说话做事秃噜翻张，与个人习惯、智商和情商都有关联。前些年，一本名为《细节决定成败》的管理学图书很畅销。该书作者汪中求以大量案例论述了“细节”在管理中的重要性。中国人不缺勤劳不缺智慧，最缺的是做细节的精神。我们的快餐拼不过麦当劳、肯德基，就是因为我们做不好“细小事”。作者汪中求在管理界被称为“细节专家”，在他看来，任何一项工程都可以分解成无数个细节，小到一碗面条的盐、油、水、温度、色度，秘书配备一支签字笔能用多长时间；大到战略决策的可靠性分析及实施调整。在他的设计和管理下，企业既出不了英雄，也出不了重大事故责任者。“平平淡淡才是真”，“落实细节才是真”。

“细节决定成败”如今已成为职场箴言。其实早在春秋战国时代，老子就曾说过：“天下难事，必作于易；天下大事，必作于细。”海尔集团总裁张瑞敏也曾说过，将每一件简单的事情做好就是不简单，将每一件平凡的事情做好就是不平凡。精细化管理时代已经到来，每个企业都需要细节管理专家。职场上并不缺少雄韬伟略的战略家，缺少的是精益求精的执行者。对于职业者来说，秃噜翻张不再是可以忽略不计的缺点，而是一种丧失竞争力的致命缺陷。

细节决定成败！秃噜翻张不可取。

由追求外在的美到关注心灵的丰盛，这是大连人的一种进化。

洼

洼(wà)，是水平低、能力差、分量轻的意思。

在词典里，“洼”是指低洼之地，如洼地、这地太洼等。将形容低陷之地的字用来形容人的能力水平，你说大连话绝不绝？“这个人水平很洼。”是说此人读书少、学问低、能力差。

与“洼”同义的俗语俚言不少，比如，这个人水平太浅、太菜、太糠等等，但都没有“洼”来得生动逼真。“洼”极具画面感，说一个人“水平洼”，顿时令人联想到一个凹陷下去的坑。尤其是身高一米八的东北大汉，若被人说句“水平太洼”，一下子被削去了半截。

“洼”也极具镶嵌感，应读平声，却被大连人化成拐着弯儿的四声，不容分说地嵌进心里。外地人学大连话，“洼”属于比较好学的一个。

被人评价水平洼，对谁都是一个打击。当然，一个人不可能从头到脚都很“洼”。张三开会讲话水平洼，但干实事可不洼，是个实干家；王二麻能说会道，却眼高手低，做起事来很洼。“洼”也是可以改变的。今年洼，明年填点土施点肥就不洼了。打量那些水平不洼的人，会发现他们践行的是天道酬勤的人生理念。多点坚持，多点吃苦精神，多点学习与思考，这里多一点，那里多一点，这人生就成了,这水平就高了。所谓成功，不过是日积月累由量变而质变的结果。

在这个时代，一个人有真才实学才能安身立命，有手拿把掐的技术才能生存下去。水平洼肯定是不行的。值得一提的是，经常说别人水平洼的人，其实自己是很洼的。

各地都有形容一个人水平差、能力低的方言，但这些方言大多具有侮辱性。比如武汉方言“撇胯子”，就是说一个人水平很差，头脑属于上半身，而胯子是下半身，其侮辱性很明显。但大连话的

"洼"干干净净，不含有一丝侮辱之意。不带侮辱之意的话，往往是属实的。我说你洼，是说你的头脑洼，你就真的很洼。

这就是"洼"，咱大连人创造的方言。

说几条与"洼"相关的词语。

青泥洼桥，位于大连火车站前，是大连最重要的三大商业中心之一。据记载，早在唐代初年，青泥洼桥一带就已经是兵马涌动、人声鼎沸的闹市。当时这一带曾有大片淤泥海滩，远远望去，满目乌青之色，故得"青泥"之名。由于大连的地质构造所致，这一带形成了两块大洼地，一块位于今日的儿童公园，一块位于今日的劳动公园。由于地势洼，此处便成了南部山丘雨水下流的蓄水地。当山洪暴发时，洼地蓄水激增，汹涌的洼水顺势冲入大海，洼地下游便冲出了几条通海的大沟渠。两块洼地常年蓄水，即使在冬季也不干涸，洼地岸边便成了当地渔民便利的生存之地。渔民们在这里盖房安家，燃起烟火，繁衍生息……东边的洼地(儿童公园一带)称东青泥洼，西边的洼地(劳动公园一带)称西青泥洼。

"洼地效应"是近几年比较流行的词。如同水往低处流一样，资金也会向交易成本低的地方集中。在经济学中，这种现象被称作"洼地效应"。比如，一些国际投资者来到中国创办公司，就是因为中国的人力成本低，是相对的"洼地"。

人在江湖，做事要高调，要浓墨重彩地绽放个人才华，不能被人背后说一嘴"水平洼"。但在做人方面请务必低调，人们总是喜欢和处世低调的人交朋友，这种现象被心理学家称为"洼地效应"。与资金向洼地集中一样，人气也总是向洼地聚集。看看那些没什么真本事，却张狂成性的人，身边有几个真心朋友?

"估值洼地"是股票交易中的专业术语，指一只股票相对于其他已经炒高的股票还存在明显的价值低估。信奉价值投资的股民们掘金"估值洼地"，降低了闯荡股市的风险，有效地积累了财富。在单位，一个水平不洼的人没被重用，没发挥出个人最大价值，是否也有"估值洼地"的意思呢?

下死赖

下死赖，即低声下气，与“涎皮赖脸”同义。

为了达到某种目的，不顾脸面，失去尊严，即是“下死赖”。“那些人下死赖，你要多点几个菜，剩下让他们打包。”这里的“下死赖”是低贱的意思。

大连人最鄙视下死赖的态度。大连人爱“梗儿梗儿”（大连话，意为高傲、不服输），喜欢堂堂正正地做人，不卑不亢地做人。赵本山影视剧里有一小撮下死赖的人物，简直是令人过目不忘。

有两句大连话可以形容男人追求女人的情态 一是“上赶子”，二是“下死赖”。上赶子追求女人是正常态，优秀的女人都是有高度有难度的，男人要充满激情、执著不懈地上赶子追求，才能追到手。女人很享受男人的上赶子。而下死赖地追女人，却是做男人的一种不堪状。将男女分为 A、B、C 等，C 男追 A 女就会出现下死赖的情状。A 女芳龄不大，风姿绰约，才貌双全，在海外留学或工作过，有车有房有投资，是“她时代”的形象代言人。C 男是什么样子呢？也许学历与 A 女相当，但命运不济，就像卖猪肉为生的北大学子。C 男追 A 女，围追堵截死缠烂打，一哭二闹三上吊都演上了，这些下死赖的手段丢尽了男人的颜面，令女人难以招架并厌恶，就像《红楼梦》第三十回里，黛玉将手一摔道：“谁和你拉拉扯扯的！一天大似一天，还这么涎皮赖脸的，连个理也不知道。”黛玉所说的“涎皮赖脸”即是“下死赖”。

企业破产，员工失业了，有头脑有章程的人，怀着“大不了从头再来”的豪迈，觅得更大的生存空间。有的人却一蹶不振，成天怨声连连，个人能力很洼（大连话，意为水平低），却眼高手低、挑三拣四地找工作。宁愿啃老、吃软饭，也不去干那些下死赖的工作。什么样的工作是下死赖的呢？简单地说，外来打工者在城市里所从事的偏体力的工作，那些脏活儿、累活儿，均被眼高手低之人视为“下死赖”。

张三毕业于职业技术学校，一技在身，却不愿去车间当收入不菲的技术工人，非要去写字楼里做看似干净体面实则毫无技术含量的低薪文员。在澳洲，大多数年轻技术工人的年薪远远超过了同龄的律师、会计师。中国年轻人则视车间工作为“下死赖”，尤其是大连城市里的年轻人，都有点虚荣心，都喜欢光鲜的职业，宁可穿一身小西装去写字楼里跑龙套，也不愿着一身堂堂正正的工装去车间做手拿把掐的技术权威。温家宝总理在大连考察，当听说年轻人不愿意当技术工人时，他说，现代化也离不开技术工人。两个先进产品的比较，往往就看一颗螺丝拧得好不好，有时候发生事故就是因为那颗螺丝。当技术工人是光荣的，中国需要大批熟练的技术工人。这是一个观念转变的问题，技术工人应该受到社会尊重。

工作没有高尚与卑贱之分，任何工作都需要人去做，都理应受到世人尊重。那些被城市人视为“下死赖”的工作，一旦没人去做，这个城市就停摆了。

硌硌棱棱

硌硌棱棱，本义是指因不平整、有凸起的东西而导致不舒服；引申的意思是指人际关系不融洽，有隔阂。

20世纪六七十年代，地球尚未变暖，那时的冬天是嘎嘎地冷，人们为了抵御寒冷穿得里三层外三层，哪件衣服若穿得不“羽齐”（大连话，即整齐、熨帖），就会硌硌棱棱地不舒服。如果鞋里落进一粒沙子，走起路来的不适感也是硌硌棱棱。

“硌硌棱棱”也可形容路况。阿成在《买车简史》这篇小说里，描述了20世纪80年代中国公路的情况：“……那也算是柏油路，几乎每隔一米就是一个洗衣盆大的坑，司机们把它称之为‘盆底坑’，开起来颠得要死。所以，还要感谢解放牌大卡车呀，它像重型坦克一样非常扛造，它应当进入共和国的英雄谱。”“除了‘盆底坑’路，还有一种路，我们叫它‘排骨路’，顾名思义，由于整条公路施工技术不行，所以，路面被往来的车轮碾成了排骨似的……”这种排骨路就属于硌硌棱棱的，车在上面行驶起来会抖个不停。阿成说，这是那个时代的一级公路。

人际关系不舒服，不和谐，也可说成硌硌棱棱。以“硌硌棱棱”来形容不和谐的人际关系，非常形象和生动。在单位里，与上司关系硌硌棱棱，职场命运凶多吉少；在家庭中，婆媳关系硌硌棱棱，夫妻感情会出现危机；在小区里，邻里之间硌硌棱棱，也会拉低生活的幸福指数。人际关系硌硌棱棱了，谁都不会舒服，所以要找出那一粒凸起的沙子，要持互相尊重、以和为贵的态度，积极改善这种硌硌棱棱的关系，令彼此心情愉快，合作顺畅。

庄子认为一场愉悦而有价值的人生应该是“外化而内不化”。所谓“外化”，是指能够愉悦地适应社会制度与规则，富有建设力，能够承担起自己的社会责任；所谓“内不化”，是说顺应体制与规则的同时，要执守自己的理想。而如今，很多人看不惯社会，诋毁社会就像八卦明星一样随便，并且充满恶意，也没有梦想，成天一副愤世嫉俗的样子，与社会关系硌硌棱棱地不和。究竟应该怎样与这个社会相处？还是于丹这钵心灵鸡汤有味道：如果将社会比喻成一锅滚烫的沸水，任何东西投进去都会发生改变。第一个锅里扔进一枚生鸡蛋，第二个锅里扔进一根胡萝卜，第三个锅里扔进一把干茶叶。生鸡蛋在滚水里煮老了，从外到里都变得硬邦邦的，这是被社会煎熬之后的一种人生状态。胡萝卜原本是鲜嫩水灵的，但是在社会的滚水里熬啊熬啊最后软得没形了。茶叶投入滚水会是什么样子呢？每一片干的叶片都舒展开了，那一锅水也变成了甘洌醇厚的茶水。这就是人和社会之间的相互关系的改造。有的人像鸡蛋，被社会煎熬得内心已变坚硬；有的人像胡萝卜，被社会煮软了，完全失去自我；有的人像茶叶，获得了一场色香味俱全真正有效的生命历程。

性格直率通透的大连人，最不能忍受硌硌棱棱的人际关系。如果与谁关系硌棱了，要么将他拽出来，打开天窗说亮话，找出那粒从中作梗的沙子，将关系理顺平了；要么彻底断交，从此老死不相往来。

翻小肠

翻小肠，即翻老账、翻旧账。翻检前尘往事，抖落往事里的灰尘或虱子，数落或痛斥对方对自己造成的伤害，这就是“翻小肠”。大连人常会这样说，“她这个人什么都好，就是爱翻小肠。”

翻小肠是说一个人心胸狭隘，气量小，计较与记仇成为其心理习惯。其实，翻小肠翻的都不是什么深仇大恨，而是一些可堪回首、可堪掰扯的生活纠纷或琐事。翻小肠是女人爱犯的毛病，女人翻起小肠来毫不嘴软。当年与男人同船渡河，男人没划好船，将女人晃了几下。经年之后，女人揪起此事翻小肠，第一次女人说她半个身子淹在河里，第二次说她在河里几经沉浮呛得死去活来，第三次说她落入鳄鱼口险些丧命。所以，当女人翻小肠时，男人不必与其过招，此时的女人是非理性者，是说谎者。如果男人试图与其辩个是非，只能激惹更大的风暴。不如头一低佯装悔疚状沉默着，最终会发现女人翻小肠并非秋后算账，并没有多少杀气，只是心情不悦发牢骚而已。

女人翻小肠有时是轻声细语，有时是娓娓道来，小肠曲里拐弯，埋藏无数繁密的女人心事，翻腾起来没完没了。好男人沉默含笑地听着，也将女人的话记在了心上。男人最经受不住女人大吵大闹、鼻涕与眼泪四处迸溅的“翻小肠”。如果一个女人过于大度开明铿锵有力，从来不屑于翻小肠之流的小家子气，也会让男人觉得少了点什么。女人得学会一点翻小肠，既释放了自己的心理压力，又令男人心生疼爱之意。

多数男人在家庭里没有翻小肠的恶习，但是男人很容易在酒桌上翻小肠，那分明是酒精惹的祸。翻不好，酒局就会变成华丽战场。

王朔早年的小说里有这样一段话：“爱情的伤害就像一堆白骨，我们把它埋起来，盖上土，在土上种上草，种上花。于是，我们看到草，看到花，可是心里想的，还是掩埋起来的那堆白骨……”翻小肠断然不敢触碰“白骨往事”。多少年过去了，那份肝胆欲裂的痛楚还鲜活着呢！女人翻小肠，翻的不是血淋淋的刑事案，而是可以调和的民事纠纷。当年没调和好在心里坐下了疤，如今每逢阴雨刮风天便发痒作痛。痒了痛了，女人就想挠一挠，翻小肠是女人心情的晴雨表，也属女人的心灵挠痒，不能不理会，也不能太理会，分寸由男人酌情自行把握。

女人跟男人翻小肠，是想把日子过甜美了，过和谐了。女人翻小肠是撒娇邀宠，是索爱手段。一个家庭最怕冷暴力，不怕翻小肠。一般来说，还很少有因翻小肠而将婚姻翻到阴沟里去的。

除了女人，老人也爱翻小肠。老人翻小肠翻的往往是一种怀旧。如果你家有一位古稀老人，你会发现，她每天从早到晚都在翻小肠，她陷在一把铺设松软的老藤椅里，沐在暖融融的阳光里，讲那些遥远的人生往事，讲那些在与不在的人们，即使嗔怒，即使唾弃，也掩不住那份怀念之情。

为何说翻小肠，而不说翻大肠？人的肠道是由小肠、大肠组成的。小肠又细又长，是糖、脂肪与蛋白质三大营养物质进行彻底消化的场所。而大肠内没有重要的消化活动，大肠内容物又臭又脏，是人体内微生物的大乐园，农村杀猪“翻大肠”相当不美妙。小肠迂曲细长，全长 6 ~ 7 米，相当于本人身高的 3 ~ 4 倍，拉直了大约有两层楼那么高。小肠这么长，该藏有多少人生往事？往事里又有多少悲伤和遗憾？

“翻小肠”令人想到另一大连话——“小脸子”。大连人对心胸狭窄、为一点小事就给人以脸色看的人，叫“小脸子”。小脸子之人最爱翻小肠，翻小肠之人爱耍小脸子。小脸子之人容不得事，也容不得人。大连人说这两句大连话时十分生动形象，“看你那个样儿，就爱翻小肠，才说你两句，你那小脸‘呱哒’就撂下来了，撂脸子给谁看呀！”说话者用了“呱哒”这个拟声词，巧用通感的修辞方法，将爱翻小肠的小脸子之人变脸之神速，淋漓尽致地表达出来了。

上海

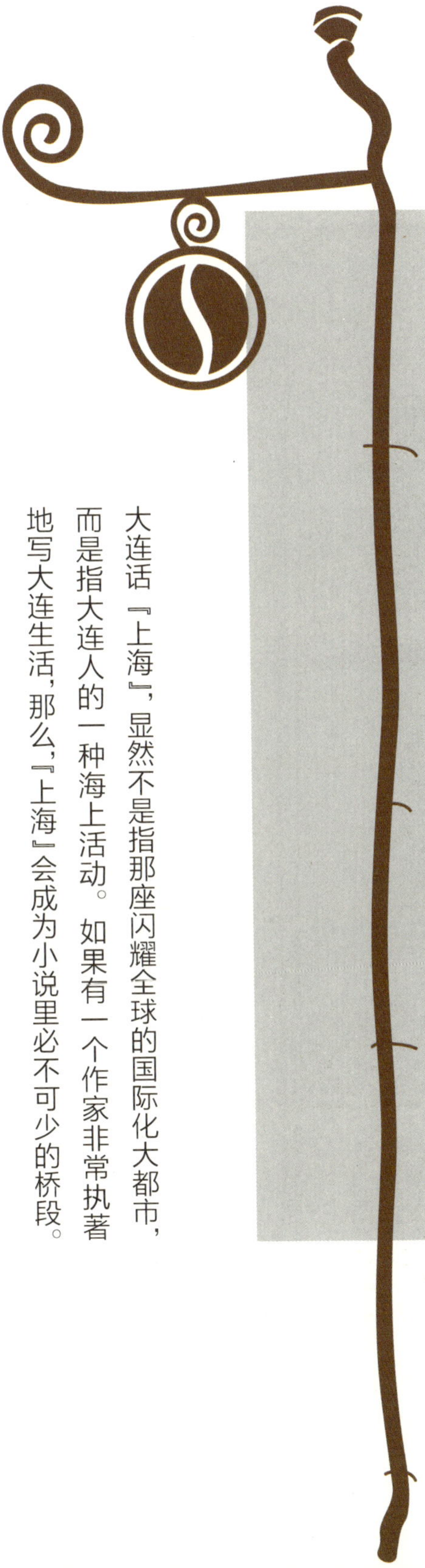

大连话『上海』，显然不是指那座闪耀全球的国际化大都市，而是指大连人的一种海上活动。如果有一个作家非常执著地写大连生活，那么，『上海』会成为小说里必不可少的桥段。

上海

大连话“上海”，显然不是指中国大都市——上海，而是指大连人夏季的海上活动。

浪漫之都大连，是世界旅游组织和国家旅游局命名的“中国最佳旅游城市”之一，曾获得“全球环境500佳”、“中国人居环境奖”和“国际花园城市”等殊荣。大连拥有2211公里海岸线，是中国海岸线最长的城市。众多风光秀美的天然海湾和海滨浴场，为大连人夏季上海休闲提供了可能。

上海是大连人的消夏方式。不知别的海滨城市如何，在大连，上海是各机关企事业单位的夏季福利项目。“喃单位组织上海了吗？俺单位缺德，今年没组织大家伙上海。”瞧瞧，不组织员工上海居然被视为缺德。大连人是多么喜欢“上海”，多么看重单位的上海福利啊！效益平淡的单位会去大菜市或二七贸易大世界批发物美价廉的避暑用品发给员工，效益好的单位借“上海”之机给员工发放几千块消夏费，也并不鲜见。所以，单位不组织员工上海是会落下民愤的。

组织员工上海是工会或办公室的工作。上海组织得好，上海福利足够实惠，也算是一项工作成绩。上海是单位联谊家属的良机。未婚员工可以带男女朋友，结婚的可以带家眷，尤其是孩子，每年夏天都有跟爸爸单位或妈妈单位上海的经历。上海是大连人的休闲生活，是公家发给员工的福利待遇。在家庭里，我们还要带孩子、老人上海。周末与朋友出去玩儿，上海也会成为首选。

大连人上海有哪些节目呢？第一项当然是洗海澡，是否会游泳不重要，重要的是要在海水里泡一泡，在身上晒出来点泳衣的印子，甚至晒得秃噜皮了，才不枉过了一个属于大连人的夏天。第二项是打滚子，这是一种由大连人原创的扑克游戏。在海里扑腾一阵子，与同事打过水仗，留一半体力留一半清醒，上岸后再找几个人“支一锅”。“支一锅”也是大连话，这可不是指支锅生火做饭，而是指几个人凑成局一起打滚子。可以说，打滚子是上海的必玩节目。上海若没有支一锅总觉得少了什么；净支锅打滚子了，没下海，也不算上海。偏偏有人穿着泳衣架着泳镜愣是没下水，在海滩上生生地打了一下午滚子，拔寨起营时，才匆忙跳进海里扎个猛儿出来，沾沾水湿湿身这才算上海了。

在沙滩上，女人吃着零食拉呱儿（聊天）；男人吹瓶啤酒在说胡（瞎泡、侃大山）；彼此心存好感的年轻人赤诚相对，打情骂俏；跟着父母来的“小兔崽子”们在海里涮过之后，又在沙滩上玩大埋活人的游戏。这就是大连人上海时的场面。

每座城市都有自己的性格脾气与特色生活。武汉作家池莉的小说都是讲武汉故事。去武汉工作的外乡者，会阅读池莉小说来了解武汉。作家是城市的代言人。通过文学作品来了解一座城的前生今世，倾听发生在这座城里的故事，这才是人与城市真正的相识相知。在20世纪80年代，大连很多作家都曾写过大连海味生活的小说作品，这些作品成为他们的成名作、代表作。如果有一个作家非常执著地写大连生活，那么，“上海”会成为小说里必不可少的桥段。

说起上海（此处指那座城市）人，我会想到男男女女衣着精致、面色奶白地坐在咖啡馆风花雪月；说起大连人，你会想到男男女女光膀子、趿凉拖挨挨挤挤在海滩上，海被人煮得沸腾了，直到黄昏才穿上衣服、收起帐篷走家（即回家）。

大连人的“上海”令人想起海南的“老爸茶店”。老爸茶店开在小街小巷，不在寸土寸金的旺角。不管是在都市海口，还是在乡村小镇，都能看到这种平民味十足、毫无拘束感的老爸茶店。茶客大都是住在附近的中老年人，也有偶尔路过的，大多数彼此认识，不必预约，街头巷尾一相逢，“走，吃茶去！”进了茶店，只点一壶几块钱的茶，便有了一段平民式的休闲时光。

平民性与世俗性，是大连人“上海”和海南“老爸茶店”的共同特点。研究海南文化的学者认为，“海南老爸茶”是一种海南式休闲文化的体现，蕴含着闲适、随意、平和、安逸的心态和生存状态，浓淡相宜地勾勒出热带海岛普通市民的生活特点。与“老爸茶店”一脉相通的是，大连人的“上海”不仅是一种海滨城市的生活方式，也生动体现了人与海洋亲密无间、家与海洋福祉相依的人文情怀。

建设世界滨海旅游名城是大连的未来梦想。显然，咱的未来不是梦。千里延绵的大连海岸有朝一日晋升为“国家海岸”，大连人还会盼着单位发毛巾发香皂发水杯再发上200元的上海吗？近几年，上海这个习俗在大连有悠久历史的单位还保留着，但外企公司对上海无感，他们更热衷于西式的公司年会。

一座城市的地域文化如同浑金璞玉，需要人去发现去打造，需要人去呵护去传承。一座城市的民俗特色生活也是文化的一部分，具体来说，是广义文化概念里的行为文化层。所以，大连人的上海、海南人的泡茶店都应当流传下去。

“上海”，是大连老百姓玩得起的风花雪月，是经典流传的大连生活。

才下船

20世纪80年代，中国工人群体涌动着这样一股思潮：珍惜青春，坚持晚婚晚育，把精力集中到学习和生产上去！二十啷当岁正是学技术的大好辰光，自行车把子上挂着的网兜里既有饭盒也有书籍。青年工人彼时的人生字典里都有一个重要人物——车间师傅。师傅大多视徒弟如己出，毫不保留手把手地教徒弟学技术，可偏偏有的徒弟脑子不够灵光，任凭师傅讲得口干舌燥仍一头雾水，再包容再淡定的师傅这时也忍不住大光其火：你才下船吗？

才下船，暗讽一个人做事不得要领或愚笨不开窍。在林林总总的大连话中，"才下船"最能对大连话的身世溯本求源。

大连人有一个小名——"海南丢"，带着一些土气，更带着一些沧桑。也恰是这个小名将大连人的前生一语道破：俺们是当年为生活所迫闯关东的山东人后裔。

2007年，在大连海之韵广场上矗起了一组雕塑，主题名曰《海南丢》，描述的是一船老小各负其责，互相协助，乘风破浪，为了生活不懈奋斗的感人场景。他们浩浩荡荡乘风破浪，要去向哪里？他们朝大连方向驶来。闯关东是人类有史以来最大规模的人口移动之一，是贫苦农民在死亡线上自发的、悲壮的谋求生存的运动。

山东人当年如何来大连？当然是坐船。那船可不是如今的客轮，而是一些虽然破败不堪却能经风浪的小船，甚至有些胆大的山东人，抱着块舢板向大连漂。

很多"海南丢"来自山东农村或小县城，才下船，置身于一个与家乡完全不同的地方，那可真是蒙头转向不知北在哪儿。才下船的山东人，面对这片陌生的土地和人群，快速卸下背井离乡的悲怆之情，安营扎寨，一头扎入社会底层，以顽强、勇敢、勤劳的精神，在各种现代人难以想象的苦力场奋斗着，逐渐找到自己的生存空间。据记载，东关街一个“海南丢”当年带领7个儿子来到大连，在人丁最兴旺的时候，57口人在一个灶里吃饭。由此可见山东人顽强的生存繁衍能力。

在大连足球10年甲A的荣光时期，本城有人大谈人种，大意是说，大连人足球踢得好，是因为人种好。当年，一帮胆子大的山东人划着小船，抱着舢板向北漂。路上有冻死的，有饿死的，还有些意志脆弱的半道折身的……抵达这里的人都是经过优胜劣汰的，就像当年从非洲到美洲的黑人，体格最好，意志最强，而且争强好胜决不言败。“海南丢”的命运在此被镀上了一层金色光芒。其实，在多数人的体会里，“海南丢”是一个五味杂陈的称呼，既有对“山东家”的一腔眷恋，也有一份对多舛命运的淡定自嘲。一个“丢”字蕴含了多少背井离乡的悲怆，而真正撼人的是，“丢”字背后的那一个“闯”字。

“海南丢”的人生离不开码头，生命的执著与生命的挣扎由此说开去，而船是其命运的重要线索。

当年，东关街作为日俄殖民统治时期的中国人街区，聚集了很多才下船的山东人，这里成了“海南丢”落户大连的起点。“海南丢”开始了各式各样的生存谋划。

一个少年身上挂把胡琴下了船，这把胡琴就成了他的个人名片。很快，大龙街76号的福顺喇叭房诞生了。小岗子一带老百姓家的红白事都要到喇叭房请吹鼓手去造势，根据个人财力不同，有要四人的，也有要六人八人的。那时候的红白事和现在一样要大摆酒席，少年跟着喇叭队跑遍了小岗子大大小小的饭店，什么杏乐天饭店、天成饭店、中央饭店、东京饭庄……穷人家就去不知名的小饭馆。每个饭店都有自己的八大碗、招牌菜，鲍鱼海参并不华丽金贵。在少年的记忆里，那时的海参看上去有黄瓜那么大。凭吹拉弹唱的手艺，少年很快在大连街站稳了脚跟，才下船时的恐慌无助不见了，他还把老家的父母接来了。年纪虽小，但养家糊口的能力不逊成年人。

一青年才下船便到山东馆子里找活儿干。旧时流行一句话：东洋的女人西洋的楼，山东的馆子福山的厨。福山厨子当年在大连也很有名气，如今大连的家常打卤面当时就叫“福山面”。闯关东的福山人，大多混在餐饮业，即使不做金领厨子，也是以饭馆为职场，干些和饭馆相关的活儿。多念了几年书算盘打得好的，在饭馆里做账房先生；没喝多少墨水却乐观勤快的青年，只能从底层做起。那时候小岗子一带妓院多、大商小贩多，外卖便成了饭馆的重要收入，青年便成了送餐员，拎着个竹制的二层食盒，走街串巷送起了外卖。外卖送完了回到店里，除技术层面无力染指，其余的是逢活必干，哪里需要哪里搬，说白了就是一个打杂人员。但是，就是这样一个打杂人员，凭着精明强干慢慢地熬上了跑堂的。那时候的堂倌可不好干，整个饭馆十来张桌全靠他一个人招待，那可真是眼观六路耳听八方手脚并用啊！几年后，跑堂的攒足了资金另立门户，也开了一间山东馆子。

学过瓦匠手艺的中年男一下船，便表现出超强的适应能力，并很快打开生存局面。他召集起山东老乡组建了一支瓦匠队，在东关街一带给人盖房子。盖房子是有一定承揽难度的大工程，最寻常的营生是盘炕，谁家的火炕不好烧了，朝他们招呼一下，便扛了工具去掀了重盘。

但凡有点头脑的山东人，大多会很快从才下船的迷茫中走出来，厘清生存线索，凭借内心深处的不屈和隐忍，活着，甚或优质地活下来。

曾经采访过一个老妇人，她15岁时就开始闯关东，只记得自己出生于1936年，却不知哪月哪日出生。在孩子们眼里，她身上从来没有女人的馨香，只有不尽的汗水和灰尘。当年，她有两个姨生活在大连，其中一个在大连街开了一间中药碾房。碾房雇佣了四五个工人，她属于临时工。春种秋收颗粒归仓之后，冬风乍起，她收拾一个小包袱坐船来到大连。在碾房干到来年开春时，她又坐船返回山东家种地。比较农业生产的尘土飞扬蓬头垢面，她更喜欢中药碾房里那份馥郁与整洁；与倾榨体力的农耕相比，碾中药对她来说几乎是零体力。后来，碾房歇业了，她和一些才下船的山东老乡一道辗转市内各处建房、修道、劈山……虽然身为女性，却属于头等劳动力。与男人搭档干活时，她绝不拖泥带水，强度与节奏丝毫不逊男人。

在那种生存条件下，女孩子根本没有性别意识，与男人们穿着一样，吃喝一样。即使在经期，也一样挥汗如雨。那时候有两大盼，一盼能吃顿肉，二盼天下雨，可以不用出工干活。在大连卖苦力赚钱，她不舍得花费一分钱，悉数寄回山东家，供弟妹们念书，供父母求医问药。弟妹们靠知识改变了命运，惟独她依然生活在底层。

“闯关东”的经历使她性格里缺乏温柔之情，缺乏细腻感。结婚之后，丈夫是一介书生，身体瘦弱，她责无旁贷地成为家庭重体力的承担者。她不捏绣花针，她抡扁担扛粪筐，哪里苦累脏，哪里就有她健壮的身影。这一辈子，她付出最多的，是力量，一个女人鲜有的力量。从表面上看，她性子直爽粗犷火爆，做事讲究一个“短平快”，成天一副风风火火闲不住的样子；而追根溯源，我们看到的却是山东人孜孜不倦的拓荒精神。

看眼儿

看眼儿，即看热闹。在多数情况下，这个热闹可不是好热闹，而是打架斗殴之类的恶性事件。这类事件经常殃及无辜，所以才有了“看眼儿不怕乱子大”的说法。

大连人乃至东北人喜欢用“仗义”来褒奖一个人，这是一个很高的评价。张汉卿于临潼兵谏后只身随蒋介石飞去南京，就是仗义之举。大连人尤其大连男人无不自觉地珍惜这一名声。他们大都秉承了北方男人率直粗犷、爱憎分明、见义勇为、疾恶如仇的鲜明个性，拎起一个都是《水浒传》里的人物，在扶危济困的侠义之中体验着高贵人格带给自我心灵的愉悦。善良的大连人珍重友情，义气高于一切，为朋友两肋插刀绝非说着玩的。寻生命里的莫逆之交，来大连！

不过，大连人也经常为了义气而做一些愚蠢的事情，这些愚蠢的事情恰恰证明了他们当不了“看眼儿不怕乱子大”的看客。

从地域上看，大连人也属东北人，东北大汉一般体形壮硕，胆子大，嗓音冲，具有一种不怒自威的震慑感。所以，在邪恶事件发生现场，很多人会将目光倾注在东北人身上，将正气之剑交到东北人手里。那一年，鞍山女工程师白雪洁下班路遇一暴徒手持菜刀狂砍一八岁儿童。她挺身而出，与暴徒展开了一场殊死搏斗。儿童得救了，白雪洁却身受27刀，左手三个手指被砍掉，右手和双脚跟腱被砍断。白雪洁不过是个弱女子，在邪恶面前却没有躲开，没有躲在一边“看眼儿”。她是一个真正的东北人，她的灵魂深处寄寓着伟大的英雄主义精神。

还记得东北歌手雪村那首广为流传的网络歌曲《东北人都是活雷锋》吗？

老张开车去东北 撞了
肇事司机耍流氓 跑了
多亏一个东北人

送到医院缝五针 好了
老张请他吃顿饭
喝得少了他不干
他说：
俺们那儿旮都是东北人
俺们那儿旮特产高丽参
俺们那儿旮猪肉炖粉条
俺们那儿旮都是活雷锋
俺们那儿旮没有这种人
撞了车哪能不救人
俺们那儿旮山上有榛蘑
这个人他不是东北人
（白）翠花，上酸菜

爱吃酸菜的东北人都是活雷锋。东北人做好事成了中国人做好事的榜样。

外地人说东北人霸道，嗷嗷叫，没有不敢打的架，打起架来不计后果，不到东北不知胆子小。有些敏感的东北人认为这外地人是在嘲笑我们粗野，其实这里面有着人们对“英雄主义”的畅想。“英雄主义”是一种伟大的生命涵养和人格魅力。古罗马文论家朗吉弩斯曾将崇高喻为“伟大心灵的回声”，如果一个人失去了对伟大心灵的感应与体悟，麻木、冷漠、自私、猥琐就会接踵而至，生命成色必然是阴暗卑下的。在白雪洁事迹中，有人质疑：现场的其他东北人哪儿去了？这一问确实令人揪心和汗颜啊！但我相信，在江湖上还能见到东北人的凛然身影，还能听到“多亏一个东北人”的传说……

如今人们都在讲“正能量”，东北人的正能量仿佛与生俱来，那副热心肠愿为别人雪中送炭，愿为别人锦上添花，有人落难袖手“看眼儿”，这对东北人来说是一种“不落忍”。修行大师号召人们要做内心强大之人，可我们在一些人身上并没有看到正能量的强大，看到的却是锥子尖上闪烁着的彪悍之气，是浑不吝，是薄情寡义，是“爱无能”……

大连人也秉承了外表强悍的东北人那种内心的悲悯和柔软，大连小伙子爱打抱不平是出了名的。面对身边人的难处，哪怕只是一声叹息，也会激起大连人的同情心。大连人不愿用一些厚重的、华丽的词，来褒奖自己的这份心，大连人很朴实地说一句：“咱不能看眼儿啊！”大连人总是不落忍，心太软，不将自己手里的东西掰一块给对方，这心里总是过意不去不得安生啊！

不过，大连人的热心厚道劲儿，有时候会被视为人情负担。过去有这样一个说法：从一户大连人家门口经过，这户人家认识你，只是一面之识而已，却非邀请你进家吃顿饭。生拉硬拽式的邀请疑似一场肢体冲突。理由很简单也很充分，今天你打我家门口经过，如果你不来喝口水吃口饭，我这做人就不讲究了。过度的真诚和急切，大连人被自己累着了，一副脸红脖子粗的样子……结果人家还是打马而过，大连人此时简直是气息虚弱了！

“看眼儿”也含有事不关己、冷眼旁观的意思。这只冷眼，想看到的肯定不是鲜花与掌声。在一个集体里，“看眼儿”心态是团队精神的三聚氰胺，是前进道路上的魑魅魍魉。

关板儿

大连小伙儿小李学电子商务专业，毕业后热衷于开网店，父母勉强接受了他这份职业选择。但家中九旬高龄的老奶奶不懂网络，听说孙子开商店，却不见他朝九晚五，成天守着台电脑敲打不休，便问："你的商店几点开门，几点关板儿？"

关板儿，是指商店晚上关门停止营业的意思，即"打烊"，也引申为歇业。

还记得20世纪七八十年代百货商店的模样吗？传统的玻璃柜台里，中规中矩地摆放着独属于那个年代的商品，柜台上有一只斑驳的老算盘，商店里充满浓郁的酱香气，因为那时候的酱油的确是打来的。与今天开放式的大卖场不同，彼时实行"一对一"的服务模式，顾客要看某件商品，售货员就从货架上取下来，除了价格因素，顾客再无其他放弃商品的原因。在那个年代，没有太多的物质可供人们眼花缭乱挑三拣四。作为孩子，跟着大人逛百货商店是最幸福的事情，尤其是农村孩子随父母进城逛了回百货商店，回家后会连着做几宿美梦。如果蒙父母厚爱给买上一个桃罐头，或一斤动物形小饼干，那便是体验了一把城市生活。女人最喜爱的是百货商店里各种面料，质地最好的当属毛料，毛料是经典传世的潮品，多少有点奢侈意味，而泡泡纱或乔其纱是年度流行品，不论哪一种，都令大连女人备感展洋。女人还喜欢百货商店里的化妆品，百雀羚、雅霜、海鸥洗头膏、蜂花洗发精、蛤蜊油、郁美净鲜奶霜、宫灯杏仁蜜、友谊雪花膏、紫罗兰沉香粉、咏梅奶液、凡士林护手霜……岁月流转，时过境迁，如今这些国产老化妆品居然华丽回归了。那些大牌控的御姐们都会心血来潮地为自己买一支郁美净或百雀羚，在一缕昔日芬芳之中追忆似水年华……

对于那个年代的城里男生来说，百

货商店里的“高耐”（高帮耐克运动鞋）是绝对奢侈的稀罕物。在大多数男生穿“回力”的校园里，穿“高耐”的男生回头率都很高。而且，穿“高耐”的男生大多是霹雳舞高手，新年晚会在各个班级巡演一番，赢了女生的喝彩，博了男生的敬仰。若问，20世纪80年代的男生最向往的行头是什么？那便是一身绿军装配一双“高耐”，这看似简单的包装打扮，却将一个男孩子的青春风采猎猎作响地展现出来。

还有两个关于百货商店的细节令人难忘。一是打酱油，那时的酱油是散卖的，几乎每个小孩干家务都是从打酱油开始，酱油虽然无法偷嘴，但打酱油剩下的钱可以自行消费，这个诱惑可不小。所以，听到大人吩咐打酱油去，孩子拎个瓶子就飞出家门。由于个头不高，看不到柜台内的酱缸或酱桶，只闻得阵阵浓烈鲜爽的酱香。如今，“打酱油”是网络流行语，是指对现实无能为力或装聋作哑，相当于“路过”、“飘过”的意思。

另一细节是关于糕点的包装，不论是蛋糕，还是饼干，称好之后，卖货员用两张草纸进行包装，用一根细细的纸绳系好。蛋糕是家中老人的早点，除了两块松软香甜的蛋糕，还有一碗加糖的鸡蛋水，这可是那个年代独属老人的黄金早餐。老人吃的时候，会留点底儿给孩子解口馋。饼干是孩子们完成课业或承担家务之后的犒劳，不能饕餮鲸吞，细嚼慢咽才能齿颊留香回味悠久。

还有一种美食叫桃罐头，过年时亲戚们互相走动拜访，总要提几个桃罐头。平时小孩子们很难吃到罐头，只有在生病时，父母才会给孩子买个桃罐头以示慰问。

售货员是那个年代的公众人物，无论走到哪里，都有可能被大人孩子认出身份来。尤其是在凭票供应的年代，售货员是炙手可热的人物，是人们争相热络的关系户。

说了这么多过去商店的老模样，我突然发现遗漏了这样一个细节：过去的商店在下午五点停止营业，不叫打烊，而叫关板儿。出入商店只有一个大门，而窗户众多，关窗户费时费力，窗户合上之后，还要封上木板。一扇大型窗户大约需要十几块木板，由于木板宽窄不一，所以每块板上标注着数字，按数字排序给窗户封木板，会很快地将窗户关好，这就是“关板儿”。实际上是商店加固门窗的防盗手段。家长做饭时发现酱油告罄，差发孩子去打酱油，当孩子边走边玩赶到商店时，却见售货员正在关门封窗，“明天再来吧，我们关板儿了！”售货员会这样对孩子说。

而今天，大小卖场全部实行开放式售货，一切物质都是应有尽有，人们习惯了以量贩手法购物，哗哗地往购物车上甩，不再掂量，无须节制，却不见得有多少滋味留在记忆里。古希腊哲学家柏拉图说，节制相当于“道德上的明智”。节制包括“节情”和“节欲”，所谓“节情”就是理性智慧地驾驭自己的感情，“节欲”就是对自身欲望进行理性控制和智慧支配。人的欲望无非食、色、名、货，即食欲、性欲、权势欲和物欲等。当下，人们尽情地释放情绪，最大限度地满足欲望，却体会不到平静和幸福。我们之所以爱回味和追忆过去年代，就是因为那个年代的人们普遍懂得节情节欲，使其发之有度有节，而不至于沦为纵欲。

心理学家认为，怀旧行为的背后，是人类在寻求心理上的安全感。特别是当整个社会处于快速动荡的转型期时，怀旧成为人们一种常用的心理自卫方法。于是，北京街头出现了一家20世纪80年代模样的老商店。在这间摆满了各种80年代怀旧物品的商店里，也没有几件东西是真正的商品，大多数是店主的收藏。大喇叭里放着眼保健操的音乐，墙上贴着五讲四美的标语，卡带录音机与儿时骑的小三轮车楚楚动人地立在那里……在这里几乎能找到所有关于80年代的记忆，但走出商店蓦然回首，发现这间商店上的是锃亮森严的防盗卷帘，而非木板儿；还发现，商店名字叫“能猫商店”，而非“熊猫商店”。

2012年8月，大连启动了“北方不夜港工程”，浪漫之都的不夜港是什么样子呢？以绚丽的灯光系统为背景，以旅游消费和文化景观为载体，打造集文化、休闲、娱乐和商务于一体的“夜经济”产业。这时候，商店晚上“关板儿”时间延长至十点，绚丽多姿美轮美奂的不夜城，到处都是不关板儿的商家。大连之夜长了，亮了，也美了。

撮豁

撮豁（cuǒ huō），即挑拨离间。一个人拨弄是非，挑三豁四，破坏人与人之间的关系，使之产生了隔阂、不团结，甚至引起争端纠纷。属贬义词。

不得不承认，东北人中确实有爱撮豁编瞎话者，这并非东北人独有的品行瑕疵，而是人类普遍存在的陋习吧。影视剧对东北人的撮豁行径也有所刻画描摹，时间大约是在冬季，人物都穿着厚重的棉袄，地点在阳光普照的墙根底下，撮豁者双手抄袖，神情猥琐不安，左贴一下别人的耳根子，右贴一下别人的耳根子，如果个子不够高，斜着身子踮起脚尖，喋喋不休地制造着假新闻。若是女人，大多身材厚实矮胖，倚着别人家的门框，手攥一把黑瓜子，嘴巴里滚瓜烂熟地嗑着，黑白颠倒的瞎话儿与瓜子皮一道溅了出来。

古典名著《三国演义》里有很多惊心动魄的离间戏，最精彩的当属赤壁之战周瑜曹操之间的间谍战。赤壁之战的用间描写错综复杂，形式多样，简直将《孙子兵法》里用间理论的精粹运用得淋漓尽致，令人叹为观止。只有短短460余字的《孙子兵法 · 用间篇》，被誉为“微型的军事情报学著作”。“故用间有五：有因间，有内间，有反间，有死间，有生间。五间俱起，莫知其道，是谓神纪，人君之宝也。”大致意思是说，使用间谍有五种方法，如果这五种方法同时使用，敌方就摸不清我方的行动规律。群雄逐鹿，鹿死谁手？谁用间离奇神妙，谁就将稳操胜券。

说“老不看三国”，是因为老年人经历了人世沧桑，看透了历史风云，内心世界难免苍凉凄惶，《三国演义》的悲壮与复杂，读之必血流心底，汗浃背脊。这种共而鸣之对老年人来说也是一种精神疲惫和心灵痛楚。说“少不看三国”，是因为年轻的心太善良太单纯了，看过太多的用间戏，难免变得复杂与阴险。

有人的地方就有矛盾，有矛盾的地方就有撮豁者。职场上，情场上，家族里，邻里间……都有可能上演撮豁者的离间戏。

职场上的撮豁者、离间戏比比皆是，前几年有一本职场教科书《潜伏办公室》曾一纸风行，因与作者比较熟悉，我清楚这本书的炮制、炒作过程。谍战剧《潜伏》一再热播，成为都市白领百看不厌的好剧，据说，白领们从中看到的是当下职场生存的诸多哲学。作者也深为赞同，写了一篇题为《潜伏办公室》的博文，不过5000字左右，却被各大网站争相转载，一书商从中窥到畅销书的商机，约请作者在这篇博文的框架之内，加入职场案例的生动血肉，快速炮制一本职场教程。作者立马闭门谢客埋头操刀加工。所谓的职场案例不乏各种离间大戏，或拙劣或高明，有人笑有人哭，有人上位有人跳槽……上班这件事真有这么险恶吗？职场江湖真的是刀光剑影吗？“理想很重要，但比理想更重要的是利益。”“工作不会害你，只有人才会害你。”书中类似的“黑色箴言”触目惊心，但此书却被都市白领们奉为“职场圣经”，这实在是太耐人寻味了！

职场撮豁者颠倒是非，添油加醋，令团队秩序混乱、人际关系紧张。胸怀宽广具有大局意识的人，一般不会采信撮豁者散布的流言。撮豁者有两类，一类是受利益驱使而施以离间之计，属于损人利己型。这类撮豁戏似有看头。另一类是嘴贱，没有任何理由，就是嘴巴太寂寞了，属于损人不利己型。这类撮豁手段很傻很天真。作为职场苦力，不必惧怕撮豁者，有道是人间正道是沧桑！

都市里高档楼盘鳞次栉比，一栋比一栋尊贵，一栋比一栋私享。当尊贵与私享的心理感受多了，这邻里之间的关系就淡漠了。如今我们的社区倡导“邻里文化”，它是中国式美好家园的新兴代名词，主要有“敬老”、“爱妻”、“亲子”、“睦邻”、“惜己”这几个篇章。显然，都市人在“睦邻”这一节没有故事。

置身于钢筋水泥丛林之中，各自关起门来过日子，在楼道里擦肩而过之际互相微笑着打个招呼，这已经算是比较温暖比较和睦。有多少人家与邻居是零交往，而所谓邻里交往不过是一个微笑、一声招呼，而我们却是经年累月地冷漠错过！

很多农村或小城镇的老年人过不惯儿女们奉献的大城市生活，大城市的老年人格外怀念老房子的日子。在老房子时代，“睦邻”是一个很重要的生活主题，邻里关系若搞不好，家庭生活的平静与安逸，或者说幸福指数会大打折扣。老房子时代有太多美好温暖的故事，当然，老房子时代也有纷争。

老房子最大特点是设有公共区域，家庭生活很大一部分内容摊晒在这个区域，难免我碰了你，你蹭了他，若不能互相体谅，就很容易激起纷争，吵嘴辱骂甚至大动干戈撕破脸皮。一旦和气伤了，以后谁的日子都不会好过。为一片地盘长治久安之计，为个人安身立命之需，这时候急需一位和事佬站出来调解双方的矛盾。和事佬也住在老房子里，为人有讲究，更有一副睦邻的热心肠，平时说话很有分量，深受邻居们的信任与拥戴。更重要的是，和事佬要能说会道口才好，还要懂点心理学，察言观色间找准当事人的心理死穴或情感按钮……

有和事佬就有闲事婆。闲事婆最爱撮豁滋事，以一条烂舌煽风点火添油加醋，极尽挑拨离间之能事。本来闹矛盾的双方可以大事化小，小事化了，握手言和再续邻里情，却因闲事婆的撮豁而雪上加霜，致使双方关系更加恶化不可挽救。

情况儿

大连方言中有很多意想不到的惊喜，往往一个词的本义与它最终指向的引申义是完全不相干的，比如“情况儿”。情况儿，乃婚外情人。例句：“看那个彪子得瑟的，居然把‘情况儿’也带来了。”网络上对这个大连方言有这样的解释：某人偷情时被发现，有人告诉偷情人说外面有情况，由此得来。

《现代汉语词典》对“情况”有两种解释：一是指情形，比如思想情况、工作情况；二是指军事上的变化，泛指事情的变化、动向，比如“这两天前线没有什么情况”，“他俩的关系最近又有了新的情况”等。

大连人创造“情况儿”这个方言词，应该是在20世纪八九十年代。此前，婚外情被人们用各种不堪入耳的俚言俗语形容着。相比之下，“情况儿”一词显得比较周正含蓄，不含侮辱之意，不带情色意味，没有低级庸俗之气。将在工作和军事中经常使用的词拿来形容婚外情，这简直是大连人创造方言的绝技，也是大连话的幽默性所在。在过去的战争片中，如发现敌人行动，会发出“有情况儿”的预警，如梁斌《播火记》：“情况来了，看看我们怎么应付它！”峻青《海啸》第一章：“‘有情况，停止前进，迅速隐蔽！’老宫把手一挥，发出了战斗警报。”

大连人若发现身边哪个男人发生了婚外情，会很含蓄地说一句“他在外面有情况儿了”。对于一个家庭来说，婚外情可不就是敌情吗？那些小三小四可不就是侵犯我美满家园的敌人吗？后来从官方至民间被广泛使用的“外遇”应该是根据“在外面遇到情况儿”演绎而来的。

在古代文章里，“情况”一词与感情有关联的有如下记载：“若没有城西老者宽洪量，三番相赠多情况，这微躯已丧路途傍。”（《醒世恒言 · 杜子春三入长

“情况儿”一词体现了大连人创造方言的绝技，也是大连话的幽默性所在。

安》）“都说有情人相会时，无边的情况。”（明代文学家冯梦龙《挂枝儿·相会》）在这里，情况是情谊或恩情的意思。看来，大连话“情况儿”也是有典故和来历的。

婚外情是一种不道德的行为，也是一种地下活动，感情的来龙去脉藏而不露，不会轻易留下线索授人以柄。“情况儿”其实也折射了20世纪80年代中期中国人的婚恋变化。

在20世纪六七十年代，离婚被视为最严重的道德败坏，“好人不离婚”，中国人根本不敢琢磨离婚这档事，二人相守终老一生是无数家庭追求的目标。任何名人若胆敢涉足婚外情，那一定是拿自己的前途命运开玩笑的混账，必然要遭受过街老鼠的待遇，最后婚没离成，却搞得人不人鬼不鬼。1980年5月，作家遇罗锦以“没有感情”为由向法院起诉，要求与丈夫离婚。这条离婚理由在当时引发了一场关于离婚标准的社会大讨论。也是在这一年，有一部名叫《甜蜜的事业》的影片让中国观众首次在银幕上看到女跑男追的浪漫爱情，那是一个慢镜头，令年轻人看得如痴如醉。据说该片主题如果不是宣传计划生育，在审查过程中会遭遇很多麻烦。

风气初开是在20世纪80年代末期，中国人的婚姻与家庭开始出现各种“情况儿”。生活上的富足，让人们开始主动追求爱情。电影《庐山恋》中那些曾被视为大胆的拥抱和亲吻，在大连街也时有发生。爱情被挑开了扭捏的面纱，变得落落大方；琼瑶小说风靡中国，曾经让人耳热心跳、难以出口的甜言蜜语，中国人逐渐耳熟能详并熟练使用；港台情歌成为街头巷尾的主旋律……在告别了新中国成立初期的包办婚姻、“文革”时代的政治婚姻后，人们开始自主择偶，大胆追求爱情。有学者称，这充分体现了人性的解放和张扬。开放之风冲击着“从一而终，白头偕老”的传统观念，很多人开始漠视爱情，背叛婚姻，在外面发生着各种“情况儿”。20世纪90年代末期，大量关于“婚外恋情”、“包养情人”的社会新闻开始见诸报端，婚姻问题拷问着整个社会的道德观。婚姻法中，强调夫妻应当互相忠诚，互相尊重，禁止有配偶者与他人同居。用大连话说，有配偶者不得在家庭之外有“情况儿”。

在网络时代，混乱奇异、轻率病态的婚恋思潮迭起：一夜激情天亮就分手，这是“一夜情缘”；结婚之前同居试验，这叫“试婚夫妻”；相识数日便结婚登记，这叫“闪婚”；结婚不足百天，就闹矛盾分道扬镳，这叫“闪离”……这些花样儿，这些“情况儿”，无情地摧毁了中国人的爱情信仰。

泡嫚儿

泡嫚儿，即泡妞，泡女人。

作为名词，“泡”基本有两种意思，一是指气体在液体内使液体鼓起来形成的球状或半球状体，如水泡、肥皂泡儿；二是指像泡一样的东西，如灯泡、手上起泡了。作为动词，一是指较长时间地放在液体中。如：两只手在水里泡得发白。二是指故意消磨（时间）。如：在茶馆泡了俩钟头。

嫚，现在通常指女孩子。在方言口语中，一般都加上儿话音，说成“嫚儿”。

厘清“泡”与“嫚”的含义，“泡嫚儿”的含义便清晰了，即男人对女人不以结婚为目的的追逐。

为了放松被工作紧绷的神经，歇憩疲惫僵硬的身体，都市白领选择了各种各样的休闲方式，每一种休闲方式都由一个“泡”字领衔，泡网站泡酒吧泡书吧泡影院泡茶馆，以娱乐玩耍之意长时间地浸泡其中，如果将这个意思引申到“泡嫚儿”，即长时间地泡在女人身边，以花言巧语调戏女人为乐，甚或骗取女人的好感继而达到某某目的。这世间也多有以泡嫚儿为玩乐之道的男人。

大连男孩小王和朋友们去酒吧消遣时认识了一个女孩子，小王又拼酒又跳舞，使出浑身解数与女孩神聊，令女孩大为倾倒。小王有正牌女友，朋友们都羡慕他泡嫚儿技术高，并猜测今夜小王与女孩肯定有戏。这一夜散了之后，朋友们发现小王还与女孩打得火热，纷纷劝他别玩火，要珍惜各方面都很优秀的正牌女友，在酒吧里玩音乐的女孩多不靠谱。小王却郑重地告知朋友们，他与这个女孩谈恋爱了。开始是泡，后来是谈，虽一字之差，前后感情色彩和感情戏却大为不同，谈的是感情，泡的是游戏。

泡，是一个并不讨喜的字眼，经常比喻事情或愿望落空。如“大李儿子保送研究生的事情泡汤了”，“这笔业务泡汤了”等。在生意场上，任何欺诈行为在酝酿阶段或实施未遂阶段，都是“泡”。赵本山很多小品刻画了东北人的“忽悠”和“泡”的本事，这是赵本山小品给东北人所带来的最大负面影响。佛教以“泡”来比喻事物的生灭无常。

泡人，是愚弄、欺骗的意思；血泡，是油滑世故、能言善辩的意思。泡，又可写成“炮”，是吹牛的意思。比如：那家伙是个泡(炮)儿。当你口若悬河之时，要小心有人冷不丁地甩你一个字：泡！那么，泡嫚儿就是泡女人，有欺骗玩弄之嫌。伤透心的女人会声泪俱下地质问男人：“这些年来，你泡我玩儿呢！”

在孔二狗《东北往事》里经常会看到“泡嫚儿”的桥段。“嫚”的古义是指古代仕女的宽袖长裙，引申义之一是指用宽袖长裙到处纠缠男人的女人。所以古义中“嫚儿”不是良家妇女，嫚儿不仅要长得活色生香，还得有一颗热爱江湖的心，愿意与男人闯荡江湖，是男人的花瓶，也是男人的助手，经常协助男人处理江湖纷争，甚至单枪匹马摆平江湖血腥。男人可能有家庭，却被放养在外，男人对妻子和嫚儿分得很清楚，所以有时候嫚儿难免火人，以劈腿泄心头之恨。江湖男人哪能容忍这等耻辱，率领一班人马找到对方，开场白便是“你敢泡老子的马子，找死！”

“马子”一词最早应该是港台出品，港台剧里的古惑仔或黑社会人物往往称女朋友为“马子”。常见这样的镜头：古惑仔泡到漂亮的女友，会将女友牵出去遛遛，赚取旁人艳羡的目光。古惑仔向别人介绍女朋友时会说：“这是我马子。”粗野豪爽的语气夹杂着得意。“马子”往往是这样一群女人：她们没有尊严与人格，寄生于男人身上。身为男人的情人，更多的却是男人的性与面子所需。20世纪80年代中期，当港台剧在大陆热播开来，“马子”一词也很快成为社会底层的流行语。据说，“马子”的原意为尿壶，在民间尿壶原称“虎子”，唐代李渊建国之后，因其父名为李虎，遂避讳将“虎子”改为“马子”，后引申义为供男人临时发泄之物。据古敬恒《人体词与人的秘密》一书里记载：“马子”语源在于“可任人骑”，含有男性对女性征服、玩弄与欺侮的喻义。

“马子”是一个对女性极不恭敬的词，含有男性的大男子主义及情色心理。“马子”与“嫚儿”虽是近义词，但从贬义程度上来看，“嫚儿”显然要比“马子”弱化。大连男人说“泡嫚儿”，要比说“泡马子”好听得多。

在此补缀一下，与“泡嫚儿”、“泡马子”对应的是“钓凯子”。何为“凯子”？简单地说，既阔又俊，且情趣盎然的男人，被称为“凯子”，与今天的“高富帅”差不多。“泡”与“钓”，运用在男女关系上显得特别生动。

攒欺

攒欺，是逗弄、挑衅、欺负、调侃的意思。

在小区里，下午三点半之后，保姆们牵着蹒跚学步的娃娃们到花园里晒太阳，每个小娃娃都带着心爱的玩具，一个同样以小区花园为江湖的老汉童心大发，一会儿抢这个女娃的芭比，一会儿夺那个男娃的蜘蛛侠，惹得娃娃们仰天长嚎，保姆们嗔怒道：“你个老东西，总攒欺小孩子干什么？”攒欺，在此是逗弄、玩耍的意思。

过去大连有一种日式两层楼房，楼道走廊是公共区域，每家都在这里摆放大量的生活资料。去年秋天，张三家的秋白菜占了王二麻家的地盘，王二麻家提出了抗议，结果两家大吵一场伤了和气断了关系。张三家老少都属火箭筒的，倚仗家有两个膀大腰粗的男性公民，在邻居间飞扬跋扈霸道得很。今年秋天，张三家的酸菜缸子又矗在王二麻家领地上，王二麻欲将那酸菜缸子挪开，却被夫人苦口婆心地劝下：“你去攒欺他们干什么？忍一时风平浪静，退一步海阔天空，不就是占了块地方吗？又不是抢咱家钱，咱就忍一忍吧！”在这里，攒欺是激惹、挑衅的意思。存有领土争议的两个国家，也会在边界上发生互相攒欺事件。

一高中男生在博客里记录了这样一段个人遭遇：二班一个刺头总是来攒欺我，我不搭理他，他说你干吗这么牛？我说我爸不是李刚，我哪里牛了？他说我爸是李刚，我就看你不顺眼，我就想攒欺你。我爸是普通的哥大刚，虽比不过李刚，却有过与歹徒殊死搏斗的光荣史，怎会惧怕他李刚儿子的邪气。我爸大刚开着一辆破捷达杀到学校，从教室里揪小鸡似的揪出小刺头，“李刚儿子，看我这里，我这里曾被歹徒捅过十几刀，可我照样将歹徒干趴下。你以后再敢攒欺我儿子，小心我拧断你的狗脖子！”此处，“攒欺”是欺负人的意思。

“攒欺”更准确地说应是欺负人的前戏。如果对方是条血气方刚的汉子，那是经不起攒欺的，转瞬间就厮杀一团狼烟四起了。

北京人善于吵架，两个人站在那里油嘴滑舌、云淡风轻地吵，谁也不吐一个脏字，乍一听以为二人在说唱逗笑，岂不知双方早已气得内出血。相比之下，东北人嘴糙舌笨，腹中辞藻也不多，特别不善于优雅地吵架，三句话不和就亮拳脚，不见血不收兵。在外地人的口中，东北人打架一定要就近找武器，如果地上有砖头，决不捡泥块，而攻击部位，也是直奔要害，如果能扇脸，决不捣屁股；如果能掏心口，决不扫腿脚。网上有一篇描述东北人打架的帖子，说东北人打架不喜欢说话，上去就开踹，打得尘土飞扬的。“不喜欢说话”，说的就是东北人打架省略了“攒欺”的过门。

相比之下，大连人打架的口味能轻一些，近年来尤其日趋理性文雅，这与海洋城市的气质风韵有关，与城市的发展定位及自我期许有关。早在2000年年初，国务院将大连定为中国5个国际性大都市之一。经过12年的潜心发展，如今的大连城披挂一身美誉，俨然一座国际风范的海滨名城。这里的女人很浪漫，不再是东北大嫂的粗线条；这里的男人很绅士，戒了爱攒欺人的痞气与陋习：男女皆气息宜人赏心悦目，是城市景观文本里最迷人的一道风景。大连人特别热爱自己的城市，2011年曾有媒体向大连人征集城市精神、城市印象的关键词，请看大连人所给予的词汇：包容博大、开放创新、和谐致远、浪漫时尚、唯美超越、求新尚美、弘德扬善……这是大连人对城市的褒奖，也是对自我的未来期许。所以，大连人摒弃了很多陋习，善于兼收并蓄吸纳其他地域的优良品质，逐渐形成了鲜明的自我风格。

再以“京城第一大玩家”王世襄斗蛐蛐为例，对“攒欺”进一步解释。

王世襄《秋虫六忆》一文分为六个小标题：忆捉、忆买、忆养、忆斗、忆器、忆友。其中《忆斗》一节，用大连话来概括内容就是讲怎样攒欺蛐蛐——

“双方将蛐蛐放入斗盆，各自只许用黏有鼠须的芡子撩逗自己的蛐蛐，使之有敌来犯……运用这几根老鼠须子有很大的学问。但主要是当自己的蛐蛐占上风时，要用芡子激发神威，引导它直捣黄龙，使对方一败涂地。而处于下风时，要用芡子遮挡封护，严防受到冲击，好让它得到喘息，增强信心，恢复斗志，以期达到反败为胜的目的。但双方都不能做得过分，以致触犯定规，引起公愤。精彩的对局，不仅看斗虫，也看人斗。欣赏高手运芡之妙，也是一种艺术享受。”

这“运芡”即是攒欺。王世襄“秋斗蟋蟀，冬怀鸣虫”，乐此不疲地攒欺小虫物，居然玩出了文化，使市井的“雕虫小技”登上了“大雅之堂”。攒欺小虫物好玩有生趣，是一种休闲养生娱乐活动。而攒欺人，却风险重重，是贱皮子。

攒欺，也有撩拨、挑逗、搭讪的意思。某男喜欢上某女，以恶搞的手段去攒欺对方，以期引起对方的注意力，然后进行下一步。这种方式因流于轻浮有失庄重而不为多数女人所喜欢。

大人攒欺小孩，是逗弄；地痞攒欺百姓，是欺负；男人攒欺女人，是调戏。攒欺也可能是一种调侃打趣，比如开会时，当全局陷入尴尬沉闷的境地，有人无伤大雅地攒欺一下某个人，或者攒欺某个八卦话题，令气氛变得轻松起来。一个单位总得有一两个人善于此道。爱攒欺人的人，大多比较随和乐观热心肠，没啥鲜明个性，属于中等生，在单位有着不错的人缘。但凡事要讲究个度，不能让攒欺人成为一种习惯甚至爱好，否则既会跌身份，给人以轻浮不稳的负面印象，也会影响人际关系的和美。

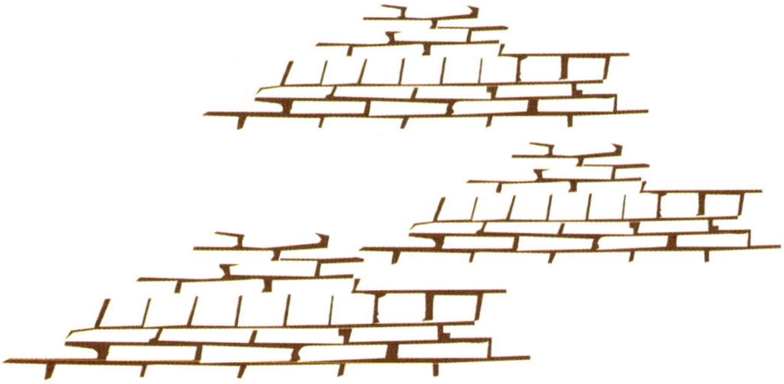

当盘菜

一个人受到信任拥戴，被重用，调离工作时被诚意挽留，评先进时受到表彰，他（她）就是被大家“当盘菜”了。一个人能被大家伙儿“当盘菜”，说明此人能力不俗，品行美好。在一个单位里，被“当盘菜”的人多起来，说明这个单位人才济济，这是一个攻无不克、战无不胜的集体。

被“当盘菜”的人大多属于“知识型工作者”。“知识型工作者”是美国管理学家彼得·德鲁克在1959年首先提出的概念，“知识型工作者”简单地说就是脑力劳动者。让知识型工作者发挥最大的能量，是企业成功的关键所在。精明的企业会把知识型工作者“当盘菜”，并想方设法以待遇留人，以感情留人，以企业的美好前景留人。在欧美，最发达的城市往往拥有最高比例的知识型工作者。

被别人“当盘菜”是一种能力，证明了做人做事的成功。可怕的是，有些人资质平凡却不肯以勤补拙，智商与情商都不高，却总是将自己“当盘菜”，成天价趾高气扬夸夸其谈，自我感觉非常良好。一个妄自尊大不可一世的人，即使是盘菜，也不会走得太长远。“一个人走得快，一群人走得远。”俞敏洪曾说，“如果我一个人做新东方做到今天，可能还只是一个不大不小的培训机构，但新东方后来有了一支优秀的团队，这才走得更远。”俞敏洪还说，“在远行中，即使争吵都是一种克服孤独和恐惧的热闹。”这句话真是令人感慨万千。那些自己将自己“当盘菜”的人，是无法体会这种孤独、这种恐惧及这种热闹的。他们只会在利益上纠结不休，绝不会在精神层面与团队共悲欢唏嘘。

烩海参、油焖大虾、红烧大鲍翅、海鲜全家福、冰糖肘子、红扒熊掌、白扒猴头、飞龙汤、三鲜鹿茸羹、白松大马哈鱼、松子方肉等，它们都是大菜、硬菜，在婚宴寿宴考学宴升迁宴上，这些菜很被“当盘菜”。它们个个都是精英，是主力，将其荟萃一堂，这个饭局便显得档次不俗规模非凡。如果将它们分散开来，一张桌只放一道，更彰显其实力与价值，它们是来撑场面的，是来提升档次的。周边的家常菜是配角，至于那些开胃小菜只能算是跑龙套的。主菜永远是主角，永远被人们“当盘菜”。人才就是人才，人力就是人力。没有主菜不成席，没有人才不成事。当然，跑龙套也是需要敬业精神的，多少大明星当年都有过跑龙套的经历，只要肯努力打拼，跑龙套也会迎来事业的春天，也会拥有星光璀璨、被人“当盘菜”的那一天。

每个人都想将自己“当盘菜”。想将自己“当盘菜”，是一种好现象，但你要清楚自己的质地与库存，这是很重要的。是开胃小跑，就不要将自己当作豪华大虾。即使你真的是豪华大虾，是不是也得保持着温和谦恭的姿态呢？

每个人都应该将自己“当盘菜”。你分明有实力，却不把自己“当盘菜”，任人支配，失守个人信念与审美，这种妄自菲薄也是不可取的。站着、蹲着、跪着，人在不同的境遇里选择了不同的生存姿态。从另一个角度看，又应该谁也别把谁“当盘菜”。每个人都有自己的活法，都有自己的内心执守，我站着笑纳你给我的风雨。

在家庭里，被父母妻儿“当盘菜”；在单位里，被领导同事“当盘菜”；在圈子里，被朋友们“当盘菜”。被“当盘菜”，便意味着自己做事水平、做人质量被认可被拥戴。尤其是在单位里，有的人是人才，有的人是人力，人才与人力，虽一字之差，含金量却大为不同。人力随处可见，人才却稀缺难觅。很多人在单位不被领导“当盘菜”，结果人家跳槽另觅高枝。“人力”得有一份自知之明，不能将自己总当盘大菜，不然也是令人头痛的。

易中天在接受记者采访时，被记者称赞除了钻研学术，还拥有令人崇敬的社会良知和公民责任感，记者问他对那些“两耳不闻窗外事”的学者有何建议或提醒？易中天说：我哪能给别人启示或建议？那也太把自己当头蒜了。如果说有什么建议，也就是“千万别把自己当盘菜”，以为谁谁谁就可以“一言兴邦”。在我看来，所谓“学者”，也就是“脑力劳动者”。他可以作为学者，关起门来做学问；也可以作为公民，打开窗户说亮话。

“别把自己当头蒜”和“别把自己当盘菜”说的是同一个意思。

外地人谈对东北人的印象，总会将大连人单独拿出来说一说。大连人高傲，大连人出门在外总是令人感觉很大气，很牛气。和那些大城市的人在一起，不论对方官多大，钱多厚，大连人平起平坐的意识很强烈，说话要压人一头，喝酒要胜人一筹，气场总是要超越别人的。简而言之，大连人很拿自己“当盘菜”。这大概是城市的美好发展给予人们的精神底气吧。

等菜

菜，乃名词，是指能做副食品的植物，如蔬菜；或经过烹调供下饭下酒的蔬菜、蛋品、鱼、肉等。据记载，上古时期菜只指蔬菜，不包括肉类、蛋类；到了中古以后，菜就包括肉类、蛋类及其熟食在内。

菜的本义是蔬菜。来重温一下关于蔬菜的知识，蔬菜分为 12 个种类：十字花科类、绿叶类、葱蒜类、瓜果类、茄果类、薯芋类、根菜类、豆荚类、多年生菜类、水生菜类、食用菌类、海洋蔬菜等。出身泥土极为廉价，“菜”这个字被网络语相中，“菜鸟”是指笨拙或愚蠢的初学者。“职场菜鸟”、“那个人很菜”，都是一种贬损话。“歇菜”是完蛋、没戏、下台、走开、没办法、不行等意思。

大连话“等菜”等的是实实在在的菜！在饭店吃饭，上菜速度太慢，大家都眼巴巴地等着服务员上菜，这就是“等菜”的原始含义。

一个周末，几个身心俱疲的“压力山大”提前一个小时翘班，找一间老茶馆，点一壶普洱茶，开始打滚子。在牌场上，宿敌相见分外眼红，一锅接一锅，打得难解难分，直到饥肠辘辘才偃旗息鼓。去歹饭！正值饭店就餐高峰期，几个人围坐着饭桌，大眼瞪小眼地等菜。与朋友们吃饭等菜的时光还算好熬，最怕那审美已疲劳的中年夫妻在饭店等菜。我认识一对中年夫妻，丈夫长年跑外轮，每次着陆回家，两口子不爱在家开火，撒丫子满城找吃的。年轻时在饭店吃饭从来不怕等菜时间，有说不完的话儿，唠不完的嗑儿。后来丈夫不跑船着陆守家了，这时候的夫妻感情也平淡似水了。两人还常去饭店吃饭，等菜时，丈夫抽烟，女人看 DM 杂志，杂志翻完了就看人。看人比看杂志有意思，一般是坐在散台区域。周遭都是吃饭等菜的人，看人家长相穿戴，听人家说话打喷嚏，这等菜时间就不难熬了。妻子看着听着，还不时地向丈夫汇报："那女人跟那个男人肯定不是夫妻关系。""不是夫妻是什么？""是情况儿。""你从哪里看出来的？我看就像夫妻嘛！"……

等菜等得花儿都谢了，客人就会吵嚷着要走人。等菜时间长了，大家的吃相就不太雅，上一盘扫光一盘；等菜时间将话题聊枯了，吃饭就变得比较科学，只闻咀嚼之音，不见说话之声。大连人等菜半小时是底线，喝酒时能多等等，如果纯吃饭，超过半小时桌上毫无内容就会走人，不走人也会朝服务员吵嚷，惹来值班经理奉茶致歉。让客人等菜原因多样，有的是因为厨师们炒菜慢，效率低，有的是因为客满为患，超出厨师所能承受的工作负荷。说到厨师，我想起《厨房江湖》一书作者胡元骏，该"70后"是从20世纪90年代进入餐饮业，师从香港名厨，并利用工余时间试验性地码字，在《人民文学》上码出小说、散文、评论等，也码出了一本畅销书《厨房江湖》。其中有一节专讲"厨师用语"，现摘录一段以飨"等菜"的朋友们：叫起、等叫、准备、起菜、单尾、估了，是厨房和餐厅沟通用的最多的词语。客人还没到齐，服务员点好菜都会通知厨房"叫起"，"等叫"也基本是一个意思，只是这个词更多用于厨房上菜速度太快了的时候"准备"和"起菜"是衔接词，接到"准备"的通知就表明客人已经全部到齐，"起菜"就是要按顺序炒菜了；"单尾"指的是饭、面类主食；"估了"是说这道菜卖完了。随着网络游戏的普及，厨师们更乐于用"挂了"来代替这两个字；"叫起"，也会取其谐音为"脚气"，厨师不大喜欢那种点完菜以后拖很久才让上菜的客人，这样的客人多了，厨师都会抱怨：今儿"脚气"真多。

胡元骏是南方"大佬"（厨师长被称为"大佬"，学徒叫"小崽儿"），这些"厨师用语"不知是否在北方厨房江湖也流行。北方"等菜"的反义词原来是南方的"脚气"。

"等菜"又被引申为另一种深意。领导给下属交代了一项工作任务，可下属拖沓不动，领导发觉后大怒："你们等菜啊，不想干，给我走人！"在饭馆里"等菜"你是买方立场，但职场上"等菜"却不见得会有人买账。

臭败

臭败（chòu bai），乃诋毁之意，通俗地说，就是背后说别人的坏话，败坏别人的名声。在大连坊间，会听到有人说："这个人就爱四处臭败别人，离她远点！"这就是说此人口德不佳。

所谓口德，就是说话的道德。说白了，就是嘴边留个把门的。人贵有口德，口中无德的人大致分为这几种类型：盛气凌人者，顶牛抬杠者，当面揭短者，背后说人者。背后说人坏话，就是"臭败人"。利用莫须有之事将一个人的名声整臭了，整失败了，就是臭败。"臭败人"是口德差之人最为常见的行径。古人云：静坐常思己过，闲谈莫论人非。"臭败人"之徒却说："谁人背后无人讲，哪个人前不说人？"如果这类人再集结成一个小圈子，成天开"嚼舌头"茶话会，那可真是令人避之唯恐不及啊。过去的东北人给世人留下了好吃懒做的负面印象，在超大量的农闲时光里发明了唠嗑儿这种休闲活动。唠什么样的嗑儿？从开始的东家长西家短，到后来的损人、臭败人，不说别人的坏话仿佛就过不了日子。背后损人、臭败人，或因无聊空虚，或因内心狭隘，抑或是缘于心存邪恶。到最后连自己也腻歪了，蓦然回首，发现已经丧失了做人的诚信，沦为孤家寡人。

做人要厚道，说话要公道。持平常心，说实在话。不在背后胡乱放言，与人为善，真诚建言，做不到的事不可妄语。一个口德极好的人，即使在虚拟的网络世界，也不会放浪形骸，口无遮拦。

当年，梅兰芳的表演艺术早已炉火纯青，有口皆碑，获得国人一致好评。然而有一家小报的记者却故意挑衅梅兰芳，以此来抬高自己的知名度。梅兰芳不予理睬，小报记者便急眼了，撰文谩骂、臭败梅兰芳。梅兰芳还是一言不发，不予争辩。几年后，这位小报记者贫困潦倒难以生存下去，求到梅兰芳门下，梅兰芳很慷慨地救助了他。梅兰芳一生极注重口德，他从未背后说过一个人的不是，他施舍助人，宽容律己，不仅成为京剧艺术界的泰斗，而且也是道德高尚、为人师表的楷模。

感情破裂之后，最不堪入目的桥段就是互相臭败。当初是出于感情和信任，才将自己难言的隐私托付给对方，想不到如今却被对方捏在手中四处臭败。尤令当事者痛心疾首的是，这种臭败的素材往往并非故意捏造或诽谤，确是自己一触即痛、鲜为人知的往事。

以娱乐明星为例，先说章子怡与昔日闺蜜赵欣瑜的恩怨纠纷。赵欣瑜乃京城“名媛”，与章子怡私交甚好，二人经常一道享受昂贵的SPA，将贴身随从都支开了，二人掏心剖肚地聊，将隐私或花边也掏了出来。有一种闺蜜，就是以暴露彼此隐私程度来论友情斤两。吃喝玩乐和八卦人间，是这种闺蜜生活的主要内容。闺蜜与精神密友不是一个概念，精神密友可以没有吃喝玩乐，没有朝夕相处，但彼此懂得，爱惜，牵念；在人生险处，既有精神上的鼓励，又有现实上的援手。章子怡与赵欣瑜不属此类。

赵名媛给小章介绍了一位已有家室的富商A先生。二人闹掰之后，赵欣瑜先是泼墨，然后短信辱骂，真是丢尽了名媛的风度。接下来，赵名媛开始跟媒体曝猛料臭败章子怡：与A先生眉目传情时，还忙不迭地与美国男友在海滩上销魂。赵名媛说，这位A先生从一无所有到发迹致富，她都是见证者。A先生就像晕了头，填补章子怡洞开的物欲，仅一条蒂凡尼项链就达上千万元。章子怡从富商身上敛财还嫌不够，居然在朋友圈里四处揩油。赵名媛说，章子怡经常从国外带回一些物品在朋友圈里兜售，像卖菜大嫂似的分毛必争，寸利不让。被赵欣瑜这一番臭败，原本口碑就很差劲的小章更是雪上加霜。

再说宋丹丹与英达。离婚后我们相亲不相爱，这是情至末路时的美好愿景，而大多数人需要疗伤和遗忘，甚至需要老死不相往来。宋丹丹和英达散伙后，各自精彩相安无事，唯一的一次“擦枪走火”，是宋丹丹在自传《幸福深处》写过与英达离婚的内幕。英达说宋丹丹此举是“暴露癖”。“暴露癖”是“臭败”的初级阶段。显然，这次交锋两人都极力地克制和隐忍。之后，桥归桥路归路，彼此相忘于滚滚红尘。这一年，宋丹丹与儿子巴图在北京卫视某档栏目中露了次脸，隔了几日，英达和现任妻子梁欢所生的儿子英如镝也在同一档栏目中出现，并大秀父子情。这令宋丹丹悲愤不已，将痛苦往事“哗”地撕开，兵戈相向的硝烟扑面而来。“男人可以离婚，可以重组家庭，可以爱现妻和儿女，可以携子在媒体前秀父爱，称自己‘司机保姆厨师教练’四栖老爸。但不可以对以前的孩子在7岁时他求你带他出去玩一次，你都不理；11岁管你要电话，你都不给；14年来形同陌路……表演慈父可以，但我不允许你继续伤害我的儿子！

Girl

大连女人是一景，而我们总感觉风景在远方。

你不是人！”这一番悲痛斥责是一种倾诉，也是对英达的声讨与臭败。

有些臭败，就像“蚂蚁怀了大象的孩子”，分明是个谣言；有些臭败，真伪莫辨，公说公有理，婆说婆有理，苍蝇与蚊子共舞，乱糟糟臭烘烘，令听者逃之夭夭；有些臭败，却是证据确凿，事实清楚，是覆雨翻云也难以更改的公案。

张爱玲的小说里常见这样的细节：在转身的刹那间，有人啐了一口——这也是一种“臭败”。

豁达之人，面对一段已经走样儿变质的感情，会选择平静，转身，忘却。这个过程始终是沉默的。而沉默是金，是一种修养。

由知己而不幸成为仇敌，是人际关系当中最揪心的变数。在人言可畏的年代，发生过不少唾沫星子淹死人的悲剧，那些旷世才女被流言蜚语击垮了意志力，化为一缕轻烟一了百了，真是令人痛心不已！在web2.0时代，“臭败”有了新的手段，那就是“人肉搜索”。在互联网上，来自五湖四海的成千上万个人通过不同途径，从不同角度对同一个人进行搜索挖掘，很快就将此人“全裸出镜”。由“人肉搜索”衍生出来的威胁、中伤、暴露隐私等，都可以用大连话“臭败”一言以蔽之。心态扭曲阴暗之人利用“人肉搜索”来宣泄内心的暴力情绪，给遭遇搜索者带来了巨大的精神伤害。“人肉搜索”被称为“集体暴力”或“私刑”。但是，“人肉搜索”也有相当积极的价值。网友们出于“行善，寻找真相”的目的，在网络上召集各地不同阶层、不同背景的人，对丑恶事件中的行凶者进行无情搜索，这种浩瀚壮阔的“人肉搜索”真是大快人心。将恶人公布于众，这种“臭败”无疑具有道德法庭的威慑力！

轧乎

轧乎（gǎhu），乃人与人之间相处、交往之意。

听两个大连女人操一口地道的大连话聊各自孩子的工作情况。“俺姑娘(音：gūnniang）个性太强了，在单位跟领导没轧乎好，领导老给她小鞋穿。她想换工作，我不同意，这份工作待遇不错。跟领导没轧乎好，她也有毛病，她那个驴脾气，一般人跟她轧乎不来。”另一个女人说：“俺儿跟他部门主任也没轧乎好，俺儿工作有经验，他部门主任是个饼子，靠关系上来的，俺儿哪能服他管？现在年轻人靠本事吃饭，不用为他们担心，只要他们有章程，是那块料儿，到哪儿都能混上饭吃。”

上海作家王安忆写父亲有这样的镜头：他甚至连一些最常用的寒暄絮语都没有掌握，比如，他与一位多年不见的老战友见面时，那叔叔说：“你一点没老。”他则回答道：“你的头发怎么都没了？”弄得十分扫兴。见面的套话没有掌握，告别的套话也没有。有他不喜欢的、不识趣的客人来访，他竟会在人刚转身跨出门槛时，就朝人背后扔去一只玻璃杯。

这是作家的父亲与人交往相处的逸闻趣事，读来令人忍俊不禁。王安忆这样点评父亲在轧乎人方面的低能：“他极保护自己个人的生活，他是愿意怎么生活就怎么生活，毫不顾及别人会说什么。别人对他留有什么印象，是他从不关心的。他是只须自己就能证明得了自己，只须自己这一个证明的。可说是十分的自信。比起世上太多的终年终月为别人的观瞻营造一个自己的生活，是要轻松，却也多了一种别样的艰难。”

对人际关系过于用力，无处不经营，会很累心，却会有一些名利收益；对人际关系不作为，“愿意怎么生活就怎么生活”，精神上一派自由烂漫，却也多了某些现实艰难。

那么，大连人的与人轧乎有哪些特点呢？

大连人很真实。如果愿意跟你轧乎，就会真心实意地对待你，跟你说真话，办真事，从来不搞虚里冒套的。跟虚伪之人打交道，大连人会觉得很没意思。实实在在地做人，脚踏实地地做事，这种人才会欣逢机遇的雨露。浮夸者、弄虚作假者、矫揉造作者，都不在大连人的好友名单中。

大连人很仗义。重情重义的大连人不能没有朋友，与朋友一年四季常来常往，朋友有难若袖手旁观那是做人的耻辱。有这样一个笑话：一个私企老板在酒店吃饭，经常会为好几桌人埋单。他去趟洗手间碰到一个朋友，就去把朋友那桌的单埋了。再去一趟洗手间，又遇到一个朋友，又埋一次单。这就是豪爽仗义的大连男人。有人说他缺少老板的矜持范儿，完全是暴发户的心态。但这位"海南丢"的后代说，我总想此时此刻能为朋友做点什么。埋单确不是什么大事，但也从中看出一个男人的担当精神。

网上有一个贬损东北人的帖子就是从"埋单"说开去的："没到过东北时，以为东北人都很豪爽，去过之后才发现，许多东北人的豪爽只是在表面上，骨子里却市侩得很。一个小城市，攀比成风，女人没有貂皮大衣，会被人瞧不起。几个男人一起吃饭喝酒，吃的时候很豪爽，吃完了该埋单的时候，上厕所的上厕所，装醉的装醉。东北人的豪爽其实是一种虚伪，你别看东北人在喝酒时说得轰轰烈烈，什么哥们儿哥们儿的，什么你的事就是我的事，不好使！一转眼就把你忘了，等你真有事时他们跑得比兔子都快。更要记住在金钱上和东北人保持分寸，他们是斤斤计较的，他们会在回家后算出每一分钱的，然后算你差他多少……"听到这种评价，大连人会感觉既愤怒又脸上火辣辣的，因为并不是所有东北人都这样，以偏概全过于武断；又不可否认东北人中确也有这样的人，但那毕竟是少数。多数东北人讲义气重感情，既不差酒也不差事儿。尤其是大连人，轧乎人讲究一个"情"字，更讲究一个"长"字——长情。饭局上，几位商界精英推杯换盏谈笑风生，他们衣着光鲜，气息富贵，眉宇之间闪耀着霸气。这就令在座一位白领老兄很显眼，他衣着简朴，面容清癯，一看就是来自工薪阶层，但他深受精英们的拥戴，是被敬酒最多的一位。原来，这位白领老兄是这几位商界精英的发小。年轻那会儿，他们境遇相似在一起愉快地轧乎着，如今社会地位与财富实力相差悬殊，却仍在一起愉快地喝酒。这就是大连人轧乎人的长情。曾有这样一句流行语：最浪漫的事儿不是说"我爱你"，而是"在一起"。大连人轧乎人的动人境界就在于：当彼此的人生观与价值观相似，不论贫富贵贱，不论坦途沟壑，不论过去了多少年月，我们仍然"在一起"！

大连人很清高，是性情中人。大连

人也会为了五斗米去轧乎人，但绝不会为了五斗米尊严扫地折腰至尘埃里。更多时候，大连人轧乎人带有王安忆老父的任性，你是一个实在人、豪爽人、热心人，大连人就愿意与你轧乎；如果你爱端个架子摆个谱儿，心地不厚道不阳光，那么你官做得再大，钱赚得再多，大连人也不稀得搭理你，也不稀得捧你的场儿。

两个人轧乎得好，除人生观与价值观相似，还需要用心、用真情。朋友之间轧乎好了，那才叫一个“现实安稳，岁月静好”。不必磋商，不必忍耐，行为倾向和审美意识绝对一致，从精神领空的神交到现实陆地的支援，不是亲人胜似亲人！

在单位，与上司、与同事、与客户轧乎好关系；在家庭里，与配偶、与长辈、与孩子轧乎好关系；在小区里，与邻居、与保安、与保洁轧乎好关系……所谓生活，就是理顺各种人际关系。将各种人际关系轧乎好了，生活就会处处和谐顺畅。

还有一个与“轧乎”发音很相近的大连方言词叫“嘎古”，顺便也介绍下，以免同“轧乎”弄混。一个人性格古怪，常人难以琢磨，就会被说成这个人很嘎古。在词典里，“嘎”有乖僻、脾气不好的意思。“古”本可以写成“咕”，用在词尾，发轻声，但 “古”有古怪刁蛮，不近情理之意，更符合“嘎古”的本义。凡被称为嘎古的人，大多性情孤僻内向，内心清高，不合群，孤芳自赏，自我感觉良好。嘎古的人，一般很难和周边的人轧乎好。

上赶子

上赶子，是主动巴结的意思。比较完整的说法是“上赶子不是买卖”，这句话的意思是，做买卖的双方，如果有一方成交心理太急迫，便会放弃底线，放弃尊严，而对方会因此鄙视你，最终不与你成交。由急功近利而促生的行为，就是“上赶子”。

“上赶子不是买卖”也适用于男女之情。35岁的大张是一枚剩女，年轻那会儿恃才傲物，挑三拣四，不小心就剩在了家里。从亲朋好友到社区大妈，从同事到客户，大张都直白地表达了恨嫁[1]之心。经历了无数次失败的相亲之后，大张对一个离异有孩的男子产生了爱情。但这个二手男对大张很淡薄，一周几条不咸不淡的短信，约会看电影听京戏一直悬在口头上，但大张想嫁人啊！每天主动电话或短信嘘寒问暖，逢刮风下雨天更加爱心浩荡情深深雨蒙蒙。大张不介意当后妈，爱屋及乌戏演得很好，往对方邮箱发一些关于孩子青春期教育的文章，更舍得为人家孩子吃喝玩乐埋单。对方享受着被爱的温暖，却一直不说娶不娶。而大张依然为对方的一个眼神、一个微笑而醉，而乱。在这段荷尔蒙高度分泌期，大张做出了一系列上赶子的事情，她期待着对方的感动与爱的回报，然而上赶子不是买卖啊，人家以性格不合为由提出了分手。

这一场恋爱，闺蜜替大张总结了得失：上赶子不是买卖，女人谈恋爱绝不可太主动。多数男人不会被你的上赶子所打动，你的上赶子不会焕发对方的热情，反而是自降身价，人家爱答不理，你热脸贴了冷屁股。女人一定要把底线放在心里，要在男人的心里打造自己的

【1】恨嫁，是指着急把自己嫁出去。一般把已经达到或超过晚婚晚育年龄，符合为人妻母的条件，主观有成家欲望，但尚未有合适婚配对象的女性称为恨嫁女。

高度和难度。

还有一个大连方言词叫“舔抹”，与“上赶子”意思相近，但“舔抹”更突出了谄媚的特质，巴结的程度比“上赶子”更甚。“舔”是个动词，用舌头接触东西或取东西，如舔盘子、猫舔爪子等。据说“舔抹”是由“舔腚”演变而来的，“舔腚”有些不堪入耳，而“舔抹”不是太难听。有人也可能根据发音把这个词写成“舔么”，但我以为 “抹”字更能生动表达词的本义，“抹”即涂抹，一边舔巴，一边抹涂，真是将巴结权贵的谄媚之态一语道尽。

爱舔抹之人有两种类型：一是真本事没多少，生性喜欢巴结，看到权贵就全身缺钙，以玩弄权术伎俩过活。二是人在江湖身不由己。不舔巴，不涂抹，当权者就会刁难你整治你。

台湾作家李敖曾经谈过不舔抹的自由，即“沉默的自由”：“在马屁阵阵的时代里，想要维持不拍马屁的自由，也大不易。因为不拍马屁的自由，属于沉默的自由之一。没有沉默的自由，就不会有不拍马屁的自由。”李敖以隋朝的王胄案为例，隋炀帝是喜欢舞文弄墨的皇帝，他写了作品，喜欢别人叫好。一天，他写了《燕歌行》，大家都拍，都不遗余力地舔抹，可是王胄不吭声。在没有沉默的自由里，不吭声就是抗议，最后王胄因此送了命。

舔抹分两种，一种是行贿送礼，属于物质上的舔抹；另一种是精神上的舔抹，谄媚、讨好、捧臭脚，这要比行贿送礼更高难，也更恶心人。李敖说：“因为没有沉默的自由，因沉默而来的罪，叫‘腹非罪’。腹是肚子，非是诽谤，也叫‘腹诽罪’，就是‘你肚子里骂我的罪’。你肚子里骂我，虽然我听不到，可是我断定你肚子里正在骂，所以就要罚你。”

在一片舔抹声之中，保持沉默的自由居然要冒这么大的风险。这没有文字罪状的大狱，简直比文字狱还可怕。

找罐子拔

找罐子拔，是找不愉快、找别扭、找揍的意思。大连话的幽默与风趣，在"找罐子拔"这个词里体现得淋漓尽致。

"拔火罐"是我国传统的中医疗法，俗称"拔罐子"，古代多用于外科痈肿。起初并不是使罐，而是用磨有小孔的牛角筒，罩在患部排吸脓血，所以古籍中又称为"角法"。后来，牛角筒逐渐被竹罐、陶罐、玻璃罐所代替，治病范围也扩大了。"拔罐子"是一种淤血疗法，它是借助热力排除罐中空气，利用负压使其吸附于皮肤，造成淤血，从而达到逐寒祛湿、疏通经络、消肿止痛、拔毒泻热的目的。"拔罐子"方法简便易行，效果明显，所以在民间历代沿袭，至今不衰，连外国人也很感兴趣。

"拔罐子"在今天的中医养生馆里很流行。而在过去年代，"拔罐子"是大连人居家理疗的常用方法。罐子不是专业用罐，而是收集一些大小适中的药瓶子。几乎每个家庭主妇都会"拔罐子"，老人尤其是行家里手，掌握了不少祖传的"拔罐子"养生法。家里有人身体不痛快，不找药吃，而是说给我拔个罐儿吧——如果身体不痛快了，找个罐子拔一拔，这就是大连话"找罐子拔"的来源。找，是自找的意思。自己找罐子拔，这不就是自找不痛快嘛！

说说"找罐子拔"在大连人日常生活中的使用。张三在市场上看到一卖鱼壮汉与一位老人争吵，上前劝了几句，这位壮汉将眼睛一瞪说，"这位哥们儿，败没事找罐子拔，离远点！"几位围观者很仗义地围拢上来，却见卖鱼壮汉利刃明亮，不敢执言。张三淡定一笑说："我今天就想找罐子拔！谁家都有老人，你也有老的那一天。这位老人家不过是买几斤稀破烂贱的'晴天烂'，你也短几两秤，你这是想钱想疯了吧？"卖鱼汉这时嬉皮笑脸地说，"这位大哥，你说得对，这稀破烂贱的鱼，我能短他秤吗？来，我再给老人家抓一把，不就得了吗？”

王二麻用奖金为父母报了“夕阳红”旅游团，媳妇心有不满叨唠了几句，王二麻粗声粗气地说了句：“你没事去外面泡泡桑拿，别在家闲得找罐子拔。我让我爸妈乐和一下怎么了？人不孝敬天打雷劈，猪狗不如，你嫌我孝敬，你找猪狗过去。”

一网友写了一篇博文名叫《找罐子拔》：大连有句俗语，叫“找罐子拔”，意思就是没事找事。我今天中午的行为，非常好地解释了这句话。恰好中午没事，一下子便心血来潮了。常去的那家美容院的“心狠手辣”的毛嘟嘟大眼睛的美女院长也有闲暇，午休时间一到，便飞奔过去。《不生病的智慧》中介绍了治腰腿痛的方子，那便是在臀部上用大号火罐快速地走罐各100下，然后配着吃一些红枣、桂圆和大量的海虾，几次后腿痛便会治愈。我因深受腿痛折磨，所以虽然书中已经多次申明，此法非常之痛，仍是铁了心要被摧残，女人，就是要对自己狠一点……

这位网友虽然做好了思想准备，但还是痛彻心扉，被折腾得够呛，自嘲这不就是中午没事去“找罐子拔”吗？

挣死扒命

很费劲、拼命的样子，就是“挣死扒命”。

挣死扒命，是绝对地道的大连话。面朝黄土背朝天的农民兄弟常用“挣死扒命”来形容自己的命运；下岗后自谋职业的工人兄弟常用“挣死扒命”来诉说生之不易；初涉职场的年轻人为了收入而“挣死扒命”地跑业务。

从字面理解，就是挣脱开死亡，扒拉到命。命，也是活路的意思。农民兄弟是从土里扒拉到命，工人兄弟是从各种苦力里扒拉到活路。人陷入自怜情绪时，会说一句：“我成天挣死扒命我容易吗？”

挣死扒命其实就是努力拼搏，但这种拼搏的姿势不够美观，龇牙咧嘴扒皮瞪眼血脉贲张汗水淋漓，这种用力过度其实是能力不济的表现。与大侠们谈笑风生间攻下半壁江山的事半功倍相比，“挣死扒命”多少显得恶形恶状，是一种勉为其难。

在网络世界，“挣死扒命”有了更广阔的舞台。凡使用“挣死扒命”一词的网友差不多就是大连人。

论股票，“真不要脸，绿了一天，直到收盘前挣死扒命涨了两点，还好意思称红盘。”

谈爱情婚姻，“我觉得呢，爱情这东西不是自己挣死扒命地争取来的，而真的是靠缘分。”“我从婚姻的坟墓中连滚带爬挣死扒命地探出头来透一口憋闷在心中若干年的浊气，用全天涯都听得到的声音大吼一句：偶要当个单身贵族。”“你一个工薪阶层挣死扒命地娶个富二代姑娘，你能守得住吗？”

说夜店女子，“穿着土不土洋不洋的衣服，没个胸，还穿着低胸装，垫着像拳击手套一样的胸垫，挣死扒命地挤出点沟，身上全部财产就是手里那个用来充体面的二手苹果……”

论西餐，“挣死扒命地非要去必胜客，那里有什么好的，不就是有张带馅的饼吗？还死贵！想吃馅饼咱自个儿回家烙呗！想吃什么馅就烙什么馅，吃得多舒坦，还实惠！”

大连孩子最熟悉的大连话就是“挣死扒命”，“你个兔崽子，我们大人一天到晚挣死扒命地忙活，不就是为了供你上学，你居然考得这么差……”

当年徐志摩追求林徽因时，已是有家室之人。林徽因才貌双全，追求者众。徐志摩天天登门拜访，毫不避嫌，那份殷勤劲儿用“挣死扒命”来形容很形象。恩师梁启超看不惯他挣死扒命地取悦女人，写信让他悔改。徐志摩在回信中极为动情地说：“我将在茫茫人海中，寻找我人生之唯一伴侣。得之，我幸，不得，我命。”这种达观的情感态度令人佩服。“得之，我幸，不得，我命”成为21世纪“高铁”时代最著名的签名词。是你的，就是你的；不是你的，挣死扒命地抢，连扑带咬地说我要我要，也是没用的。顺其自然是最朴素的人生之道，“挣死扒命”是强求，而强求往往不得。

初看，带有自怜意味的“挣死扒命”多是形容社会底层。其实，各个层面都有不同内容的“挣死扒命”。民工在体力上挣死扒命，商人在心力上挣死扒命，官员在上位途中挣死扒命……有人说自己“挣死扒命”那确是他生存状态的真实写照，而有人说自己“挣死扒命”带有自怜或夸张成分，是为了博取他人的同情或认可。与闲游打逛、混吃等死相比，“挣死扒命”是一种积极的人生状态。没有最初的“挣死扒命”，怎会有后来的闲庭信步，岁月静好？

抓唬

抓唬（zhuǎhu），即欺骗、欺负。普希金的诗《假如生活欺骗了你》，用大连话来说便是："假如生活抓唬了你，不要悲伤，也不要气馁……"

"唬"在古代同"吓"。"唬"的本义是指虚张声势、夸大事实来吓人或蒙混人，如"唬人"，"差一点叫他唬住了"。大连人将两个动词连用，将人"抓"住了进行"唬"，生动地刻画了被人欺诈的无奈与悲愤。比如，张三去外地旅行，在一家饭店吃饭，点菜时觉得菜单上的价格挺合理，可结账时却发现价钱翻倍。张三表示质疑，服务员淡定地取出一本菜单算给他看，张三发现这个菜单和点菜时的菜单不是同一个。"这家饭店实在是太抓唬人了！"张三扔下钱气咻咻地走了。

一个人用什么来"唬"人呢？当然是嘴巴，所以"唬"又暗指一个人嘴巴厉害，辩驳能力强，如唬神、唬圣、唬坛泰斗、唬界精英等。当然多数时候，这种辩驳能力是指颠倒是非的能力。

恃强凌弱是抓唬人，占尽别人便宜是抓唬人。一个人太老实了受到不正公的待遇，大连人会说被抓唬了。

抓唬人也是欺负人。这种欺负不是指暴力，而是以阴暗的伎俩来完成的。

再以旅行途中那些事儿来解释"抓唬"。某寺庙大雄宝殿前面的香龛里，最细的一炷香比胳膊粗，最粗的一炷香比碗口粗，长都在一米二左右。香龛旁边端坐着三个和尚，请香的客人过来，他们并不告知价格和规矩，而是请你在签名簿上签上自己的名字。游客哪里想到这签名簿是一个陷阱，还误以为那是对香客们的尊重，糊里糊涂地就将自己的名字签了上去。这一签，你就中了圈套。和尚告诉你，凡签了名的香客，住持法师都会亲自诵经念佛为你消灾。然后和尚指着华丽丽的香问："施主，您请哪一炷香？”听说法师会亲自为自己念经消灾，好面子的游客一般都会选择粗的、华丽的高香。当你高香在握，和尚这才轻轻地告诉你：这炷香是6000块钱。你顿时就失去了血色僵在那里。名字已经签上去不说，香都拿到手里了，周边又围着看客，面前又供着大佛，只得心惊肉颤地将钱掏出来，少不得在心底放泼打滚地吼一声：这佛家净地怎么可以这样抓唬人啊？

在西安的一些地方，你只能动眼，不能动手。西安遍地是“古董”，来西安旅游，总要带些“古董”回去。西安有条著名的古玩一条街——化觉巷，小巷子里布满了卖古玩的小店铺，什么鼻烟壶玉器化妆盒老锁瓷器头饰等应有尽有，但这些大都是赝品。更抓唬人的是，一些店主会暗设机关，只要你一伸手去拿，所谓的玉镯、紫砂壶就会像多米诺骨牌一样摔下来。一个价值两元的玻璃“玉镯”就这样唬你上千元。

在大理，“老乡”是一剂蒙汗药。看货时，服务人员不经意地说，我们老板和你们是同乡。随即老板出场，先是极富感情色彩地询问家乡是否安好，然后淡淡地讲起自己几千万的生意规模。老板还会将珠宝业的经营黑幕一语道破。众游客被老板的真诚所感动，对老板给出的折扣鞠躬作揖感激不尽。结果怎么样呢？抓唬的就是“老乡”！一个团下来十几万块钱被人家实实惠惠地赚着了。

拉呱儿，说胡

拉呱儿，是聊天、唠嗑儿、闲谈；说胡，是胡说、八卦、撒谎。有人向张三打听一个熟人，张三说："这个人过去挺实诚的，但自从干过非法传销之后，就挺爱说胡的，没人信他。""说胡"在这里是指说话水分大、不靠谱。"这个人性情开朗，爱拉呱儿，爱说笑，哪里有她就成了春晚。""拉呱儿"在这里是指说唱逗笑、插科打诨式的聊天。大连人乃至东北人爱拉呱儿，拿拉呱儿当日子过。几个女人能拉呱儿出一部室内剧。"王二麻的媳妇成天横草不拿竖草不拈，就爱找人拉呱儿。""拉呱儿"多指坊间清闲妇女或女工聚在一起扯老婆舌，通常没有太多设计和安排，不过是为了打发富余时间。这种轻度八卦，既排忧解闷，又润滑人际关系。拉呱儿是女人的专利，男人爱拉呱儿则令人鄙视。男人应该沉默如金，一言九鼎，不能碎片化。"拉呱儿"是七嘴八舌，是八卦。"呱"字令人联想到青蛙或鸭子，从它们那狭小的喉咙里发出的阔大而聒噪的声音，活像大连人的拉呱儿。好拉呱儿的人集结起来，就是一支狗仔队。

"拉呱儿"是唠闲嗑儿，是话家常。这就有一种放松感，手握一把瓜子儿，吐着皮儿，说着话儿，娴熟者能将皮儿与话儿同时输出并不忙乱。与"锻句炼字是礼貌"的写文章相比，"拉呱儿"不走大脑，是零智力的口活儿。

"拉呱儿"是一种交际手段，八卦也是舆论的一部分。如果你能在一个圈子里拉上呱，说明你真正地融入了这个圈子。在女人的体验里，拉呱儿大益身心。女人一天不拉呱儿就憋闷，拉呱儿能排遣垃圾情绪，缓解精神压力，也算是一种休闲手段吧。

"说胡"与"拉呱儿"有关。"说胡"产生于"拉呱儿"之中。拉呱儿拉偏了，会扯出危害物质——流言，变成了说胡。

但多数时候，"说胡"是处心积虑的预谋，是经过策划的假新闻。与不走大脑的"拉呱儿"相比，"说胡"是需要付出一定脑力的。

当然，也有一些无伤大雅、后果并不严重的"说胡"。在家庭里，男人常干的勾当是说胡。张三应酬缠身饭局频密，令媳妇沦为"应酬寡妇"。媳妇说再晚的饭局也得在十二点之前回家。从猴子到人需要一万年，而从人到猴子只需要几瓶酒。就这样，一只醉猴深更半夜窜回了家。第二天早晨媳妇一睁眼就质问张三昨晚何时回家，张三淡定地说十一点。媳妇火了："别说胡了，那时我还在看电影频道呢！"张三立即挣扎着残醉之身进了厨房。媳妇白他一眼施施然地去梳洗了，然后笃悠悠地享受他的谢罪早餐。

如今年轻人不喜欢这种老派的、面对面式的拉呱儿，他们更喜欢在网上拉呱儿。大学同窗、闺中密友、职场同事、陌生网友等，统统网聊如面。从繁密的工作中抬起头来，去群里拉几句呱儿，就像忙里偷闲呷了口茶。

说胡事关一个人的品性，不可为之；而拉呱儿只要把握得当，它就是一杯下午茶。

拉呱儿也是一种交际手段，八卦也是舆论的一部分。

磕了

一句『磕了』，删繁就简更有力度地表达出了那份无奈。有时候『磕了』只是一句口头禅，但也可能是真实的内心感受。

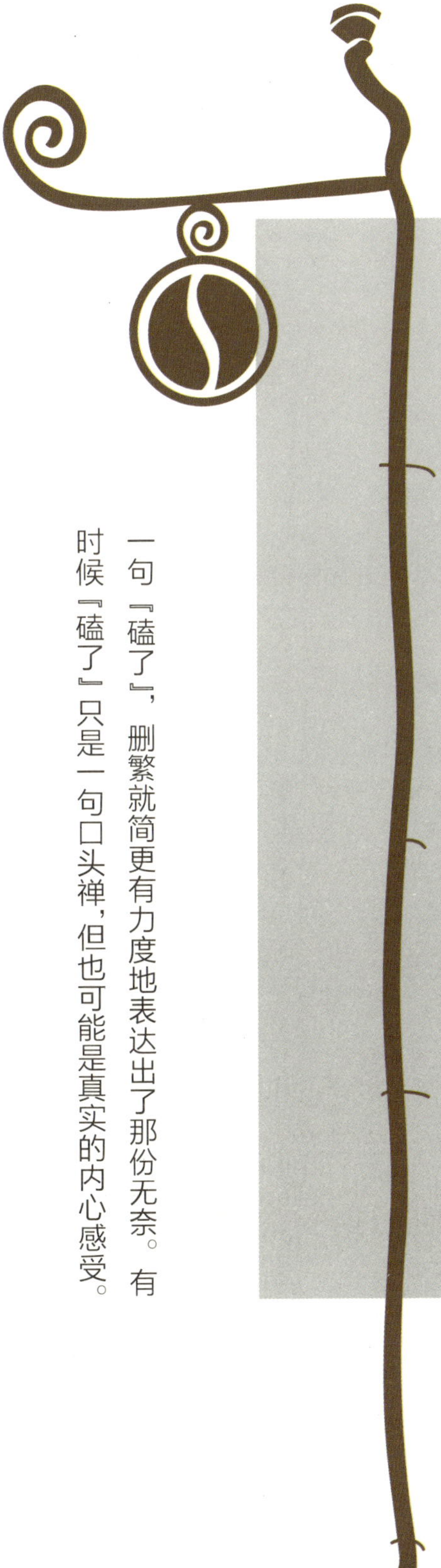

绝了，毁了，开了，磕了

绝了、毁了、开了、磕了，这四个大连方言词各有各的意思，将它们放在一处讲，是因为它们在结构上是相同的。这四个词像大连小炒，体量虽不大，却色香味俱全，是使用率比较高的大连话。

绝了、毁了、开了、磕了，说的是大连人日常生活中的喜怒哀乐。美妙的事儿可以说“绝了”，不妙的事儿可以说“毁了”，不悦的事儿可以说“磕了”，无奈的事儿可以说“开了”。

在《现代汉语词典》里，“绝”具有以下几个基本意思: 一是断绝; 二是穷尽; 三是走不通; 四是气息中止，死亡; 等等。大连话“绝了”是取“穷尽”之意，是形容人或事物好到极致的状态。

还记得 20 世纪 90 年代中期大连万达足球队吗？那些年大连人经常会说这样一句话:“咱大连球踢绝了！”大连万达队牢牢地占据着甲 A 的头把交椅，夺冠如探囊取物般轻松，曾创下了职业联赛 55 场不败的神话。当战绩显赫不胜枚举时，大连人会用“绝了”来表述。

“绝了”有时也与“漂亮”同义。“王二麻虽然脸上长满麻点，但他家的姑娘长得绝了。”一个长得绝了的姑娘，会是什么样子呢？你可以想到西施王昭君貂蝉等古代美女，你也可以想到校园皇后陆小曼、金嗓子周璇、电影皇后阮玲玉等近代才情美女，当然今天娱乐圈里的美女们，你也尽可以想象，她们的样貌就是大连人所说的“绝了”。

“绝了”也可以形容一个人技艺出众，水平高超。张三邻家有一个女孩每晚练钢琴，张三晚饭后喜欢喝杯清茶，女孩练琴与他喝茶时间差不多，他每晚就在女孩的琴音中休憩品饮，也是一番三流的小情小调。张三不懂钢琴，只觉得女孩弹得如行云流水一般，便经常跟女孩的父母说：“喃（你）姑娘钢琴弹得绝了！俺天天在家边喝茶边听钢琴曲。”过了几年，邻家女孩又开始学二胡，张三又向人家父母夸赞：“喃（你）姑娘二胡拉得绝了，跟瞎子阿炳似的！”在这里，“绝了”是外行看出了热闹却看不出门道的藏拙评语。

“绝了”形容风景更给力。在外地人眼中，大连有很多“绝了”的美景。五月的大连“绝了”，城里城外的槐花都盛开了，城市的天空飘荡着迷人的槐香，傍晚或清晨，人们来到槐树下散步健身，不知不觉间被槐花熏得浑身香甜，心也跟着沉醉了。五月的大连是一座槐城，整座城市沐在浓郁的槐香之中，令人如痴如醉。城市的景观文本与生活形态已越来越同质化，让我们死心塌地爱一座城，也是有难度的。我们喜欢的可能是那座城的某一季。五月的大连还没有进入旅游旺季，可是如果你在此季来过大连，你便终生难忘。此季，这座城市是治愈系，到处洋溢着浪漫甜蜜的幸福气。

八月的大连“绝了”，这个季节人们开始玩海了。外地人来大连玩海，大连人也经常“上海”。所谓“上海”就是去洗海澡。洗海澡有各种“套餐系列”，你可以选择在海边打滚子侃大山，也可以选择吃烧烤喝啤酒，或者选择支一把伞在沙滩上闭目小憩。一座城市的海滨特色并不在于拥有多长的海岸线，而是一种海洋生活理念根植于岁月年轮之中从而成为一种习惯。国外海滨城市的住宅车库里，都会有拖车和帆船，不管离海滨有多远，人们都会在周末时用拖车载着帆船去海上进行运动。这是海滨特色的本质。尽管林立的帆船和冲浪等海上运动景观，在大连还很难见到，但这并不能抹杀大连作为一座海滨城市的鲜明特色。大连人亲近大海，依恋海滨生活，亲朋好友的聚会、年轻人的谈情说爱、儿女陪伴父母休闲、年轻父母的舐犊时光，甚至包括商务活动，都可以在大海边进行。可以说，大连人已将生活和工作融入到海洋之中。最富有特色的是，每个单位都要在八月季组织员工“上海”，将“上海”当作夏天的一项福利。“俺单位今年组织了两次‘上海’，第一次每人发了一千块夏凉费，第二次买了羊肉海鲜啤酒在海边吃烧烤，两次活动都搞得绝了！”“上海”活动搞得“绝了”，对员工既是犒劳，也是激励。

既要玩海，还要吃海。大连的海鲜也“绝了”，硬海鲜有海参鲍鱼夏夷贝鸡尾虾紫海胆飞蟹等，它们是海鲜家族的大青衣；小海鲜有海螺蚬子扇贝虾爬子海虹海萨子毛蚶等，它们应该是武小生吧。红烧与油焖，白灼与卤醉，每一种海鲜都有多种吃法，吃得舌尖上狂欢了，大连人会说“血受”、“绝了”。深秋里，大连人要晒鱼。将鱼晒干了，留作自家冬天食用，或者馈赠远方亲友。比较古老的玉华市场，每逢深秋都会出现晒鱼一景，鱼身上都系着红布条，远远看去犹如图腾一般壮观迷人。整个市场的上部空间挂满了鱼，洋溢着吉庆有余的喜气。最喜欢膏脂肥厚的大鱼，每一条都垂着一串金灿灿的鱼子，闪烁着莫名的霸气。晒鱼最佳时机是在10月底，此时大头苍蝇已遁迹无踪，秋风逐渐强劲，有了肃杀之气，再肥厚的大鱼只消三两天工夫便晒透了。大连人爱吃新鲜的海物，更好一口有嚼头的干海鲜。干海鲜烹制得法，那独特风味也是“绝了”。

在《现代汉语词典》里，“毁”具有四种含义：一是破坏，糟蹋；二是烧掉；三是说别人坏话，诽谤；四是将成件的旧东西改成别的东西，多指衣服。大连话“毁了”，含有破坏的意思，具体来说是指完了、砸了的意思。“毁了”是大连人的口头禅，一切不妙之事都可以用“毁了”来表述。家里停水了，上班所坐的公交车改道了，是毁了；父母患病住院、公司裁员增效，是毁了。“可毁了”，是说事情太糟糕了；“毁了！毁了！毁了！”是说发生了重大祸患。

有趣的是，有些大连话既可以褒用，又可以贬用，一个词可以表达两种截然相反的情境。“毁了”便是此类代表。比如，大连人看了一场精彩球赛，有两种说法：一说“今天的球绝了！”“绝了”即精彩；二说“今天的球毁了！”“毁了”说的也是精彩，与“绝了”意思相同。而且，“毁了”不是指一般的好或精彩，而是指好得一塌糊涂，精彩得无与伦比，才可以用“毁了”。

在《现代汉语词典》里，“开”的词条比较多，大多是作为动词或趋向动词来使用。作为某地方言，“开”是吃的意思，如“他把包子都开了”。大连话“开了”，不是水开了、花开了或面开了（指面发酵到一定程度）的意思。在大连人的生活里，你经常会听到一句海蛎子味儿极浓的大连话：真让你开了！这句话里似乎含有失望不满、轻蔑怨恨的情绪。有时大连人会说“真让你开心了”，这可不是指高兴，而是说让人寻开心了、让人捉弄了，也含有让人骗了坑了的意思。

秋风起蟹脚黄，张三托王二麻买飞蟹送礼，王二麻介绍他去朋友的海鲜店里买。张三买完蟹气咻咻地给王二麻打电话，“我真让你那哥们儿开了，50斤蟹少了三斤半，价格也黑不少……”王二麻也很生气，转头就给朋友打电话，“我真让你开了，我介绍哥们儿去你店买海鲜，你是怎么对待的？”

在《现代汉语词典》里，“磕”具有三种含义：一是碰在硬东西上，如“脸上磕破了块皮”；二是磕打，如“磕打烟袋锅子”；三是比喻作对、争斗，比如“这俩人向来就有矛盾，这回算是死磕上了”。大连话“磕了”是指累了、没辙了、没戏了的意思，表达的是一种无奈的情绪。

张三是个啃老族，中国啃老族分为三种类型：一等啃老族有工作有收入，并且能按时交纳生活费，但是要依靠父母赞助买房买车买奢侈品；二等啃老族有工作有收入，但不交父母生活费，一家三口吃喝父母的；三等啃老族无工作无收入，一切生活开销都由父母供给。张三属于二等啃老族，一家三口觍脸在父母家长年累月地大吃大喝，平时连根葱都不买。老母亲会跟知心的老街坊诉苦，“我让儿子一家三口磕了，我和老伴那点退休金都供他们吃喝了。我每天为他们做饭，做得磕磕够够了……”“磕磕够够”是“磕了”进一步恶化的结果。

一句“磕了”，删繁就简更有力度地表达出了那份无奈。不论是职场还是家庭中，都不宜经常将“磕了”挂在嘴上。有时候“磕了”只是一句口头禅，但也可能是真实的内心感受。一个人没有理想和目标，精神缺乏韧性，稍经风雨吹打便会产生“磕了”的疲惫与脆弱，这是个人修为不够完善，与旁人无关。

虎说六道，嘞嘞

虎说六道，即胡说八道、乱说话的意思。在天健网论坛里，看到一位大连白领发的帖子：上班实在无聊，求一个虎说六道的QQ群解闷。有人跟帖“不希虎吧”、“百度一下七院（指大连精神病院）的号”。虎，大连方言，与傻同义。六道，是佛学术语，指有情生活、轮回于其中的六个界别，即天道、人道、阿修罗道、畜生道、饿鬼道、地狱道。虎说六道，说的大概是六道生死里的悲欢吧。

在体制之内，人们很少有虎说六道的机会，如果你有过网络“群生活”的经历，就会对“虎说六道”有所理解。除却工作及由工作衍生出的圈子，人们会遵循爱好、情趣的线索在网络世界里找到属于自己的群落。“群生活”已经成为都市白领的精神家园，满足了他们多样化的心理需求，其中之一便是可以做真实的自己。每个人都有多层人格面具，在现实之中，我们只能将容易被人接受的一面展示出来，而不为世俗所接受的其他却被压抑下去。最典型的表现是，在现实层面，人们尽量少说话，说话尽量说得四平八稳左右逢源，必要时说假话，说空话，说捧杀的话。某些人德行与能力气血两亏，却靠一张很会说话的小嘴巧谋稻粱，将一大家口人养得红光满面膘肥体壮。某日你发现他也有“群生活”，在群里他虎说六道，他针砭时弊嬉笑怒骂，显得既有温度又有生趣。虎说六道，多数是指乱说话、说假话或不会说话，偶尔也指说真话、说心里话。将真话说得很彻底，说得很激动，带有情绪化和攻击性，也会被大连人劝告一句：“别虎说六道了！”

人们喜欢网络“群生活”，喜欢论坛天地，在虚拟的世界里，威胁少、冲突少、竞争少，可以展现出最真实的自我，精神樊篱一旦打开，最典型的症状便是敢于说话，以自己的言说方式或批判或建设，说的全是有情有义有用的话。当然，在网络世界里，人们更喜欢随便说话，喜欢彪说六道，喜欢说些无用无聊的话。这是一种精神解压，是一种心理释放。只要你愿意，每个人都可以在这里敞开心扉畅所欲言。彪说六道，是畅所欲言的网络版。

大连方言中还有个表示说话之意的词叫“嘞嘞”，是指大量、高密度、长时间地说话，并且，言说质量非常低劣。老百姓爱瞎嘞嘞，掌握话语权的领导者也爱犯瞎嘞嘞的毛病。《大连日报》副刊当年对大连话进行打捞梳理，对“嘞嘞”词条如此举例：台上某领导意识流已达数小时，台下群众牢骚满腹地说：“瞎嘞嘞什么，都嘞嘞酸了！”据分析论证，“嘞嘞”一症，是诉说欲（表现欲的一种）太强的表现，与不识时务一相遇便会发作。

“嘞嘞”也可以说是东北方言。东北人爱嘞嘞是出了名的。为啥呢？因为东北地区天寒地冻，天高地远的，以前除了农耕季节忙点，农闲时节大家就无事可做了。在如此漫长的休闲期里，东北人需要大娱乐，所以东北人扭大秧歌，唱二人转，满山满岭地唱啊扭啊，以驱赶漫长的孤独寂寞闲。但是，唱和跳也是颇费周章的，最信手拈来的娱乐是坐在炕头上唠嗑儿。因为闲在冬季，天气奇寒无比，所以人们是盖着棉被子抵足相依地唠。单调枯燥的生活哪里经得起那么漫长的唠扯，唠着扯着，便开始瞎嘞嘞了。美化一点说，“嘞嘞”是东北人的口头创作。东北人普遍具有的幽默感就是由炕上口头创作锻炼出来的。贫苦生活并非一无是处，很多才华就是从贫苦之地生发出来的。诺贝尔文学奖得主莫言曾说，他的想象力是饿出来和吓出来的。同样，东北人的幽默感是闲出来的，是嘞嘞出来的。

由大连人乃至东北人的“嘞嘞”联想到成都人的“摆龙门阵”。龙门阵是成都人的“赋”，它不同于一般的聊天、侃大山和吹牛，就在于它和“赋”一样，必须极尽铺陈、排比、夸张、联想之能事。即便一件素常小事，也要添油加醋，摆得七弯八拐。这样的“作品”当然需要在茶馆里“发表”。事实上，成都茶馆的魅力就在于“龙门阵”。“龙门阵”的内容五花八门、无奇不有，林文询《成都人》里是这样概括的：“既有远古八荒满含秘闻逸事古香古色的老龙门阵，也有近在眼前出自身边顶现代顶鲜活的新龙门阵；有乡土情浓地方色重如同叶子烟吧哒出来的土龙门阵，也有光怪陆离神奇万般充满咖啡味的洋龙门阵；有正经八百意味深沉庄重严肃的素龙门阵，也有嬉皮笑脸怪话连篇带点黄色的荤龙门阵。”

成都人爱摆龙门阵，就是要向人展示自己的嘴巴功夫，用大连话说是一种“显摆”。这种“显摆”可以看出成都人自我认可度比较高。在成都，熟人见面，除了问“吃了没有”，多半也会问“到哪儿去耍”。成都人的“耍”，必须同时伴以“吃”和“说”。不论是郊游远足，还是游园逛街，都必须有好吃的，也必须一路说将开去。如果走了一路，却无话可说，那是“赶路”，不是“耍”。再豪华高档的场合，如果没有茶喝，没有好东西吃，没有尽兴聊天，成都人都是不屑的。

成都人爱说话，除了有事情要说之外，更多是说着玩的，颇有些“为艺术而艺术”的派头。正如林文询所说，“更多地是说着玩，把话语在舌头上颠来颠去地品味，欣赏，展示。犹如绿茵场上的好手，把一颗皮球在脚尖头顶颠来颠去颠出万千花样来一般。”显然，东北人的“嘞嘞”还不能与人家的“龙门阵”相提并论。

成都也有不少方言是形容爱说话、会说话，比如“涮坛子”（开玩笑）、“冲壳子”（吹牛皮）、“展言子”等。其中“展言子”最具特色。所谓“展言子”，是指说话时讲几句谚语歇后语，而且藏头藏尾，让你去猜想去品读，在心领神会中获得乐趣。也许是因为新鲜感，也许是因为“龙门阵”的魅力所惑，我觉得“涮坛子”、“冲壳子”、“展言子”比咱的“彪说六道”、“嘞嘞”、“迂叨”好听多了。

东北人嘴里“疙瘩话”多。“爱嘞嘞”、“瞎嘞嘞”几乎成了东北人的性格标签。如果坐火车，你可能会有这样的见闻：大家安置好箱包之后，最先取出茶杯水果鸡爪子皮蛋什么的，大多是东北人。因为会嘞嘞，东北人善于跟陌生人搭讪。一趟火车坐下来，你发现这个东北人“满嘴跑火车”，火车一路奔驰向前，他也奔驰般地嘞嘞了一路。

“嘞嘞”与“忽悠”近义。“忽悠”为何意？看一看赵本山小品《卖拐》、《卖车》、《卖轮椅》三部曲就知晓。东北人的性格曾被人总结为“三拍”：一拍脑门想起来了，一拍胸脯“交给我了”，一拍屁股走人了。走了是因为做不到，即使做不到也决不承认。有人说这种人是“炮将”，但你细品一下居然会有那么一点感动，这是一种很矛盾的感受，他满口应承下来，是因为他对你真诚，无力拒绝，结果却因能力不及而逃之夭夭。

最后说一说“迂叨”。凡是说话唠唠叨叨又缺少具体内容的人，大家就会说他太迂叨了。这里的迂是曲折、绕弯的意思。

有一首歌号召天下儿女“常回家看看”，就是说要常回家听父母迂叨迂叨。俗话说，树老根多，人老话多。老人之所以话多，除了老来有闲和害怕孤独之外，也是因为老人阅历多，见识广，有一肚子话要说、可说。在大连有这样一个文化现象，很多退休老人提起笔写家史写自传写回忆录。几乎每个经历沧桑的老人都有为后人存史的道德责任。老人也比较适合写回忆录，一方面退休之后多有闲暇时间，另一方面老人有较深的资历和生活积淀，还因无职务和名利欲求，动机纯正，杂念较少，一般都敢于说实话、吐真言。钩沉积淀久远的往事，打捞已经逝去的人生感念，这些老人晚年生活安排得很充实，不是特别依赖儿女们“常回家看看”。但并非每个老人都能写自传，他们有话还是愿意跟儿女们迂叨。儿女们有时会烦老人太迂叨，说老人迂叨可以，但万万不能说老人“彪说六道”或“瞎嘞嘞”。曾有这样一个广告片：儿女们回家看望父母，吃过晚饭之后大家全埋头手机里，没有一个人肯听老人迂叨，老人一气之下掀了饭桌子。呜呼，可怜人生晚景里的老人啊！

多年以前，《大连日报》副刊专栏《民间语文》曾这样定义栏目宗旨：自我定位，自我审视，自我扬弃。我想，这三句话既是对大连话而言，也是对大连人而言。当我们反对或反感赵本山小品里某些人物时，当我们在网上与人激辩努力维持东北人形象时，其实已经是完成了自我审视与自我扬弃的淘洗与沉淀，从批判走向了建设。

眼气

眼气(yǎnqì),在大连方言里有羡慕、嫉妒的意思，意同眼馋，也作使动用法。

“眼气”居然还是贵州、东北、山西、四川、河南和河北的方言。在四川方言里，“眼气”是看在眼里，气在心上，对应当下网络流行语就是“羡慕忌妒恨”之意。“眼气”适用范围之广，可见其表现力很强大，各地对“眼气”的释义基本相同。

其实,“眼馋”比“眼气”更有意思，嘴巴馋了会流口水，眼睛馋了会怎样呢?眼睛馋了大概会生气冒火吧。

鹅池居士在博客里曾指出“眼气”的错用:《山西晚报》2008年7月4日一篇文章《女人何苦眼气女人》使用了“眼气”一词，大概意思就是向别人炫耀，带一点臭美，还带一点看不起对方的意思。在方言中类似的用法比较常见，问题是“yǎn qì”这个词语的汉字该如何写?难道真是“看在眼里,气在心上”吗?其实“眼气”就是“眼青”,义为“羡慕”、“亲热”，引申而有“妒忌”之意。古代“i”与“ing”声音相通，可惜今人不熟悉这些，于是仓促间将“青”写为“气”,还勉为其难地作解:看在眼里，气在心上。

“眼气”究竟是不是望文生义的结果，还有待语言学家进一步考据。

人家拿奢侈品当日用品，换名车像换领带似的频繁，你眼气;人家薪水不低福利不薄压力却不大，你眼气;人家有车有房却不欠银行钱，你眼气;人家夫妻恩爱日子过得幸福平静，你眼气……“你别来眼气我了!”面对人家的好山好水好风景，大连人脱口而出的这句话,有羡慕之情,却无妒忌之意。“你看张三家的女儿，真是眼气死个人，不用父母操心,轻次溜地考上了名牌大学。”此处，“眼气”是褒奖，也是恭喜。我们不会眼气邓文迪嫁默克多嫁得好，也不会眼气章子怡手上硕大的“鸽子蛋”，我们眼气的是身边人，眼气那些看得见够得着的东西。

某高校体育系一女教师，自20世纪90年代初就开始经营体育用品生意，如今已是家产万贯，跻身本城富贵阶层。女教师喜欢名车，隔几年就会换一辆百万元以上名车。但是女教师非常低调，每天开着名车来给学生上课，将车停在校园偏僻之处，在车内换好运动服穿上球鞋，从不将自己富贵奢华的一面示人。年终系里搞茶话会，她会主动买些橘子花生瓜子之类，从来不做一掷千金之举。逢教师节，系里将全体教师拉到安波洗温泉，她也跟着大家坐大巴，从不驱动她的名车。这样的人就是低调之人，她从来不去眼气人，藏起富贵的气息，敛起奢华的光芒，于人于己都是一种自在。

拿自己的好东西去眼气别人，并且不肯分享，显然不够厚道，也显得特浅薄。有一条网络流行语说：低调是最牛B的炫耀。今天人们喜欢用“低调做人，高调做事”来评价某个人。低调是一种修养，是做人的最佳姿态；高调是一种气魄，是做事的最佳智慧。怎样把握为人处世的藏锋哲学与亮剑精神，不该眼气人时要保持低调，该眼气人时要不遗余力地张扬，这实在是一门不可小觑的处世功课。

历史上，大连方言跟闯关东而来的山东人有着密切关系。清代前期和中期，山东的胶东人首先迁移到辽东半岛，将胶东话带到了大连至丹东一带。就现代方言的特点来说，大连、长海、庄河等地的方言跟胶东方言同是一个体系，都是属于胶辽官话三个次方言中的登连片。虽然主要特点有相同之处，但由于受东北话、河北话等影响，大连话经过了长期的演变，形成了独特的胶辽口音与东北官话兼备的地方话。

在漫长的岁月长河之中，某些方言跟当初来时模样一致，没有任何变异或演变，这大概是因为这些方言在表情达意方面具有“舍我其谁”的精准感。“眼气”便是这类大连话的代表。具体来说，“眼气”是山东蓬莱方言，还有一个蓬莱方言叫“害气”，“害气”与妒忌同义，与“眼气”的羡慕之情不同。

这些年，“眼气”在大连人的生活中，意义一直不曾改变。在大连人的使用中，“眼气”羡慕成分居多，略带嫉妒意味。但凡我们能直白地说出“我眼气谁谁”，心态都是阳光的。羡慕和妒忌乃人类的正常情绪，妒火中烧是可怕的，但适度的妒意会分泌前进的精神酵素。

不来玄

玄，就是虚伪、不真实、不可靠的意思，如玄想、玄虚等。不来（lǎi）玄，是指一个人说话实在，做事靠谱，不弄虚作假，不夸大其词，有一说一，有二说二，绝对真实可靠。

在论坛里看到一个帖子，题目是《不来玄的，稍不注意你就会成为杀人凶手》，讲一位女士开车上道后，不守交通规则，胆子又肥大，惊瘫了老人，吓傻了孩子，连那与时间赛跑的急救车，这位女士也敢横刀立马挡在其前。帖子作者如此感慨："急救车的喇叭声在俺听来尖锐且凄凉，可这位大姐就是不肯挪一挪，泊在马路中央岿然不动。真不来玄啊，她很可能就成了杀人凶手啊……""杀人凶手"一说并不夸张，并不言过其实，这就是"不来玄"的意思。

张三去单位仓库取东西，与一只耗子邂逅，"那耗子那个大！不来玄呀，足有一尺多长！"在此处，"不来玄"也是不夸张的意思。

张三在圣诞节陪媳妇去英国旅行，目睹并参与了中国人血拼奢侈品的疯狂，回来后跟亲朋好友如此描述："真不来玄啊，中国人的购物欲简直比索马里海盗的抢劫欲还强烈。我都有些蒙了，这究竟是伦敦还是中国哪个城市？大街上到处都能听到中国话，到处都是中国人在排队抢购，大家都像去大菜市买秋裤似的。最后一天，我们坐火车去牛津的品牌直销购物中心购物，火车上全是中国人，真不来玄啊，就像春运一样……"

当大连人讲述某件事情的时候，对于那些重要的细节，在说之前，或说完之后，往往会以一句"不来玄"强调其真实性。反之，是"真来玄"。张三听王二麻讲了一件事情，张三评了句"你可真能来玄啊"，有捕风捉影、胡说八道或夸张煽情的意思。

20世纪70年代，大多数中国城市

大连很多区域或小城镇具有“微城”气质。

家庭都有三四个孩子，孩子多，父母工作忙没有精力照顾每一个，便会将其中一个送到乡下老人家寄养。虽然每月按时寄养育费，却被私心重重的老人家悄悄积攒挪作他用，比如给儿子盖房子娶媳妇，比如买了耕牛。所以，被寄养在乡下的孩子大多是豆芽体形，严重营养不良。除了身体发育问题，最大损失还是孩子教养不足，精神风貌很差劲。到了上学年纪，父母领回家的可能是个面目全非的野孩子。有一部小说名叫《我的贡比拉河》，曾描写了这种寄养生活，并非常恰当地使用了“不来玄”：

“张聿礼经常说起我哥在我奶奶家造得真是不像样子，说起这些，他就眉飞色舞，用手比划着说，咱不来玄……山东话都读四声，在张聿礼嘴中说出来就是：赞不赖旋。

“咱不来玄，是张聿礼的口头语，意思是他说的都是真的，一点没有假的，也没有夸张的意思。他说，咱不来玄，小波哎，我到那儿一看，那造得那个不像样，那鼻涕足有一尺长，鞋底都是断的，用草绳紧着，衣服嘎巴地都能当镜子，裤子到处是窟窿，用个烂绳子系着，跟个花子差不了多少。

“花子，也就是要饭的，我们那儿管要饭的叫要饭花子，或者直接叫花子。张聿礼说，这可是你们老吉家的人，我一看，根本就没人管，跟个野孩子没啥区别，活着就是了。张聿礼说，我都不好意思带他走，走到村口，我拿块砖头，让小波把衣服脱下来，我就用砖头蹭，总算把油脂麻花的衣服蹭得干净一点了。翻过来，一抖搂，虱子都往下掉，虮子都一排一排的，我也用砖头蹭了蹭，咱不来玄，都能听到咔吧咔吧地响……我就说，这是咋给养的？”

“不来玄”分明是强调没有哗众取宠，而实际却是把事情说得超过原有程度。这“不来玄”其实“很来玄”。但是，它并不令人感觉虚假或生搬硬套，它只是在需要强调的地方用了一把力。

“不来玄”与文学技法“渲染”有几分神似。渲染原属中国画技法的一种，后来运用于文学领域，成为文学作品中最常见的表现手法。渲染的主要手法有反复、排比、夸张、层递、铺陈、烘托等，这里提到了“夸张”，却要求必须自然妥帖，不可脱离了生活基础。细品大连人所说的那些“不来玄”之事，都有一些夸张感，却又都很接地气。

最后来赏析北朝叙事诗《木兰诗》，这首诗以渲染之法描写了花木兰替父从军凯旋后返回故居的情景：“爷娘闻女来，出郭相扶将。阿姊闻妹来，当户理红妆。小弟闻姊来，磨刀霍霍向猪羊。”诗句充分渲染了花府一家老小迎接木兰还家的热闹气氛，既真挚动人，又非常合乎情理，一点也“不来玄”啊！

不善

善的本义是吉祥，作为形容词，有“吉、美好、善良、慈善、应诺、慎重、高明、熟悉”等义项；作为动词，有“擅长、修治、羡慕、认为好、赞许、友好”等义项。大连话“不善”并不是指“恶”，而是“擅长”、“厉害”的意思，多用来称赞某人有能力，有水平。如：“这小孩真不善，没上学就能识一千多个字。”又如：“张三，几年不见，你老得可不善啊！”

“善”具有深刻的伦理学、哲学和佛学内涵，中国传统伦理有着丰富的劝善内容，《太上感应篇》、《关圣帝君觉世真经》、《文昌帝君阴骘文》都曾是中国历史上大为流行的劝善书。善的哲学定义是指具体事物的运动、行为及存在对社会和绝大多数人的生存发展具有的正面意义和正价值。简单地说，善是一种正能量。与善对立的是恶。恶，即“不善”。“不善”有“坏事、恶人、缺点、不良、不长于”等义项。显然，这些义项与大连话“不善”毫不相干。据记载，“善”作为方言，有“轻”、“少”、“厉害”的意思，其中“厉害”义是指在大连话中。目前大连话在网上颇为流行，网络版大连话教程层出不穷，百度百科也经常会标注某字（词）乃大连方言。网上大连话教程都是由大连人编撰的，没有哪个城市的人们像大连人这般热爱自己的方言。或者说，没有哪个城市的人们如此自恋自己的方言，我们说着自己的方言，还要赏析、把玩着自己的方言。

说一说咱大连的哥“马路虾”，这位有20多年驾龄的大连男人日夜为生活而奔波，他说：“即便疼，我也不呻吟！”几年前，“马路虾”开始写东西，他虽然受教育程度不高，但平时酷爱读书，阅读面也很宽广。他写的哥的故事，写的哥的酸甜苦辣，他的文字幽默中见辛辣，平实中见智慧，扔在网上居然引来无数

“虾米”追捧。作家陈村非常欣赏“马路虾”的文字，在网上留言大加赞赏，并转发到其他论坛。“马路虾”的文字很快被出版机构相中，一本名为《黑夜给了我黑的眼睛——的哥逸事》闪亮面世，并迅速成为畅销书。大连人称赞“马路虾”，不说“马路虾”多么有才，也不说“马路虾”多么厉害，而是说一句“‘马路虾’真不善啊！”

美国著名影星梅姨凭借在传记影片《铁娘子》中出色演绎英国传奇人物、前首相撒切尔夫人，捧走了第84届奥斯卡最佳女主角的小金人。梅姨名叫梅里尔·斯特里普，今年她已经63岁了。在梅姐时代，她曾获17次奥斯卡提名、26次金球奖提名，捧回8座金球奖杯，还有一堆奖项与提名暂不罗列。从梅姐到梅姨，在40多载的岁月长河里，梅里尔·斯特里普在一个领域里心无旁骛地深耕细作，终至功成名就掌声繁华的这一天。若用大连话赞一下梅里尔·斯特里普，那就应该是“63岁的梅姨真不善啊！”傲人的成绩单并没有令梅姨找不着北。在好莱坞，梅姨是绯闻的绝缘体，她有老公有孩子，生活平静而幸福。梅姨的经典表情是一派平静之中蕴蓄一丝微笑，这微笑，虽然不是很慷慨，却显得那么妩媚，那么温暖。女人的表情是养出来的，养一颗温润友爱之心，养一股中正平和之气。从梅姐时代到梅姨时代，这个表情从不曾改变过。

梅姨在自己的专业领域内发力，成为“尖子生”，是一种“不善”；“马路虾”跨界经营，在别处有所斩获，更是一种“不善”。出了点薄名的“马路虾”依然在路上，但这回是给私企老板开车。有时“马路虾”也坐出租车，闲聊时，他的心头始终萦绕着一种隐痛。这种隐痛已催生第二本书《的哥马路虾的驾车宝典》，“马路虾”真是不善啊！

“不善”仍被大连老辈人使用，年轻人喜爱网络流行语，与“不善”同义的网络语是“达人”、“牛人”。“达人”是指长期沉浸在某个领域，积淀丰富并觅得真经的人物；“牛人”是指做某件事情非常厉害或做事不按常理出牌的人。在论坛上，常见“史上最牛的人”这种表述。与“不善”反义的网络语是“很菜”，是指对某些事物操作不熟练的生手。

简而言之，“不善”是指各行各业的“尖子生”。这些“尖子生”并非天赋异禀，他们大多资质平凡，甚至存有先天不足或缺陷，但他们坚信努力奋斗是人生的“唯一解”，他们上路，并且风雨无阻日夜兼程……此类奋斗者用大连话赞美就是“真不善”。“真不善”是一种发自内心、原汁原味的夸奖。

大连人在使用“不善”一词时有时会加上语气词“乎”，强调赞赏之情的由衷与强烈，如：“马路虾”真不善乎！梅里尔·斯特里普真不善乎！还习惯缀上“劲儿”，成为“真不善劲儿”，有“不是善茬儿”的意思。在过去年代的东北大宅门里，恶婆婆、刁小姑子，再加上一个“真不善劲儿”的儿媳妇，这日子就像连续剧一样有看头了。

吵吵巴火

吵吵（chāochāo）巴火，是指多人吵架或大声喧哗。这是大连人对“吵吵巴火”的通常解释。但仔细体会它的实际运用会发现，它疑似吵架，却又不尽相同。吵架是理智完全失控，火气全线爆发，而“吵吵巴火”是理智与火气四六开，虽有火气在燃烧，但彼此还是竭力以理性思维进行交涉。与大声喧哗也有所不同，大声喧哗是无主题动物式的聒噪，而“吵吵巴火”是一场正经的争辩。

大连创业孵化基地是由政府为初始创业者提供的免费经营场所，入驻创业孵化基地的创业者大多是大学毕业生。学子们在基地孵化自己的创业梦想，最长孵化期为一年，待羽翼丰满之后“出壳”翱翔。在零成本的孵化期内，年轻的创业者时常处于兴奋糅杂焦虑的状态。为了确保孵化成功，他们经常进行头脑风暴畅谈会。

这是创业孵化基地里的一个镜头：在一间办公室里，几位年轻人正在开会，他们或坐或仰，姿势及服装都不拘一格，很有派对感。这是一群搞创意产业的年轻人。这间办公室口头名称叫会议室，挂牌名称为“头脑风暴室”。将“会议室”改称为“头脑风暴室”，显然这是一群崇尚现代管理学的年轻人。他们都有自己的想法，都坚持自己的想法，这间“头脑风暴室”从来没有平静过，“吵吵巴火”的南腔北调在这里激烈地碰撞……当头脑风暴趋近白热化时，一位高大帅气、干净利索的小伙子忽地起身说：“行了，大家都别吵吵巴火的，以后我们开会碰想法，听别人发言时要认真，要延迟评判，将别人的观点潜心琢磨几分钟，切忌不经思考就贬低或攻击对方观点。”显然，这位大连小伙子是这支创业队伍的领头羊。后来他明白，“吵吵巴火”是一支优秀团队的健康体征，“头脑风暴室”

里消极旁观的一派平静才是令人绝望的。

将镜头从“头脑风暴室”切换到20世纪六七十年代东北地区的农村家庭。在那个年代，贫穷阶层缺少维系大家庭的物质基础，一旦家长去世或因过于年老丧失了治理家庭的能力与权威，儿子们分家各谋生路将不可避免。分家原则是平等继承家产，如果分家不公，就会引发旷日持久的家庭战争。据老辈人讲，还有这样两种特殊状况引发分家：其中一个儿子及其家眷性格自私偏狭，喜好争斗，为了维护整个大家庭的安宁和谐，由老人提议并主持分家将其分离出去。另一种情况是，有一个儿子吃喝嫖赌生活放荡，家长为了保护家产会进行分家。这个不务正业的儿子被剥夺平均继承财产的权利，只分得一部分维持生活的土地和住房。

分家分什么？除了土地和房屋这些大宗生活资料，还有牲畜、车辆及农具、井等，为一间屋吵吵巴火，为一眼井吵吵巴火，为一头牛吵吵巴火……总之，若描述东北农村分家的情形，用“吵吵巴火”来形容特精准。经过一场场“吵吵巴火”之后，亲情淡了，破了，散了，这个家真的分了。

有几分理性，有几分火气，这便是“吵吵巴火”。由此可见，“吵吵巴火”并非无主题无内容的喧哗与聒噪，更不是理性与风度尽失的大吵大闹，而是一场事关利益或思想捍卫的争辩。

南方人细腻温润吴侬软语，北方人粗犷火爆吵吵巴火。不少东北男人平时说话就是吵吵巴火的样子。大号嗓，高频率，大恨大爱地用词，并伴以跌宕的手势和生猛的眼神……

“吵吵巴火”是最寻常的市井图。在市场上被短斤缺两了，咱会跟小商贩吵吵巴火的；在公交车上挤着了别人，别人会跟咱吵吵巴火的；应酬缠身经常晚归的男人，会被女人吵吵巴火的；孩子厌倦学习成绩下滑，家长会跟孩子吵吵巴火的……“吵吵巴火”是滚滚红尘的音效，我们每天沉浸其间，五味杂陈，冷暖自知。

皮儿片儿的

皮儿片儿的，魂儿划儿的，抹里带外，是一组用来形容脏乱差的词语。皮儿片儿的，是没有条理、不整洁；魂儿划儿的，是乱七八糟、不干净；抹里带外，是脏乱差。

讲一对老年伉俪的婚姻故事，来解释这三个词的意思。

她是一个“海南丢”。20世纪50年代初期，14岁的她与乡亲们坐着船浩浩荡荡地向大连方向驶来，成为闯关东的一员。

在大连，她奔波在各种苦力场，赚到钱寄回山东家供弟妹上学，供父母求医问药。弟妹靠知识改变了命运，而她一个人在大连熬成了剩女。谁也想不到，她在28岁那年居然嫁给了一位工程师。他原本在沈阳某国营机械厂工作，当年响应国家支农号召回到了老家大辛寨子村。他们经人介绍相识，没有相恋便迈进围城。体质羸弱的他看中了她身体素质好，并不介意她没有文化。两个人在一个屋檐下生活，最大的难处并非她目不识丁没法进行精神交流，而是她在生活方面令他头痛。她能耐受那浩瀚无边、繁重如山的农耕，却不会收拾一个小家。女人日常的缝连缲挑纳，她一概不擅长，家里成天“皮儿片儿的”，乱得一塌糊涂。他是工程师出身，严谨认真地工作风格贯彻到了生活当中，面对“皮儿片儿的”老婆，他只能表示宽容，并将收拾家的任务接了过来。他将一家老小的衣服按季节分类陈放，不允许女方擅自翻弄，一家人的吃穿用由他全盘料理。女方的“皮儿片儿的”在家族当中是出了名的。她到收纳箱里找东西，必须将整个箱子里的东西倒在地上，才能找到她所需要的；她外出走亲戚，他得帮她把袜子找好，否则，她就有可能穿着两只不成对的袜子大摇大摆地出了门。但是，她的“皮儿片儿的”并未影响夫妻感情。

一个乡下男人不能干体力活儿，多少会遭受女人的嫌弃，知识分子在那个年代并不吃香，并无优越感。但是她非常爱慕他，敬重他。她对他的爱与敬，表现在她用一个女人的肩膀扛起了所有的沉重。难道她就是有力气吗？难道她从来不感觉累吗？不，她是一个女人，怎能不累啊！入睡后那惊天动地的鼾声，分明是在诉说她无边的疲惫啊！那个年代的夫妻不懂得爱为何物，少有细腻动人、卿卿我我的感情交流，但在现实之中，他们总要争着抢着将担子往自己这一边移一移，这不是爱是什么呢？

年底他所在的乡镇企业发奖金，他去甘井子百货商店给她买了一瓶雪花膏和一盒香粉。化妆是资产阶级的生活方式，她心里总有这样一种偏见。但丈夫给自己买的化妆品不能不用，她也有着女为悦己者容的心思。她先涂抹雪花膏，一只巴掌在脸上转圈抹一把，浓郁的香味迅速荡开了。然后开始大面积扑粉，那真是一个尘土飞扬般的画面。她自我感觉粉琢玉雕美不胜收，实际却是将一张脸化得“魂儿划儿的”。有时候来了灵感，她会将两个女儿叫到眼前，左一巴掌右一巴掌，将两个女儿化得“魂儿划儿的”。终于有一天丈夫说：“你们娘仨不要再擦粉了。”

她只会做“粗拉饭”。所谓“粗拉饭”就是删繁就简地一蒸一煮，只供果腹，没有丝毫口福之美。她每天早晨要准备四份午饭，其中三份是给上学的孩子们，一份是给上班的丈夫。午餐是什么呢？又是怎样做出来的呢？简单地说，饭和菜是一锅蒸出来的。将蔬菜切碎后，与地瓜土豆一道进锅蒸煮，熟了之后撒一勺盐，挖一勺猪大油，一搅一拌即成。她的动作总是幅度过大，将饭菜和油盐酱醋搞得“抹里带外的”，饭盒外表总是脏兮兮的。中午吃饭的时候，孩子们会找个无人之处，用饭盒盖遮挡着饭菜，埋头快速地吃掉。学校每年都要搞春游，春游有两大利好：一是可以去新鲜的地方游玩；二是可以改善一日伙食。人家的妈妈给孩子烙油饼、包饺子、煎韭菜盒，她也试图给孩子们做点好吃的带上。她一大早就起来忙活，她烙芝麻火烧，一顿热火朝天地忙碌却烙出了几块面目全非的黑饼子……

在孩子们心中，母亲有这样一个经典难忘的形象：暮色霭霭炊烟燃起，母亲从家门前的那条小路远远走来，母亲身材高大，她前胸搭一捆蔬菜，后背扛一捆青草，手里拎着几把工具。母亲的手骨骼粗大，肤质糙粝，那是一双在人间所有苦难里扒拉过的手。母亲的脸上虽然布满了灰尘和汗水，却掩不住那清苦之中散发出来的慈悲之意。那是闯关东之人特有的人生表情。母亲一生都在不停地劳作，她不羡慕别人吃喝，不羡慕别人穿戴，她将有限的物质全部留给了儿女们。她真的是吃的是草，挤出来的是牛奶。这是中华民族女性的一个传统美德，更是闯关东精神的延续。

尽管如此，孩子们依然爱她敬她。她的儿子在部队当兵，有一年部队发了一双长筒皮靴子，儿子不舍得穿，寄回家给母亲。母亲的脚码与他差不多大，平时很难买到鞋。她也不舍得穿，寄回了山东家。她说，山东家靠打鱼为生的亲人都患有关节痛，这长筒皮靴子他们穿才好。山东家，是她魂牵梦绕的家，一辈子也忘不了。山东家的阴晴圆缺都牵动着她的心。她每年都要回一趟山东家，如今儿女们都功成名就，孝敬她的钱财都被她留作回山东家的盘缠……

闯关东是山东人乃至中华民族的苦难史。闯关东的悲壮深深地铭刻在民族的记忆之中，也烙印在她的心灵深处。多少人怀揣梦想却倒在了路边，以皑皑白骨为民族的苦难史写下了沉重的注释。抵达生之彼岸的山东人在各种苦难中奋斗着，将山东人坚忍不拔的精神铭刻在东北大地。

够你喘的

够你喘的，就是够你受的意思。

“80后”张三立志要买房，父母身为普通工人，没有能力赞助他首付款。张三挣死扒命地赚钱，生活上参照“抠抠族”，能省则省，几年后终于攒足首付如愿购得蜗居一栋。朋友们都羡慕张三跻身有房族，可父母清楚儿子的生存真相，“扎脖梗儿里买个房，每月要还银行四五千，要还整整30年啊，够他喘的！”长叹一声，又说，“每月还了银行剩下的钱都不够饭钱，比家门口支小摊烤鸡脖的强不到哪儿去！”

大连话有两个特点：一是准确，二是生动。“够你喘的”最具代表性。“扎脖梗儿里”也是一句大连话，是说一个人把脑袋缩进脖子里，缩进脖子里干吗？为了省钱不吃饭呗。通常用来表达那种硬着头皮强撑门面的状态。这曲里拐弯的表达需要费点脑力才能品出意思。

大连女人爽快大方，不喜欢南方男人的精细，斥之为“小家乱气”。尤其不能接受将“精算主义”美化成懂得生活。大连女人喜欢“越野男”，大连男人很多都是“越野男”。喜欢“越野男”，就不能抱怨他不省油。“越野男”是如何不省油的呢？他呼朋引伴四处撒欢，吃喝玩乐行娱购，哪一样不需要花钱？在女人能干的家庭里，男人受宠，可以不上缴薪水，他的薪水是他的零用钱，基本与朋友共享了。多数女人还要靠男人养家糊口，所以支门过日子没几天，便灭了他的“越野气”，这些年工资卡长什么样儿他都淡忘了。话说某日，一江湖哥们儿急需一笔款子，哥们儿之间该拎刀时不能拎剪子，该拎钱时不能开空头支票。男人翻箱倒柜偷出家底借给了兄弟，结果兄弟跑路了。“这下子可够你喘的，看你怎么跟老婆交代！”老婆大人果然发作了，“越野男”蔫头耷脑奄奄一息着。有亲朋好友安抚老婆大人，“越野男”这才喘出了一口活气儿，开始忏悔，掌脸，并拿出讨债方案以慰芳心。但追债之路啊，也真够你喘的！

以大连话“够你喘的”来形容“北上广”的生存状态最准确，最生动。

“北上广”是三座城市的名字，这三个字看上去就令人产生“够你喘的”的心理压力。“北上广”是中国综合实力最强的三大城市，其中北京定位为世界城市，上海、广州定位为国际大都市。与城市名头相匹配的是高昂的生存成本。高收入只属于个别少数人，“乐活”也是由他们发明的词。更多的人是蜗居族、蚁族，根本买不起房子，青春没有安全感和幸福感。工作的压力，人际关系的压力，生存环境的压力，各种压力都集中了火力在进攻，实在是够你喘的。有些人勉强在城市里站稳了脚，有了“蜗居”，开始繁衍生息，却发现孩子入托、上学都得排队、找关系，“够你喘的”的人生继续上演着……大城小命，每一条小命都在奔波。熬不住的年轻人开始逃离“北上广”，到二三线城市安营扎寨，想过有尊严的生活。然而却发现，“城市病”正在中小城市迅速蔓延……

人的肉体在空间里遭受挤压，最直接的生理反应是喘不过气来。人置身于困境之中所承受的精神压力，若以生理感受来形容，也是“够你喘的”。疲于奔波的都市人，既逮不住“洪福”，也捏不住“清福”。女人当作男人用，男人当作牲口用，亚健康了，华发早生了，抑郁成灾了，ED早更[1]了，以大连话“够你喘的”来形容身心所经受的滋味，再生动不过了。

某论坛网友们热议都市白领“性福”几何，大家一致认为，这件事儿首先需要心情，其次需要体能，从前戏到善后，没一个钟头办不下来，若十几分钟搞定那叫解决生理问题。心情和体能在白日里被大量“够你喘的”工作所消耗，夜里想的只是睡眠。某生活期刊调查显示，城市里“性福 ”指数最高的，居然是农民工。由此看来，精神上的“够你喘的”要比身体上的更具摧残性。

如果你感到“喘”了，着实应该关注自己的精神世界。职场人的生存压力大体相同，升职加薪一波三折，新人们突飞猛进，曾经老辣的实力派陷入“廉颇老矣”的颓境，此处是“喘”，彼处是“喘”，处处皆是“喘”。很多职场悲剧表明，当压力洪峰排山倒海让人“喘”不过气来时，压垮人的其实是一根稻草。

“喘”了，就停下来歇一歇，缓一缓，身体才是最重要的资本，要爱惜，要保养；“喘”了，请将欲望砍一砍，删一删，为名利奔波没有尽头，得不偿失。见素抱朴，少私寡欲，可能会活得更自如，更快乐。

在职场高压氛围之下，除了期待企业的人文关怀更到位，我们还得建立自己的减压体系。通俗地说，这个减压体

【1】ED是勃起功能障碍“ Erectile dysfunction”的简称；早更指更年期提前。

系的内容，就是学会玩儿，学会休闲。《于丹趣品人生》一书中讲述了古代名士们富有情趣的生活方式，于丹用各种事例告诉我们：高品质的生活并不是有钱人的专属，只要有一张琴、一壶酒、一杯茶，每个人都可以拥有古代名士那种悠闲舒适的生活。人在忙碌、在工作的时候创造的是意义，在休闲、在玩儿的时候创造的是意思，当意义与意思能平衡的时候，就是人生比较完美的状态。

去寻找属于我们的那张琴，那壶酒，那杯茶吧！

够人

当失望、厌恶、愤怒等不良情绪一锅烩时，一言以蔽之，便是“够人”。“够人”是大连人的口头语，是无伤大雅、不会破坏感情的贬义词。

字典上与之接近的意思是厌烦、腻，如吃够了，干够了等。大连人将“够”放在“人”前面，是将形容词“动”用，意为烦人、腻歪人，就像吃多了某种食物，吃够了，吃腻了。

在婚姻里，“够人”就是审美疲劳。“审美疲劳”原是美学术语，具体表现为对审美对象的兴奋减弱，不再产生较强烈的美感，甚至对对象表示厌倦。2003 年贺岁片《手机》里，大学教授费墨说了一句：“在一张床上睡了 20 年，的确有点审美疲劳。”从此，“审美疲劳”便成为流行语。费墨所说的“审美疲劳”，是指长期的婚姻生活消磨了爱的激情而对配偶产生了平淡或麻木之情。若将“审美疲劳”置换成“够人”，费墨说的便是“在一张床上睡了 20 年，的确有点够人”。对婚姻失去激情和美感的描述，“审美疲劳”和“够人”各有各的生动，各有各的趣味。

在旅游季，大连人总要接待外地以家庭为单位的亲朋好友来连休闲度假。打量饭局上每对夫妻，你会发现，人家南方夫妻特像夫妻样儿，女人文雅含蓄温柔寡言，脸上会有一抹羞怯的红晕，不时以燕语莺声、吴侬软语劝男人少喝一点少喝一点。再瞅咱东北夫妻，论身高，论块头，似乎不差上下像一对球友；论亲密成色，像儿时混床睡的兄妹或姐弟，光屁股尿床磨牙打滚儿四仰八叉无所顾忌。大号嗓罢免了男人的发言权，咣咣地往男人杯里灌酒，“喝吧喝吧，老同学来一趟不容易，喝醉了，我背你回去！”东北男女对于婚姻的“审美疲劳”比较耐受，那句“老婆孩子热炕头”是东北男人对“审美疲劳”婚姻的自我肯定，

每到傍晚，遍布街头巷尾的烧烤摊也是大连一大特色。

充满了煮萝卜的腻歪味儿，却令东北人心满意足。婚姻熬至最后是亲情，就像那文火慢熬的小米粥，熬至尾声现出了一层米油。这米油就是亲情，最养人的。小米粥的香气和煮萝卜的腻歪味儿，交织成东北人的婚姻气息。煮萝卜味儿太大了，就会很够人。

“够人”虽然是大连人在家庭生活中使用的高频词，但经常是一事一议，过后照样劲儿往一处使，钱儿往一块攒，兴致勃勃地熬小米粥、煮萝卜。

在男女关系里，“够人”还有另一种用法。一对年轻人谈恋爱，花前月下，女孩子含嗔带怨地说了一句“真够人”，这是大连版的“我爱你”，和老电影里那句经典台词“你真坏”有异曲同工之妙。

对某件事物失去了兴趣，或者被人弄烦了心情，大连人也习惯说一句“真够人”。仔细品读，“够人”与网络用语“无语”很相似，都有已经无话可说的意思，而“够人”显然要比“无语”更甚，整个人都被厌烦透了，腻歪透了。

“够人”是负面情绪。在家庭中，一句“够人”抛出之后，夫妻俩各关各门，各找各妈，不吵不交流，冷战开始了。在职场上，面对“压力山大”，也动辄说句“够人”。怎样的情形会够人呢？对工作失去了兴趣和激情，产生了疲乏、厌倦或麻木，便会感觉很“够人”。在人际交往中，也会遇到“够人”之人。“够人”之人有多种款式，有些人不值得过招，直接从脑中删除，彻底清理。而有些人处于职场食物链的前端，为了理想或现实利益，少不了与其斗智斗勇，少不了忍耐与妥协。哪个写字间里没有几个“够人”之人？如果遭逢到了，不必气馁不必消极，权当是一段山路，拿他练手吧。

大连人操持“够人”一词，就像吐瓜子皮一样频繁。对看不惯的、看不顺眼的人和事，懒得评说，或不屑于评说时，便会蹦出一句“真够人”、“够死人”结束它。

走进岁月深处，经历了很多人很多事，如果还能对人生保持兴致勃勃的劲头，对家庭，对事业，对朋友，对一饭一茶那些微不足道的寻常，不腻，不烦，不够，这股充沛的生活热情令人敬仰啊。

海海的

海海的，大连话里的形容词，是数量众多的意思。

与“海海的”同义的大连话，还有“玄了”、“老了”、“老鼻子了”、“爆儿了”等，都是形容某种东西数量极多，遍布范围极广。

在过去，海洋库存极其丰富，潮起潮落间大自然对人类的馈赠涌现出来，比如蚬子。蚬子多生活在浅水处的泥沙之中，潮水退尽就可以在滩涂上挖蚬子了。藏有蚬子的泥沙表面会有小排水孔，看到水孔就可以下手挖了。赶海经验足的人，站在岸上一撒目，就知道这片海滩有没有蚬子，有多少蚬子。多数时候，那蚬子是海海的，玄了，简直俯拾皆是，根本挖不完。

那时大连人并不晓得海蛎子在西方被称为“海之奶”，在《圣经》中被誉为“海之神力”，亦不知诗仙李白早有“天上地下，牡蛎独尊”的题句。家里没什么吃的，人们拿把蛎钩子，拎只小桶，往怀里塞一块温热的玉米饼子，赶蛎子去！海蛎子生在礁石上，外壳极其坚硬。持蛎钩子将海蛎子上壳敲掉，以蛎钩子上的“蛎子挠”将蛎子肉挠入小桶或小盆中，这就叫“赶蛎子”。而将蛎子连壳刨下，回家再将肉取下来，这种连根掘的方法叫“赶蛎头”，将取肉叫做“破蛎头”。那时海蛎子海海的，玄了，老了，每块礁石都披挂一身身的。专挑个头硕大的海蛎子，以蛎钩子将其凿开，挑出肉来就着玉米饼子饱餐一顿，这才是真正的“生猛海鲜”，是大连人独有的野餐生活。

特别爱听老大连人讲述过去的赶海故事。在他们的讲述中，不时地跳跃着、闪烁着“海海的”、“玄了”、“老了”、“老鼻子了”这些令人欢喜的字眼。大连人在使用这些方言时，习惯说两个以上，以强调某种东西实在是太丰富了。“那时的小波螺海海的，老鼻子了，我们都不稀得赶，我们赶‘偏腚波螺’、‘肚脐波螺’和‘螺丝波螺’。这些小东西看着不起眼，却是老爷们儿最喜欢的下酒菜，是老娘们儿和孩子们最喜欢的零食。”

鲍鱼和扇贝如今都是养殖的了，属于比较有身份的贝类海鲜。过去人们捞取鲍鱼、扇贝需要潜到深水区里，这叫“碰海”。据老人们说，退大潮的时候也可以“赶”到硬海鲜。当冬天大汛潮日赶上了刮大北风的时候，潮退得非常大，这时候去赶海，大海螺、扇贝、鲍鱼，甚至海参都可以“赶”到。经过了冬贮夏藏，此时的贝类海鲜就像人的成年阶段，美不胜收，最有营养价值，有经验的老大连人是绝不会错过这个时机的。

20世纪50年代初期，一位家住棒棰岛的年轻人去赶海，居然看到了海海的海参，赶了几桶子回家，却被父亲倒掉了。原来那时候人们还不会吃海参，赶这个东西莫不如赶几个海螺回来。在今天看来，这可真是丢掉黄金装烧饼啊！在20世纪70年代以前，大连人并不认为鲍鱼有多么珍贵，特别可笑的是，人们将鲍鱼肉送给别人吃，却将鲍鱼壳积攒起来，卖给药房或收破烂儿的。原来，鲍鱼壳和海蛎子壳都是可入药的材料。很多人家都攒了海海的鲍鱼壳准备卖钱。

大连人那时候经常互相转告，哪片海域哪种海物海海的、老鼻子了，赶快去赶吧！大海就像母亲的家园，我们每一次去赶海，什么都可以赶，每每都是满载而归，绝没有空手的时候。大海母亲滋养着我们，她很丰富，也很慷慨。没有人类的付出，大海母亲以她的方式养育着各类海物，给了我们终生回味无穷的海鲜记忆。

如今海物们都被人类圈养起来，大海母亲的家园变得异常寂寞与贫瘠。没有多少海鲜令人类还有勇气去“生猛”。今天去看海，去玩海，会花掉很多钱，连大海也被人类圈养了。春暖花开季，海上游人海海的，老了。退潮后的滩涂上还有密集的水孔，上演的却是一出出“空城计”，只看到几只羸弱的海虫子在爬行。每一座礁石都变得沉默，再无浑身披挂的丰美。“赶海”成为“70后”们童年时的记忆，而对“90后”、“00后”们来说，则是一个需要解释的词语。

在这四句含义相似的大连话中，“玄了”和“爆了”值得拜扯。大连人称人山人海为“人玄了”，车水马龙为“车玄了”，钱挣得多为“挣玄了钱”。在词典里，“玄”解释为不真实、不可靠、不能信。那么，多到让人无法想象、无法相信的地步不就是“玄了”吗？

在今天的农村，已经很难见到年轻人的身影，他们都涌入城市讨生活。农村的田地都是由50岁以上老人来耕种，大型果园晚上不用值夜，没有人来偷，村子里已经几乎没有年轻人的踪迹了。而当年第一个进城打工的男青年或女青年，却背负着各种苦涩难听的名声，说男青年在城里加入了“意大利黑手党”，女青年在夜总会做了“三陪女”。在不堪入耳的非议中，总是夹杂着这样一句话：听说，在城里钱挣爆儿了！

“爆儿了”也是极多的意思，常用来形容一夜暴富赚了很多钱。在改革开放初期，人们以“暴发户”来形容致富较快的人。大连人则将这个词剔骨去皮了，成为“爆儿了”。生意人东西卖得多，是“卖爆儿了”；生意火赚了大钱，是“挣爆儿了”。“爆儿了”听起来又像轮胎爆裂似的，有一种过瘾感。

四五六不懂

如果说"彪"是指一个人的智商不高，那么，"四五六不懂"则是指一个人的情商欠发达。

四五六不懂，即不懂事儿。这个事儿，可不是鸡鸭同笼有多少只，而是指人情世故。

一个爱岗敬业、从不抱怨的职场中坚，会被某些"精细人"（聪明人）视为彪干，所以，"彪"具有一定的褒义色彩，表达一种不为名利、忘我的执著。而"四五六不懂"则完全是贬义。大连话极其精练，一个字或两个字，就足以表达一个生动而丰富的含义。相对于大多数大连话节约精练的风格，"四五六不懂"则显繁冗，虽体量大，却是一句四仰八叉的大白话。连"四五六"都不懂的人，那不就是个二傻子吗？

"四五六不懂"个别时候也可以形容一个人智力水平低下。邻家有一对夫妻，两人智商情商都很高，事业经营得非常成功，却偏偏生了一个智力不高的孩子。赶紧生二胎吧！这二小子全面继承了父母的智力水平，左邻右舍也跟着欣慰不已。二小子长大了，他是怎样评价大哥哥的呢？称"彪子"或"傻子"于亲情不忍，父母教了他一句"四五六不懂"。夏日黄昏，二小子领着大哥哥出来玩，有人逗弄二小子要将大哥哥领走，二小子发出郑重警告："我大哥哥四五六不懂，不许你们欺负他！"有人问："什么叫四五六不懂？"二小子说："他不知道一加一等于二。"不错，小孩子将"四五六不懂"的原始含义解释得很清楚。

但是，"四五六不懂"用在成人身上，却是指不懂人情世故，情商不高。

中国自古以来就是礼仪之邦，讲究仁、义、礼、智、信，其中"礼"又是中国儒家思想最经典、最辉煌、最重要的一项。《红楼梦》中写道："世事洞明皆学问，人情练达即文章。"所以要懂得人情世故，最重要的一点就是"礼"。这个"礼"，即人情世故，亦即大连话

"四五六"。

所谓懂得人情世故，通俗地说，即要懂得人，又要懂得事。反之，不懂得人，不懂得事，就叫"四五六不懂"。

明代冯梦龙《醒世恒言》第二十一卷里有一句："可惜你满腹文章，看不出人情世故。"所以，一个被说成四五六不懂的人未必是孬货，有可能是文化学人，有可能是专家大腕，他只是看不出这人世间的潜规则和厚黑之道。

在西方人眼里，中国人什么都好，就是太重人情了。中国文化一直在讲"人情"，这所谓的"人情"可不是指过年给领导送礼物。中国文化所讲的"人情"是指人与人之间的性情。每个人都有自己的性情，官员有官员的性情，学者有学者的性情，商人有商人的性情，你要懂得这种性情，才能与其保持最高档位的交流与合作。大连人把"人情"这么复杂的事用简单的"四五六"来表达，是一种大智若愚的表现。其实这个"四五六"远不像"一二三"那么简单，它包括了社会学、政治学、心理学、行为学等学问。而所谓"世故"，就是要透彻地了解人或事，懂得过去、现在和未来。

大连人乃至东北人尤其讲究人情世故。北大教授孔庆东曾说过，东北人重传统爱面子；身上具有某种"山林气概"。东北地区的家庭势力比较大，东北人一般靠面子解决问题。这"面子"里缠绕着多少人情世故，多少"四五六"之道，咱东北人心里明镜儿似的。

人不能四五六不懂，四五六不懂之人大多心理不够健康，或心态有问题，在人际关系协调、社会适应度、情绪稳定性及自我悦纳程度上存有缺陷。懂得四五六的人，现实而通透，懂得化解，乐于包容，敢于承担，即使不属于中流砥柱，却也是可堪托付之人。懂得四五六的人永远不会孤单，生活在玫瑰余香的福报之中。

但人也不能太懂四五六。如今，人们都欣赏那些"懂得"之人，他们见人说人话，见鬼说鬼话，左右逢源风调雨顺地摆布人生。"这家伙太世故了"，其实有贬损之意。台湾专栏作家林夕在散文集《人情・世故》里写道："我们一出世就难免'入世'，于是谁都懂得一点点的人情世故。可是在人情世故之中过活，也未免太无趣了。"何止是无趣啊！人情冷暖，世故藩篱，令这颗心饱受了多少责难啊！林夕在文里吼了一声：管他个鸟的人情世故！

纵观身边市井民众，哪些人属于四五六不懂呢？在单位里，不按常理出牌，骨子里潜伏着挑衅权威的冲动，对制度视若无睹，极度自恋超级自傲，经常不合时宜地耍大牌或标新立异，便是一枚四五六不懂的"尤物"。在家庭里，一个四五六不懂的男人不会成为妻儿老小的精神港湾，为家庭谋幸福的能力也会遭受质疑；而一个四五六不懂的女人则是家庭最大的灾难。

央叽央叽

央叽央叽，是假装邀请、不诚心的意思。

20世纪70年代，辽南农村每至隆冬腊月，家家户户都要杀年猪，杀年猪是那年那月大人孩子都望眼欲穿的饕餮盛宴。既然是盛宴，就免不了邀请左邻右舍来分享。这一天通常是这样安排的：一大清早，提前预约的杀猪手谈笑风生地驾到，喊来左邻右舍做“帮凶”，一班人马杀向猪圈，捆蹄子的，揪尾巴的，拽耳朵的，掀屁股的，喊着号子将一头血肥的大猪按在案板上……杀猪手技术精湛，一刀毙命。褪毛、开膛、清洗、肢解、腌制，漂亮的流水线作业完成之后，杀猪手及其助手退居幕后抽烟聊天，女人们开始登场料理杀猪盛宴。几乎将猪身上所有部位都做成了菜，猪骨、头肉、手撕肉、五花肉、猪血肠、酸菜炖白肉血肠，还有“灯笼挂”（全套猪下水），无处不是美味佳肴。那时的农村杀猪菜看似粗粗拉拉，其实是很上讲的。这“手掰肝儿”一定要用手掰，据说肝儿沾了铁腥气就会败味儿，所以煮熟的肝儿不能用刀切，而要用手掰成块儿。这种粗犷的吃法似乎更能品出一块肝儿的真味。酸菜炖白肉血肠是主菜，酸菜要用东北长白菜靠自然发酵变酸渍成，色泽微黄透亮，好品质的酸菜可以直接蘸酱生吃；白肉是带皮儿的大片五花肉；血肠做起来费功夫，绝对新鲜的猪血加入各式调料后灌入肠衣，煮时掌锅的要拿根长针，不时地扎一下，待针眼不冒血水时立刻出锅才能保证鲜嫩。三味共入一锅，以木柴火炖。当猪肉中的肥油被酸菜拿净时，几间屋都被这一锅杀猪菜熏香了。

杀猪菜一样样出锅，女人开始盛盘走菜，宴席即将开始。女人打发孩子去请左邻右舍，“去叫你张三叔来吃猪肉，央叽央叽就行了。”若是大孩子，会很得体地完成邀请任务，若换了乳臭未干的小孩子，人家一逗，“你妈怎么说的？”“我妈说央叽央叽就行了。”虽说童言无忌，但邻居还是介意了，寻个脱不得身的事由让孩子捎回去。孩子又被家长一通盘问，“你怎么说的？”“我说我妈让你去我家吃猪肉，央叽央叽就行了。”家长戳破了孩子的大脑袋壳儿，解下围裙捶胸顿足地奔向张三家……

说到底，“央叽央叽”与人品无关，而与日子的成色有关。因为贫穷，才会有央叽央叽的不实诚。

后来，农村的生活富裕了，杀年猪依然是一年之中最大的盼头。到了杀猪季，家家户户喜气洋洋，城里的儿女们都回来了，杀年猪的排场跟操办一场喜事差不多少。该请的客都提前请到，再也不用央叽央叽了，受邀之人也不必左右思量，日子都好过了，杀年猪不过是个聚会的噱头。一家杀猪，家家出动，关门插锁，扶老携幼浩浩荡荡地去吃肉。

儿女们还带来了对乡村生活很好奇的城里好友。除了在现场吃，这些城里人还要带点肉回去。这样一来，大猪少说要吃掉一半，小点的一头还不够吃。家里粮食多，每年喂三五头猪不成问题，吃掉一头猪不算啥。如今的杀猪宴，菜品更加丰富，做得也很精细，回锅肉、炒肉片、炖排骨、烧肥肠、爆猪肝、煮血旺、炸酥肉、丸子汤……不仅花样繁多，菜量也实在。如果在菜量上虚里冒套，也可以用央叽央叽来说话。过去的杀猪宴，一大盆酸菜里缀着零星几块肥肉片子，这几块肥肉片子就是“央叽央叽”，是一种点缀，是一种客套与寒暄，并无吃好喝好的饕餮诚意。

横草不拿竖草

横草不拿竖草，是用来形容一个人的懒。草本是极轻之物，却横竖都不愿意拿，可见惫懒之致。最常听妈妈说邻居家那谁谁谁，横草不拿竖草，整天那个脸擦得像个花脸儿狼似的，脖子墨黑（hě）墨黑的，又懒又馋……

妈妈说这一段的时候，大抵是在家里偷着说的，却又是当着我和妹妹面儿说的，基本上是教育的成分居多。于是，在我和妹妹幼小的心灵里，懒和馋是最不能有的毛病，因为在妈妈的日常用语当中，这两样有些十恶不赦的味道。据说，有了这两样毛病，一般就会在村子上屯子里有个不怎么地儿的口碑。当你到了谈婚论嫁的年龄，媒人一般都会到屯子上村子里打听打听你的为人，当听说提亲的对象有奸懒馋滑的毛病，那这门亲事就有点玄了，成功的可能性已经是微乎其微了。

在妈妈不断的教化中，我开始从“拿草”做起——横草、竖草一起拿。

那些年，乡下做饭烧菜基本都以烧干草、柴火为主，这些燃料的来源都要靠自己家人上山拾掇，大人孩子概不例外。我虽然有个在城里工作的爸爸，但家在农村，爸爸每年买的那点煤是不够烧的。放学了，节假日，我就和邻居家的小朋友、小同学一起上山搂草、砍柴火。

那时我是个多愁善感的少年，愿意琢磨事儿。就拿这横草、竖草来说吧，我觉得这个干枯的、落在地上的，以及那些需要用筢子搂的草，基本上都算作横草；那些干枯的树枝、死去的玉米秸秆、高粱秸秆等等，能在枯死时还保留着站立姿势的草，大约就是竖草了。这横草嘛，做稀饭需要文火的时候用；烀个地瓜土豆，特别是过年过节杀猪烀肉的时候，一定要用急火，那时竖草就派上用场了。都说农家大锅做出来的东西味道好，那是横草竖草配合得好。横草引火，木柈子在灶膛里越烧越旺，香喷喷的生活的气味从屋檐下飘出，勤劳的人家吸引着十里八村艳羡的目光。

乡下人家，每家门口都有一个柴火垛。那是勤劳的见证，草垛越大，越说明主人的勤快。与这样的人家结亲，保准没错儿。

往高里说，草垛是乡下人人格的财富，不偷懒，不耍滑。而那些什么活都不想干的人，天天活在梦里。现在叫剩男剩女，那时候，叫打光棍儿！

令妈妈欣慰的是，在她的耳提面命之下，我终于成长为一个勤劳的男子汉，没有奸懒馋滑的毛病，顺利地娶到了妻子，生了女儿，没有打光棍儿。

可是在百里之外的城市里，我终究成了一个横草不拿竖草的人了：手里拿的是树棍儿一样的钢笔，是可以敲打出方块字的键盘。

妈妈一度有些许的失落：这耍笔杆子的活计，哪里是咱乡下人干得了的哟！不过妈妈终究是转过弯儿来了，每当看到报章上有她儿子的名字，她就积攒下来——她知道，这东西虽然烧火做饭不济，但那是儿子在城里赖以谋生的手段抑或资本。跟邻居拉家常的时候，妈妈常常极其“跳跃性”地说：“哎呀他婶子，俺儿子又登报了……”如果这时那邻居大婶儿露出一丝嫉妒的神情，妈妈那才受用呢！

妈妈不再唠叨我是不是“横草不拿竖草”，我却倍加珍惜手中的笔。对于百无一用的我来说，这是我今生唯一的粮草。

隔路

一个不合群、不入流的人，追求与众不同的另类感，就是“隔路”。客观地说，“隔路”应是中性词，但多数时候被作为贬义词使用。百度百科对“隔路”有这样一句简单的记载：与众不同，通常为贬义。做奇怪的事，但不是神经有毛病。

隔路，顾名思义，那就是隔了一条道路，走另外一条道路。通常地，那些搞艺术的人会让我们觉得很隔路，首先他们的扮相就很隔路，男士梳一条马尾辫，女士剃一头板寸，服装是凌乱、破碎甚至肮脏的乞丐风格；其次是他们的做派很隔路，大致表现是不食人间烟火，不解人情世故，一副我行我素、天马行空的样子。

大连人常常将一个人不善于处理人际关系、没有多少人缘称为“隔路”。人们都不大愿意跟这样的人打交道，或敬而远之，或厌而远之。大连人还会将“隔路”说成“两路”，这就更加通俗易懂了。“那个人真两路，跟他打交道都会折寿！”“这个人真隔路，跟谁都处不到一块儿。”隔路者性格孤僻或古怪，为人处世不按常理出牌，虽然不违反道德，却令人心生反感。

“隔路”与天津方言“格涩”的意思相同。格涩，也写作“格色”、“各色”或“个色”。“个色”的“个”，就是个别、极少数、少有的意思。曹禺《日出》第三幕：“你这孩子也格涩，放着生意不做，一天就懂得哭。”刘心武《我爱每一片绿叶》：“也难怪小余对魏锦星这号难以就范的格涩人物不予谅解。”侯宝林《姓名学》里：“甲：‘苹果都是红的、黄的，她偏要蓝的。’乙：‘格色！’”天津作家林希曾写过一篇题为《格涩》的小说，主角是某洋行经理格赛。在社交场合，中国人习惯与人分享香烟，这是一种礼节。可是格赛经理无论和谁在一起，吸烟时，他只往外掏一支烟，明明知道对方也会吸烟，可是他点着了自己的一支烟，立刻将烟盒放回口袋里，从来就不懂得让一让。格经理和一位中国客户一起吃西餐，一人要了一盘牛排。吃完后，格经理抢着付账，急得那位中国爷和他争了半天。待格经理付账之后，两人一起往外走，那位中国客户被伙计拦住了，原来格经理只付了自己的那份牛排钱。“这是什么人性？”天津人都说这位格赛经理“格涩”。

“隔路”与“格涩”，其实与人性、与道德没有多少干系，而是生活经历和生活理念的不同。

在如今这个多元化的时代，大连人使用“隔路”一词的机会少了。再另类、再稀奇古怪、再冷门的人，我们也见怪不怪了，也能以一颗理解包容之心去看待。这是一种思想解放，也是人类求同存异的生存智慧，是在不违背法律和道德前提下于生存态上的“百花齐放”。过去我们认为隔路者都有怪癖，而如今却发现所谓的怪癖其实是大有说道的，那可能是一种来源独特的思想与见识，也可能是不能言说的往事背影在眼下的生活池子里倒影。再隔路的人，也会有人喜欢。同样，再好的人，也会被人说坏话。好与坏是相对而言的，讨厌你的，优点也是缺点；欣赏你的，缺点却是优点。隔路者可能是一块璞玉，为慧眼识珠者特别欣赏，经过一番打磨与调教，也会成为良才。

其实，我们每个人内心都有一些隔路的想法，只不过我们更易于与现实讲和，向制度妥协。对于隔路者，我们不要习惯性地去批判，去反驳。像读一本书，静下心来认真地读上几页，你会发现隔路者的内心也有着好看的内容。

台湾作家李敖的女儿李文女士，一年四季到处投诉，被她投诉过的人群里，有中国人、美国人，有美容店、航空公司、面包店、出版社、街道办事处，有出租车司机、交警、摄影师，甚至连美国总统布什也被她投过诉。李文说，投诉，这是我的一种美容方式！你说这个女人隔路不隔路？但细看李文所投诉的那些人那些事，你会发觉，人家李文的“隔路”代表着一种正义。作家王朔在新书《我的千岁寒》发布会上口出狂言也显得很隔路，他说：“我写的东西，你们看不懂就别看，我根本不会向你们妥协。我不介意批评，更严禁相互吹捧。我就是一个文坛钉子户。”确实，隔路者疑似钉子户，但大多数钉子户都是值得原谅的。

在一个单位或团体里，隔路者比老奸巨猾者、滚刀肉者、浑不吝者要好得多。隔路者大多是个性所致，没有损人利己的坏思想，本质上不属于“公害”，与“搅牙”、“掉歪”之人大不相同。

“隔路”有时还会华丽转身成为褒义词。比如说，一个执法者铁面无私不徇私情，别人会说他“真隔路，找他办点事真难！”一位企业管理者，为残疾人、烈士遗孤、下岗工人等提供就业岗位，却绝不肯向家族里的无业者敞开大门，这位企业管理者会被家族人评价为“真隔路”。

最后再说一说“隔路”与“闹妖”的异同。“隔路”与“闹妖”都用来形容逆情悖理的人或事，虽然都常用于贬义，但二者程度有别。“隔路”是指走不同的路，不随大流，不人云亦云的一种生活态度；“闹妖”是指绞尽脑汁出鬼点子、坏主意戏弄人、算计人。二者的本质区别在于，隔路者虽利己却不损人（只是让自我心理舒适度得到满足），而闹妖者，其动机与结果皆直接损人。

老电车晃晃悠悠驰过，把一种古典与浪漫刻在了这座城市的街头。

后记

方言，咱们家的话

1

没想到，会为大连话写一本书。

这要感谢我的责任编辑郭朝晖女士。2011 年初夏接下这本书的任务时，恰好我从新商报社调到海燕文学月刊社，看似离文学和写作更近了，却因忙于从前不曾涉足过的工作，在时间和写作心境上都严重缺口。曾几度想放弃，但在朝晖的鞭策下，我还是努力将这本书完成了。

2011 年冬天的某个晚上，朝晖邀我参加一个关于大连话的沙龙，我去幼儿园接了女儿直接奔去现场。现场“80 后”居多，主持人问谁来学几句大连话，“80 后”们纷纷抢话筒，那一口海蛎子味儿真是太有喜感了。这是一个有趣的现象：大连话，咱们天天听天天说，可是，当有人带有表演性地说大连话时，咱们还是会被逗乐。主持人见我身边偎着一个小孩子，问我是否愿意让孩子说大连话。我说：“愿意。”主持人问：“为什么？”我说：“因为方言最能够表达感情，人在方言中能找到归属感和慰藉之情。”

那时候我还没有开始动笔写大连话，我的答案来自于我的现实生活。丈夫是呼市（呼和浩特人对呼和浩特市的简称）人，在高校工作，说一口标准的普通话。回到呼市，他却说一口很嗲的当地方言（呼和浩特方言尾音为婉转轻扬的二声调，与大连话四声调的“狠”相比，有一种嗲意）。他在方言里的举止神态与平时完全迥异，那是赤子归家从头到脚为亲情所浸润的愉悦松弛的状态，不带有任何遮掩修饰，不带有家之外的任何社会符号。当他们一家子人都操着方言时，我这个大连人会产生一种局外感。

如今，婆婆每年冬天从呼市飞来大连过冬。婆婆一来，丈夫又是一口哆音哆腔。女儿有一次这样跟我描述：“爸爸和奶奶说着他们家的话，你看爸爸眼睛眯的……”“眼睛眯的”是笑眯眯的意思，与内心的美滋滋呼应吧。一句童言，却将方言的真谛一语道破——方言，不就是咱们家的话吗？

“乡音情结”是每个游子终生附丽的情感。既说普通话，又说家乡话，这种“两话生活”已经成为社会语言生活、文化生活的常见现象。作家贾平凹说：“每种方言都有自己的气数，陕西话的人气很旺，你钻进秦岭山中，跑上黄土高原，走过八百里秦川，都能感受到鲜活的陕西话，很扎实，很解馋……”“解馋”一词用得极好，生动地道出了方言对人的情感的慰藉。远离家乡的人们不淡忘方言，在方言里没有兵荒马乱之感，在方言里赤身打个滚儿便找到了家，找到了归宿。

2

与城市的洋气相比，大连话比较土气，似乎难登大雅之堂。但大连人非常热爱自己的方言，网络上以大连话为主题的小品段子不计其数。大连话有一股冲劲儿，每一条都蘸着点辣根说出口。大连话上口快，有一股热辣味儿和劲道感；大连话直白亲切，不矫揉造作、转弯抹角，具有一股奔腾的张力和豪气，也充满了趣味性与幽默感，更有一种说不出的荡气回肠。大连话很“解馋”，在异乡谋生的两个大连人街头偶遇，以大连话寒暄几句，那一句“血干净”，那一句“真姿势”，那一句“不来玄”……就在这浓浓的海蛎子味儿里找到了大连人的精气神！

那么，大连话有怎样的来历？

由于迁徙杂居、经贸往来、战争及文化交流等历史原因，大连方言吸纳了大量的山东方言、满语、日俄两国语言的借用词。今天的大连话既烙印着山东话的原始基因，又各具特色，它们之间的关系可用“约等号”来概括，即“大连话≈胶东话”。辽宁师范大学语言学教授迟永长先生认为，山东方言体系比较庞杂，有几十个品种，差别大的品种之间人们交流起来也难听懂。这种分歧随移民来源地的不同也给大连话带来了内部差异，使大连话至少可以分出三个次方言系统，即大连市区话、庄河话、长海话。如此，大连话就有了广义和狭义之分。广义大连话泛指所有住在大连地区的老居民说的话，它包括差异较大的大连市区话、庄河话和长海话。这些大连话因迁徙者原始居住地方言所属不同，各自说话所携带的原生态韵味也不同。狭义大连话专指以大连市区为代表的老居民说的话，不包括同属大连地区的庄河话和长海话，也不包括从外地搬迁来的新居民。

大连作家素素女士曾经总结大连话的四大特点：一是“土”,大连话的“土”与大连城市的“洋”有些冲突，而这种“土”与移民者大多为闯关东后代的身份有关；二是“狠”，大连话的“狠”，目的就是为了把话说到位，每句话都掷地有声；三是“简”，大连话简单明了，却非常有张力和弹性；四是“逗”，大连话想象力丰富，充满趣味性。

素素在《大连日报》工作期间，曾亲手策划了《民间语文》栏目的《大连流行语辞典》专题，这是大连媒体首次关注大连话，为大连话攒下了最原始的第一手资料。感谢前辈为大连话所做的贡献。本书所写的八十余个大连方言词大部分是从《大连流行语辞典》里选择出来的。

每座城市都有自己的性格特色。武汉作家池莉的小说都是讲武汉故事。去武汉工作的外乡者，会通过阅读池莉的小说来了解武汉。作家是自己城市的代言人。通过文学作品来了解一座城的前生今世，倾听发生在这座城里的故事，这才是人与城市真正的相识相知。在20世纪80年代，大连很多作家都曾写过关于海洋生活的小说作品，这些作品大多成为他们的成名作、代表作。我想，作品里自然少不了大连话的浓墨重彩。方言成为大连作家文本中重要的话语资源，也成为他们展现滨海城市独特的生活图景和生命形态的重要途径。

方言是一种独特的民族文化，最能代表地区文化特色。方言所体现的地方特色是普通话无法比拟的。作家们从来没有鄙视过方言俗语，鲁迅先生在《门外文谈》中说：“方言土语，很有些意味深长的话，我们那里叫‘炼话’，用起来是很有意思的。恰如文言的用古典，听者也觉得趣味津津。”很多大连话大有“炼”的意味，虽为“浑口”，却充满着“锻句炼字”的礼貌，非常有“学问”，非常耐人寻味。

在20世纪中国现代文学史上，大批湘籍作家以浓郁的方言进行文学创作，生动地展现了湘楚文化的底蕴，成为中国现代文学史上一道瑰丽的风景。其实，作家内心都怀有强烈的方言情结，对母土家园根深蒂固的情感依恋和对精神家园的自觉追求，必然促使作家的精神还乡具化为语言还乡之举。诺贝尔文学奖获得者莫言一直钟情以方言进行创作，在他的创作体验里，山东的许多方言土语，一旦写到书上，便呈现出非常典雅古朴的气韵，并且极易被人理解，具有非常强烈的感染力。比如说一把刀锋利，不说锋利，而说“风快”；说一个姑娘漂亮，也不说漂亮，而说“奇俊”。莫言说，一个真正的文学家，应该千方百计地丰富本民族的语言，不能仅仅把方言土语用到小说人物的对话中，而要把方言土语用到叙述中。

我想，将方言用到小说叙述中，是对方言正儿八经（大连方言，表示很郑重）的尊重、认可与传承。丰饶的大连话，渴望再度走进大连作家的文本。

2012 年 2 月，“中国语言资源有声数据库建设”大连话发音人开始招募。中国语言资源有声数据库建设，是科学保护国家语言资源，掌握语言国情，推进语言信息化建设的需要。根据国家、辽宁省语委的工作部署，辽宁库建设试点首期在大连市启动，全面调查和采集大连话基本状况及原始数据，并进行科学整理和加工，长期保存，以便深入研究和有效开发利用。

2012 年年底，《韵味 · 大连方言》运作出版。这是一次很好的呼应，分别从专业与文艺的角度对大连话进行了记录。据说，在大连话发音人招募会上，来自社区的大妈大叔们一口纯正地道的海蛎子味儿将评委们乐得够呛。在《韵味 · 大连方言》里重温“咱们家的话”，回忆过去，展望未来，如果哪句大连话令你仰头一乐或低头一思，那将是我最大的收获。

3

以随笔形式写大连话，这是大连出版社对《韵味 · 大连方言》这本书的规定动作。

有学者说：“方言是一种地域文化最外在的标记，同时又是这种文化最底层的蕴含，它深刻地体现了某一地域的成员在体察世界、表达情绪感受以及群体间进行交流的方式，沉淀着这一群体的文化传统、生活习性、人情世故等人文因素，也敏感地折射着群体成员现时的社会心态、文化观点和生活方式的变化。”大连话也是大连的一大特色，和东北话有很大差别，属北方方言胶辽（胶东、辽宁）官话的登连片，腔调与丹东市以及山东省烟台市接近。大连话体现了滨海人直率通透的性格特点，也蕴藏着大连独特的文化特质。

写大连话，不是简单地解释大连话，而是试图从中挖掘出更深层次的内容。

以随笔形式，剖析方言背后的文化特质、生活样式。写的是大连话，说的却是大连人的母土故园情结和大连街的前世今生；写的是大连话，说的却是大连地域文化脉络和大连人的性格特点、生活理念……

写大连话之前，拜读了朝晖带给我的一本《老上海俗语图说大全》。所谓上海俗语，是指于20世纪20至40年代产生于上海的城市市民语言，它出自市民之口并被运用于文学作品，是海派文化的重要组成部分，具有极高的研究价值。后来，海上洋场才子们又将它演化为“俗语图说”的艺术形式，图文并茂，诙谐幽默，成为备受上海人喜爱的艺术珍品。

老上海俗语之所以能够成为一笔丰厚的文化遗产，与海上洋场才子对俗语的热情关注密不可分。由他们开创的“俗语图说”基本形式是：一条俗语，一段文字，一幅漫画。俗语为市民常用、有典故可寻、有一定故事情节者；文字解释典故，阐释内容，诙谐幽默；漫画夸张生动，形象地展示俗语内涵，有的一句俗语画两幅图，一大一小，套在一起，小者画俗语字面意义，叫形声，大者画俗语的本义。文图作者皆为上海著名的作家和漫画家。

考查起来，最早把上海俗语作成“俗语图说”形式的是汪仲贤和许晓霞二位。1932年11月28日至1935年6月18日间，二人在社会新史的标题下，在《社会日报》上连载《沪语新词典图说》，后来改名为《上海俗语图解》，共载240条。在二人之前也不是没有人注意上海俗语，但他们只是搜集者，没有想到要将它变成艺术形式。

汪、许二位之后，效颦者颇多。如李阿毛写了《洋泾浜图说》，共250条，比汪仲贤的《上海俗语图解》还多了10条。1944年，《社会日报》在刊载汪仲贤的《上海俗语图解》10多年后，由尉迟梦续了一部《上海新俗语图说》。他说：“在这乱荡的10年中，上海社会还是那么畸形、特殊、繁荣、奢靡。我们从那些摩登仕女、浪人大亨口中，却又听到许多为汪先生遗著中所未有的流行新俗语。因此，在一个偶然的动机下，忽无意中引起我续貂之念。”在汪仲贤之后，出现了10多种上海俗语著作。正是有赖于这些文人持续的辛勤劳动，我们才有福消受这些宝贵的文化资源。

上海俗语之所以能够成为上海文化中的艺术精品，一方面得力于不同时期的上海文人对上海俗语的勤力记载；另一方面，也是最为主要的是，上海文人对本土俗语的记载正当时，也就是说具有着“时效性”和“现场感”，与当下黄伟集对网络热词一年一度的收集整理有着相似之处。这就保证了每条俗语的来历出处、典故传说及俗语里所蕴含的社会习俗、文化传统、生活习性等人文因素，得以及时完整地打捞，整理，归档。

相比之下，大连话缺乏这种及时性和艺术性的梳理存档。1999年，《大连日报》曾开辟《民间语文》栏目，对大连话进行整理解读，标题是《大连流行语辞典》，每期解读五六条，一条字数在百字左右。这是大连话比较正式的一次呈现。

这一次，大连出版社将大连话纳入“品读大连”系列，将是大连话最隆重的一次亮相。但是，由于年代久远，很多方言的来历出处已无法考证，又缺少相关史学资料的参考，本书对大连话的历史背景与文化内蕴挖掘不深，侧重于方言所积淀的生活风尚与人情世故等人文因素，侧重于轻松表达，轻松阅读。另外，很多大连方言是口耳相传，只是一个发音，并无确定的汉字表达，甚至很难找到一个合适的汉字来对号入座。所以书中有的方言词，我选用了发音相同或相近的汉字来代替，只是一种借音，不能从字面意思来理解。而且，我也不是从事语言文字研究的专业人士，只是凭着对故园母语的一腔热爱来创作本书，所以我的品读是感性的，而非理性，疏漏讹误之处在所难免，敬请读者和专家学者谅察，并多提宝贵意见，让我们一起为本书的再版或再续做好功课。

以文艺手法梳理大连话，由《韵味·大连方言》开始。这是一个良好的开端，但愿将来会有更多的本土文化学人关注大连话，用更高更专业的艺术手法来为大连话立传，让大连话成为“品读大连”的一个别致窗口。

董晓葵

2012年12月于大连